简明经济法教程

主编　刘丹冰

西北工業大學出版社

【内容简介】 本书在简要介绍经济法学基本理论的基础上，分三个部分就构造社会主义市场经济体系必不可少的经济法律制度进行论述：一是市场主体法，包括国有企业法、独资企业法、合伙企业法、公司法、外商投资企业法和破产法；二是市场规制法，包括反不正当竞争法、反垄断法、产品质量法、消费者权益保护法、反倾销法和反补贴法；三是宏观调控法，包括金融法和财税法。

本书体系完整、内容简洁、理论与实务并重，不仅可以作为高等院校经济法课程的教材，也是自学者和各类市场主体（公司等）必备的重要参考书目。

图书在版编目(CIP)数据

简明经济法教程/刘丹冰主编．—西安：西北工业大学出版社，2007.3(2017.6 重印)
ISBN 978-7-5612-2185-3

Ⅰ．简…　Ⅱ．刘…　Ⅲ．经济法—中国—教材　Ⅳ．D922.29

中国版本图书馆 CIP 数据核字(2007)第 027543 号

出版发行：西北工业大学出版社
通信地址：西安市友谊西路 127 号　邮编：710072
电　　话：(029)88493844　88491757
网　　址：www.nwpup.com
印 刷 者：陕西向阳印务有限公司
开　　本：787 mm×960 mm　1/16
印　　张：13.125
字　　数：283 千字
版　　次：2007 年 3 月第 1 版　2017 年 6 月第 8 次印刷
定　　价：35.00 元

前言

经济法学作为一门新兴学科，尚未建立权威的、完整的学科体系，经济法学与其他学科的界限并非泾渭分明，各个学校在教学安排中的学科交叉经常存在等问题，《简明经济法教程》对经济法的基本理论进行了简要论述和介绍，并在此基础上，对国有企业法、独资企业、合伙企业法、公司法、外商投资企业法、破产法、反不正当竞争法、反垄断法、产品质量法、消费者权益保护法、反倾销法、反补贴法、金融法和财税法等进行了系统论述。

考虑到经济法课程在各个学校教学计划中分配的课时在36～72之间以及教师讲授与学生学习的需要等，《简明经济法教程》突出了简洁、新颖、合适、明了等特点。所谓简洁，即本书以20余万字的篇幅，将经济法律体系的基本理论和制度作了介绍；所谓新颖，即截至本书出版，其内容所反映的法律规定和理论是最新和最前沿的；所谓合适，即本书的内容能够在较短的时间内让学生通过课堂学习或自学，掌握经济法学的基本理论和基本制度，并能深切体会到作为新兴学科的经济法学在整个法学体系中的地位，以及因其产生而对整个法律体系所带来的冲击和影响，并能够将经济法律制度具体运用到实践中去；所谓明了，书中只介绍了经济法学研究中大家所公认的基本理论，让初学者远离学术争论，过多的学术观点的介绍，会影响他们学习经济法课程的信心。

《简明经济法教程》由刘丹冰主编，负责全书的统筹、定稿；龙井榕、魏鹏娟、窦玲、侍明仓、田海参编。具体编写人员分工如下：刘丹冰：第一章、第二章、第三章、第九章、第十三章；龙井榕：第六章、第八章、第十章、第十一章、第十四章；魏鹏娟：第七章；窦玲：第五章；侍明仓：第四章；田海：第十二章。

在《简明经济法教程》的编写过程中，我们借鉴了许多经济法研究领域的前辈和同仁的成果，有的在参考文献中列明，有的没有列明，在此一并表示感谢。

经济法的出现，是法律、法学领域内的一次突破、一场革命，因此《简明经济法教程》的编写人员，虽有良好的愿望，但由于水平所限，错误和疏漏在所难免，为此，诚恳祈求同仁批评指正。

刘丹冰

2007年1月于西安

目 录

第一章 经济法概述

第一节 经济法的产生与发展

一、经济法概念的由来

经济法是一门新兴的具有旺盛生机的法律学科。“经济法”作为词的使用远远早于现代经济法的产生。“经济法”一词最早见于法国著名空想社会主义者摩莱里所著的1775年出版的《自然法典》一书中。1843年，法国另一位空想社会主义者德萨米，在其著作《公有法典》中也使用了“经济法”一词，1865年，法国空想社会主义者蒲鲁东在其所著的《工人阶级的政治能力》一书中又一次提出了“经济法”这个词。

由于上述空想社会主义者未曾阐明经济法的含义，因此，他们所使用的“经济法”只能是从词的角度使用的，并非现代经济法的含义。但摩莱里与德萨米所言的“分配法与经济法”，蒲鲁东所述的“经济法是政治法和民法的补充和必然产物”，其中所包含的关于国家对经济参与的闪光思想，成为现代经济法产生的思想萌芽。

第一次从现代意义上使用“经济法”这个词，是德国学者怀特在1906年出版的《世界经济年鉴》里，但他却没有给经济法下一个科学的定义。1916年，德国法学家海德曼在《经济学字典》中使用了经济法概念，他认为经济法是经济规律在法律上的反映，揭示了经济法产生的客观必然性。

第一次世界大战后，魏玛共和国于1919年直接以经济法命名颁布了《煤炭经济法》和《钾素经济法》，随后不少德国法学家发表了论述经济法的文章和著作，最为典型的是1922年鲁姆夫的《经济法的概念》、海德曼的《经济法基础》和哥特施密特的《帝国经济法》，经济法作为一门科学开始为人们认真探索。

二、经济法产生的社会根源

通过上述经济法概念产生的简单叙述，我们注意到经济法作为一门科学产生并开始为人们研究探索的时间是20世纪初。因此，分析经济法产生的社会根源，应注意在特定历史时期经济体制所呈现的特点、国家所扮演的角色以及法律的局限。

（一）经济法产生的经济根源和经济理论基础

经济法是经济发展到一定阶段的产物。19 世纪末 20 世纪初，垄断资本和国家政权的结合使自由资本主义进入国家垄断资本主义。自由资本主义与国家垄断资本主义最重要的区别在于国家在市场经济中能否承担重要的调节作用。

在自由资本主义时期，经济自由主义占主导地位。亚当·斯密（Adam Smith）认为，只要给予公民追求私利的选择，“看不见的手”即市场机制就会自动对资源配置进行调节，使社会达到利益的平衡和最大化，政府应实施“自由放任”的政策，即政府只能充当资本主义“守夜人”的角色，包括定义和保护产权、市场的公平公正、保证经济活动的依法有序进行等。国家基本上奉行不干预经济的政策，“管得最少的政府是最好的政府”。经济自由主义在形成社会生活所需要的经济秩序中起着决定性作用。反映到上层建筑，就表现为一些体现经济自由的法律的颁布和实施。

随着国家垄断资本主义的确立，一些资产阶级的经济学家和政治学家开始注意到自由放任主义的经济理论已经不能用来解决垄断形成后的经济现实问题，即日益突出的生产社会化和私人资本占有之间的矛盾、不断发生的经济危机及其给资本主义经济秩序造成的混乱，以及上述问题的出现给国家和社会整体利益带来的损害。也就是说，随着社会经济活动的日益复杂，社会分工越来越细以及由此而来的频繁经济危机，迫使经济学家对政府在市场经济中所起作用进行重新思考。

实践表明，市场并不是万能的。作为唯一调节手段的市场有其局限性，即市场是有其天生缺陷的。该缺陷在社会化程度提高、市场规模扩大的情况下表现为市场调节的失灵。市场失灵表现在以下几个方面：一是市场竞争所带来的市场障碍，即影响竞争作用发挥的不正当竞争和垄断问题；二是市场主体对个体利益的孜孜追求所带来环境污染等负外部效应问题；三是单纯的市场调节无法为社会提供公共产品和服务的问题；四是市场不能解决的社会公平问题；五是单纯的市场无法解决国民经济发展的战略性、全局性、长远性问题。市场失灵所存在的种种问题说明，表现为国家垄断资本主义的现代市场经济，在市场发挥调节作用的前提下，还期盼有另外的力量和机制来克服市场失灵。特别是在 20 世纪 30 年代发生了席卷全球的经济危机之后，经济学家对政府提出了新的要求。认为除了维持秩序、产权和社会安定以及承担提供社会公共产品、鼓励公平竞争、防止非自然垄断、减轻负外部效应等重任外，政府还应保证经济增长的稳定的宏观环境，通过货币与税收等财政杠杆等进行宏观调控，促进充分就业，维持包括汇率和利率在内的价格稳定，促进经济的可持续增长。运用国家权力，积极干预社会经济活动以克服市场自发调节不足的国家干预主义应运而生。

罗斯福新政是西方经济思潮从自由放任主义向国家干预主义转变的一个重要里程碑。英国经济学家凯恩斯（John Maynard Keynes），在资本主义经济危机到来之际，于 1936 年发表了《就业利息和货币通论》一书，批判传统理论，系统地提出了国家干预经济的理论和政策，并立即在西方世界产生巨大影响，被称之为“凯恩斯革命”。凯恩斯认为在自由放任条件下有效需求通常都是不足的，所以市场不能自动实现充分就业的均衡。他认为，在现代资本主义条件下，市场机制已不可能充分发挥自动调节的作用，它既不可能使生产资源达到充分利用，也不可能使劳动力实现充分就业，所以应放弃市场经济的自动调节理论。在政策方面，凯恩斯主张国家对经济实行全面平衡和调节，要求摒弃传统的收支平衡的财政政策，实行扩张性财政、金融政策，以增加投资，刺激消费，扩大有效需求。第二次世界大战之后直至20世纪70年代初，以凯恩斯理论为基础的国家干预理论有了很大的发展，形成了西方宏观经济学的主要思想。通过对宏观经济政策的目标、手段、作用机制、功能以及局限性作全面、深入的分析，建立了一整套的宏观经济理论和政策体系，同时对微观经济干预的理论和政策也产生了很大的影响。

由于国家干预主义反映了垄断资产阶级的经济要求，凯恩斯的经济学成为资本主义国家的官方经济学，它对资本主义国家的经济政策和经济立法也产生了巨大的影响。在法律上，产生了一系列国家直接组织管理、干预国民经济活动的法律、法规，即经济法。垄断与经济法的关系是如此密切，以至于经济法创制较早的主要西方国家都是以反垄断法为轴心构筑其经济法体系的。为了巩固自己的统治基础，保障社会经济正常发展，一些资本主义国家不得不转变经济政策，运用国家权力全面干预社会的生产、流通、分配和消费活动。

尽管凯恩斯国家干预主义的实践，在一定程度上缓解了资本主义的经济危机，推动了资本主义经济的发展，但并未从根本上解决资本主义的固有矛盾。随着资本主义再生产过程长期积累矛盾的再次爆发，全面、过多、过细的国家干预主义受到挑战。20世纪60年代，由于长期采用凯恩斯主义的国家干预政策，西方国家普遍出现增长停滞、失业率升高、通货膨胀日益严重、财政赤字急剧上升、国际收支状况恶化的情况。这种大量失业与严重通货膨胀并存的“滞胀”局面，向凯恩斯主义提出严重的挑战，新经济自由主义的影响迅速上升。新经济自由主义充分肯定市场机制的自动调节作用，坚决反对政府对经济的过度干预，认为正是这种干预造成了经济的不稳定。这时英美等国政府也纷纷改弦易辙，奉行新经济自由主义。经历了传统凯恩斯主义失效和新经济自由主义冲击的凯恩斯主义经济学家通过批判、吸收、借鉴，弥补了传统理论的缺陷，在原有的基础上形成了新的综合理论，这就是20世纪80年代中期发展起来的新凯恩斯主义。

不难看出，作为西方经济理论代表的两大基本流派，几乎贯穿于资本主义发展的整个过程，并且总是随着经济现实的变化而此消彼长。两者既相互对立，又相互影响，并在一定程度上互相吸收和融合。无论是经济自由主义还是国家干预主义，都不是包医百病的灵丹妙方，它们与经济现实紧密相连，并在服务于经济现实的过程中得到补充和发展。

需要进一步指出的是，新经济自由主义并非简单地排斥和完全否定政府的作用，而是反对政府过度干预，主张让市场机制最大限度地自动发挥经济调节作用。而新国家干预主义虽然强调国家调节和干预经济生活，但也不是不要市场，整个干预的理论仍然是以强调维护自由竞争和自由贸易为基本前提的。国家对经济的干预和调节，旨在弥补市场机制功能的缺陷，恢复市场体系内在的作用，并非用行政政策和手段强化市场机制的作用。现实的经济生活告诉人们，西方社会的市场经济既不是纯粹的自由放任型，更不是完全的国家干预型，同题的焦点永远在于是市场多一点还是干预多一点上。即使是持国家干预主义观点的人，也不会认为政府的干预是万能的，他们也注意到了干预作用的有限性，主张能不干预就尽量不干预，尽可能发挥企业自己的主动性和创造性，让“看不见的手”自动地调节经济运行。无论如何，不管是主张国家干预的经济学派还是主张自由主义的经济学派，都必须面对当代经济生活中的资本流动体制、金融市场制度以及与之休戚相关的市场经济运行，并作出深入的研究，发展和完善自己的理论。

现在许多实行市场经济体制的国家都认识到，发展本国经济应共同采取“看不见的手”即“市场之手”和“看得见的手”即“国家之手”这两种方式。至于这两只手要伸得多长，各国的实践有所不同，但总的趋势是几乎每个国家都认为应以市场调节为主作为第一次调节，当市场调节出现失灵时，就应以国家来进行第二次调节，与第二次调节相适应的便是大量的经济立法。

（二）经济法产生的政治根源

如前所述，现代市场经济发展的现实，要求国家承担起市场失灵后的调节重担。在自由资本主义时期，政府只是充当资本主义“守夜人”的角色，奉行不干预经济的政策。虽然此时的国家也与经济发生密切的联系，如定义和保护产权、维护市场的公平公正、保证经济活动的依法有序进行等，但由于其是围绕政治统治展开的，因此与现代国家干预经济的国家调节职能有很大区别。现代国家干预经济的要求是传统国家职能中所不具有的，国家职能应予以进一步扩展。这就为经济法的产生提供了政治基础。

传统的国家职能都是以政治统治为中心的，其基本内容包括两个方面：一是对内镇压敌对阶级和政治势力的反抗，维护对人民的统治；二是对外抵御侵略或侵略他人。在市场失灵并由此引起经济和社会其他方面严重后果的情况下，国家在传统国家职能的基础上开始对市场经济调节。针对由市场缺陷引起的市场失灵，国家调节采取的救济措施主要有以下基本方式：① 以国家规制方式反对垄断和其他各种不正当竞争，以排除市场障碍，让市场机制恢复其应有的调节机能，并保护弱者的权利，体现社会公平，解决负外部性问题；② 以国家直接或间接参与投资经营的方式，解决单纯的市场调节无法为社会提供公共产品和服务以及事关国民经济发展的战略性、全局性、长远性投资问题；③ 以国家宏观调控方式解决市场调节所带来的滞后性和盲目性问题。

国家干预经济是为了矫正和弥补市场机制的功能缺陷或市场失灵。如同市场机制一样，国家干预经济具有不可替代的作用。但是，由于种种原因，国家为此采取的立法、行政管理以及各种经济政策手段，在实施过程中往往会出现事与愿违的结果，最终导致国家干预经济的部分效率低下和社会福利损失。亦即国家在力求弥补市场失灵的过程中，又不可避免地产生了另外一种缺陷，即“政府失灵”，从而严重影响了政府作用的发挥。

“政府失灵”，是指用政府活动的最终结果判断的政府活动过程的低效性和活动结果的非理想性，是政府干预经济的局限、缺陷、失误等的可能与现实所带来的代价。换句话说，它是指政府干预达不到弥补“市场失灵”的预期目标，或是虽能达到了目标，但其代价超过

“市场失灵”所造成的缺陷。一般地说，政府失灵表现为以下几种情形：其一，政府干预经济活动达不到预期目标；其二，政府干预经济活动虽达到了预期目标，但成本高昂且效率低下；其三，政府干预经济活动达到预期目标且效率较高，但引发了负效应。导致“政府失灵”的原因主要有政府公共决策的失误、政府机构的低效率；对政府事后监督欠缺力度和信息的严重失真等。

（三）经济法产生的法律根源

国家对经济的调节不是万能的，会出现“政府失灵”问题。理论和实践证明，政府失灵和市场失灵都会产生严重的后果。因此，应采取法律手段来调整市场之手与国家之手这两手调节所产生的新的社会关系，以规制其不足。与自由市场经济相适应的法律体系，面对这种新型社会关系，表现出其不适应性：

(1) 传统民法面对这种新型社会关系无能为力。市场经济的发展，使民法获得了全面充分地发展。体现自由放任主义精髓的私有财产神圣不可侵犯和竞争自由原则，反映在法律上，即是民法所确认的绝对物权原则和契约自由原则。

根据绝对物权原则，法律主体不仅对属于自己生活资料的个人财产，而且对生产资料和资本都可以绝对自由处置而不受任何限制；可以任意决定投资方向而毫不顾忌社会经济秩序。然而进入垄断资本主义后，民法的绝对物权原则受到两方面限制：一方面是个人的生产资料所有权受到所有股份企业资本家集团意志的限制，个人的绝对物权在生产中难以实现；另一方面是主体对生产资料的处置受到国家意志的限制。因而民法中的绝对物权原则在垄断生产方式出现后，仅仅适应于非生产资料的个人财产所有。

根据契约自由原则，法律主体是否签约、与谁签约、签约内容等方面都有足够的自由，因此，仅依据合同和有关民事责任方面的法律就能使民事主体所受损害得到救济。然而随着垄断的出现和发展，契约自由原则受到挑战，垄断集团凭借自己的优势所制定的标准合同或标准合同条款的大量出现，使传统民法所确认的契约自由原则受到破坏，相对于垄断集团等实力雄厚的各种组织，处于弱者地位的一方民事主体，不得不屈从于对方所制定的不利于自己的合同条件，更不用说经营者为谋取私利置诚实信用民法原则于不顾的不正当竞争行为和垄断行为的大量出现了。

对于上述问题的解决，民法自身在维护实质公平、限制自由等方面作了相应的修正，但由于它是以个人利益和个人立场为出发点，即消极地不违反公共利益、社会秩序和善良风俗等去保护社会利益，以个别地笼统地限制契约自由，因此，导致对这种社会关系的调整出现了“法的空白状态”。

(2) 传统行政法面对这种新型社会关系也表现出局限性。国家对社会经济活动的干预是针对市场体制的消极方面而言的，其产生背景是市场经济体制。由于市场经济本质上是自主经济，要求市场主体自主经营并展开自由竞争。行政法的命令性和强制性特点，决定了它不是规范市场经济的有效手段。更何况行政法从其产生之日起，便将控制行政权的滥用作为其核心内容。由于行政法产生以来的基本精神是稳定的，其主要内容不会随着经济形势的变化而变化，因此，在国家基于经济运行的状况而采取的干预措施灵活多变的情况下，行政法的局限性也显露出来。

与自由资本主义相适应的法律体系的这种状态，决定了只有通过法律体系的创新才能适应调整新的社会关系。经济法适应了法律调节社会经济发展的要求，以弥补民法与行政法的不足为己任，突破了国家不介入私人经济生活领域的法律传统，以追求社会经济总体效益为自己的价值目标，以限制、禁止和积极引导取代放任自由和消极限制，对社会经济生活进行协调。只有经济法对一些行为的限制、禁止和积极引导，才能使各类法律主体的合法权益得以保护。

三、经济法的实践与发展

（一）经济法在西方国家的实践与发展

由于经济法是自由竞争和国家调节相结合的经济政策在法律上的表现，因此其成为西方国家现代市场经济条件下管理经济的重要手段。

（1）在经济法的产生与发展中，战争是一个非常重要的契机。经济法之所以在德国和日本获得快速发展，是与这两个国家在历史上曾经发动世界大战有着密切的关系的。而且两次世界大战的参战各国为了最大限度地调动国力支持战争，也不得不对国家经济生活进行干预，并借助于经济法对国家干预过程中所产生的各种社会关系进行调整，所以战争是经济法产生并得以发展的契机。也正因为如此，早期的经济法表现出强烈的军事色彩。

第一次世界大战前后，为保障战争的胜利，满足战争的需要，德国对经济进行了全面干预。德国为了对重要物资实行国家统制政策，以便集中物力和财力进行战争，相应地颁布了一系列经济法律。1914 年，德国议会通过《授权法》，授权参政院在战争期间可以发布为防止经济损害所采取的必要的措施，1915 年颁布了《关于限制契约最高价格的通知》，1916 年颁布了《确保战时国民粮食措施令》。战后，德国割地赔款，经济崩溃，为恢复战后经济，需要内容更为广泛的经济统制。1919 年颁布了《卡特尔规章法》、《煤炭经济法》、《钾素经济法》，1923 年颁布了《防止滥用经济权力法令》。这些法律确认了国家有权对社会经济，特别是对个人和企业的经济活动进行干预和限制。第二次世界大战期间，德国实行战时经济政策，先后颁布了《设立强制卡特尔条例》（1933 年）、《德国经济有机结构条例》（1934 年）和《冻结价格令》（1936 年）等一系列经济法令。第二次世界大战后，德国经济法又有了进一步的发展，颁布了大量的经济法规，如《反卡特尔法》、《防止不正当竞争法》、《反对限制竞争法》、《稳定法》、《投资援助法》、《农业法》、《破产法》、《银行法》、《标准合同法》等。德国的经济立法、司法为经济法的研究提供了条件。德国学者对经济法进行的理论思考，使其经济法在实践和理论方面都走在世界的前列。

日本是第二次世界大战的策源地和战败国之一，战前和战争期间，特别是战后，日本制定并颁布了大量的经济法律，如 1949 年《工业标准化法》、1952 年的《企业合理化促进法》、1955 年的《煤炭合理化临时措施法》、1956 年的《机械工业振兴临时措施法》、1963

年的《工业企业基本法》和《中小企业近代化促进法》等。这些法规都由日本法学界编入了《六法全书》之中。1979 年出版的《六法全书》共分六篇，经济法被列为独立的一部分。

（2）经济法在各国呈现出不同的特点。由于德国、日本对社会经济所采取的全面干预规制政策，其经济法规制的对象涉及社会的方方面面，并表现出量大、面广等特点。而美国作为典型的崇尚自由放任经济政策的国家，其对经济的干预则是以维护自由公平竞争为主。1890 年美国国会通过了世界上第一个反垄断法——《谢尔曼反托拉斯法》，禁止企业实行垄断，破坏资本主义的正常竞争关系。各国经济立法的这种传统延续至今，只是德国、日本等国在经济法的发展中，非经济内容被逐渐剔出而已。

在苏联和东欧社会主义国家，也存在经济立法、司法及对经济法的研究。但是，由于这些国家是在计划经济体制下讨论经济法问题的，因此其与西方国家及我国现在所讨论的经济法有本质区别。即使如此，从世界范围来看，这些国家的经济法实践与理论探讨也是非常有益的。

苏联是在“十月革命”胜利后提出经济法问题的，由于理论上存在着经济法是否是独立的法律部门的激烈争论，虽经多次草拟经济法典也未能提交立法机关审议，因此，在苏联立法上，不承认经济法是一个独立的法律部门，而是运用以行政法和民法为主的多种手段，对社会经济生活进行综合调整。

东欧社会主义国家的经济法，同苏联大同小异，经济法的主要任务是维护国家对国民经济的全面管理特别是计划管理，以及公有制经济。特别值得一提的是，捷克斯洛伐克的立法承认经济法是一个独立的法律部门，并于 1964 年颁布了迄今为止世界上唯一的一部经济法典，即《捷克斯洛伐克社会主义共和国经济法典》。

（二）经济法在我国的产生与发展

我国经济法的概念是从国外引进的，但绝非简单的舶来品，经济法在我国的产生与发展，是有其深厚的社会根基的。1978 年党的十一届三中全会以后，随着党和国家工作重点转移到以经济建设为中心的轨道上来，党和国家十分重视经济领域里的法律建设。因而在全国人民代表大会的文件和中共中央、国务院的文件中，都使用了经济法这一概念。就法学研究而言，随着我国社会经济生活的改革，也开始了对经济法的研究，法学论著、教材、工具书中也开始广泛使用经济法这一概念。

经济法在我国的产生与发展，就宗旨与目的而言与西方资本主义国家经济法有着共同之处，这就是经济法都是在“国家之手”与“市场之手”的结合与协调中产生与发展的。然而就具体原因而言，经济法在我国的产生与发展却明显地不同于西方资本主义国家的经济法。

（1）建立与完善社会主义市场经济体制是我国经济法产生与发展的经济基础。经济法在西方国家突破了国家不干预市场经济的传统观点，实现了国家对经济生活的协调、参与和管理，而经济法在我国的情况正好相反，它所要突破与解决的是国家对经济生活干预过多、市场无法自转，以企业为首的市场主体缺乏基本的经营自主权的问题。

众所共知，建国 30 年间，我国实行的是计划经济体制，计划经济曾经推动了我国国民经济以比较高的速度向前发展，积累了一些成功的经验。但随着经济发展规模不断扩大，经济结构日益复杂，计划经济本身的弊病也逐渐暴露出来。在计划经济下，生产什么、生产多少都不是由市场需求决定，而是由国家计划决定，因而生产不能满足市场的需求；在计划经济下，企业是政府的附属物，由于缺少物质利益驱动，企业普遍缺少活力与动力，效益较差，因此，高度集中的、僵化的计划经济体制，束缚了生产力的发展，影响了人民群众生活水平的提高。

社会主义市场经济，是指与社会主义基本制度相结合的，市场在国家宏观调控下对资源配置起基础性作用的经济体制。在该体制下，计划经济中国家对市场及其主体的全面的、具体的、直接的宏观管理与微观管理，将让位于市场的基础调节和国家的补充调节。即市场在资源配置中能够通过价值决定机制、供求机制和竞争机制有效地发挥主要作用，用“国家之手”与“市场之手”共同调节社会经济生活。在我国，建立与完善社会主义市场经济的关键，是保证“市场之手”对经济的基础调节。因为在两种经济体制转型的过程中，计划经济的影响不可能在很短的时间内消除。由于我国是在不断打破行政垄断的前提下开展自由竞争，因此，就有必要通过经济立法为“国家之手”对经济生活的干预提供一个基本的行为规则，以保证市场能够对资源配置起到基础性作用。所以说，我国经济法产生与发展的经济基础是社会主义市场经济体制的建立与完善。

我国确立社会主义市场经济体制过程中所发生的各种关系，都被国家以经济立法的形式予以调整，经济法是建立与完善社会主义市场经济体制的法律保证。

（2）经济法的产生填补了因原有计划体制下颁行的有关法律法规与新经济体制格格不入所造成的空白，其发展适应了改善经济立法现状的需求。

与高度集中的计划经济体制相适应的国家政治体制和对社会生活的管理是“人治”，而少有的计划体制下所颁行的有关法律法规，在改革开放初期便呈现出与市场经济体制不适应的状态，解决此问题的唯一出路就是颁行适应新经济体制的有关经济法律法规。市场经济是法制经济，1978 年以来，我国先后颁行了大量的经济法规。改革开放以来的经济立法虽取得了很大的成绩，但仍有不少急需的经济法律法规尚未制定出来，相当一部分现行的经济法律法规需要抓紧修改完善，许多现有调整经济关系的规范性文件层次低、权威性差。因此，改善经济立法现状，对于经济法的进一步发展有着极其重要的作用。

（3）为社会主义市场经济服务，是经济法与民法共同的宗旨，因此，经济法的发展与民法的发展是共同协调进行的。

党的十一届三中全会之后，以全党全国工作重点转移到经济建设上来和加强社会主义法制为深刻社会背景，经济法与民法走的是一条共同协调发展的道路。在以政府为主体的计划经济向以企业为主体的市场经济转变的情况下，市场主体需要的自由、平等、公平的竞争，以“市场之手”进行的调节活动以及由此所产生的经济关系，均由民法予以调整；而在市场行为带来极大盲目性，市场调节发生问题的情况下，则需要以“国家之手”加以协调。特别是在我国，由计划经济向市场经济转轨，需要在不断打破行政垄断的前提下开展自由竞争，更不能没有“国家之手”的协调。“市场之手”与“国家之手”共同作用于社会主义市场经济，体现在法律上，便是以经济法与民法为主的法律部门，对在社会主义市场经济中所产生的经济关系的共同调整。

应注意的是，经济法与民法的协调发展，并不能否认这两个法律部门在根本宗旨、调整对象等方面的区别。

第二节　经济法的概念

一、经济法的概念

通过对经济法产生与发展历史的考证，我们注意到，虽然经济法在西方国家与我国产生的具体原因不同，但在本质上却有着共同之处，那就是经济法是在现代市场经济条件下市场自发调节与国家干预的产物，经济法所调整的就是在“市场之手”与“国家之手”相结合的过程中所产生的特定的经济关系。目前，虽然法学界关于经济法尚无统一的概念，但在我国建立并完善社会主义市场经济体制的过程中，众多研究者都认同经济法是国家用来介入经济活动的法律形式，是国家干预经济的产物。就本质意义而言，干预、协调、调节没有什么区别，但考虑到我国是从计划经济转轨为社会主义市场经济，“干预”一词所包含的直接管理之义容易使人联想到计划经济下政府对企业所进行的政企不分的全面具体管理以及“调节”一词在数量上或程度上所包含的微观调整之义，因此，本书在涉及“国家之手”对市场经济的调节时，使用了“协调”一词。因为协调具有适度、合理、有规则的意思，以此表达国家对经济的宏观调控主要是采取间接调控的办法，按照经济规律特别是价值规律办事，并且尽可能地将其纳入法制轨道。

也就是说，国家对经济的干预，主要是运用经济手段、法律手段和行政手段来进行，并不直接干预企业的生产经营活动。应注意的是，在间接宏观调控方式中，经济手段是最主要的手段，行政手段也不可缺少，但它们的使用都必须以法律为准绳，只有以法律手段作保证，经济手段的调控才会落到实处并发生效果，对经济调控的行政手段才是有益的。以法律手段直接对经济进行调控，可以起到其他手段无法起到的维护市场公平和有序、保护市场主体的正当权利不受侵害、制裁违法行为的作用。另外，间接的宏观调控，并不排除在特定情况下国家通过投资创办企业、事业单位来参与市场经济，因为这是参与的目的也是为了协调，即从宏观方面保证国民经济各部门配合得适当。由此，我们注意到，所谓经济法，就是调整国家在协调经济运行过程中所发生的经济关系的法律规范的总称。

理解此定义，应注意以下几点：① 经济活动以及由该活动而形成的经济关系，就其本身而言，并不一定需要国家的协调；② 国家对经济活动的协调，是对已有的、既成的经济关系的矫正，其目的是保障社会整体利益，因此，经济法仅调整部分经济关系；③ 经济法是对国家协调经济运行的认可和限制。

二、经济法的调整对象

（一）经济法的调整对象

经济法的概念和经济法的调整对象密切相关，概念是对调整对象的高度概括，调整对象是概念的具体展开。既然经济法以国家协调经济运行过程中发生的经济关系作为自己的调整对象，我们就有必要将其具体化。具体来讲，经济法所调整的经济关系包括以下几个方面：

（1）宏观经济调控关系。所谓宏观调控，是指国家有意识、有目标地运用各种手段，对国民经济总体活动实施的调节和控制。宏观调控的主体是国家机关特别是经济管理机关。国家进行宏观调控的目的，是保证社会整体利益的实现，以弥补市场调节的缺陷，防止或消除经济中的总量失衡和结构失衡，保证国民经济持续、稳定、协调、健康发展。因此，因宏观调控所产生的经济关系理应由经济法来调整。

宏观经济调控关系，具体表现为计划关系、价格关系、国有资产投资关系、财政关系及金融调控与管理关系等。

（2）市场管理关系。实行社会主义市场经济，必须建立统一、开放的市场体系，只有这样，才能充分发挥竞争机制的作用，才能使各种生产要素得以自由流动，才能打破条块分割、封锁和垄断。但在市场竞争中极易出现垄断、不正当竞争、损害消费者合法权益等问题，而市场本身恰又无力解决这些问题，这就需要国家干预以加强市场管理。市场管理是通过对市场主体特别是企业行为的限制来实现的，即通过制定反垄断、反不正当竞争及保护消费者权益的法律，来维护自由、公平、有效的市场经济竞争秩序。

（3）企业组织管理关系。企业组织管理关系是在企业的设立、变更、终止和企业内部管理过程中发生的经济关系。企业作为社会生活中的细胞，是否具有活力与动力，已成为经济能否增长和发展的决定因素。正如 1984 年的《中共中央关于经济体制改革的决定》所称，“搞活企业，是整个经济体制改革的中心环节”。因此，实行社会主义市场经济，必须建立活跃的市场主体体系，而企业是市场体系中最活跃的主体。基于建立现代企业制度和社会利益的需要，就有必要以法律手段对企业的设立、变更、终止和企业内部关系进行管理、监督。但应注意，对企业及其内部组织进行的干预应严格限定，不可把企业管死，企业大量的内部关系仍应由其内部章程调整。

经济法对企业组织管理关系的调整，可以保证顺利塑造能够真正自主经营、自负盈亏、具有主体地位的市场主体，为有效的宏观调控奠定微观基础。

（二）经济法与行政法、民法的区别

通过上述对经济法调整对象的具体分析，我们注意到：在经济法调整国家协调经济运行所产生的经济关系中，有一部分经济关系的主体地位是不平等的，与行政法一样；又有一部分经济关系的主体地位是平等的，与民法一样。

一般说来，行政法以权力为本位，民法以个人权利为本位，经济法具有明显的社会性，并且以社会为本位。经济法的社会本位，是指它对经济关系的调整立足于社会整体，在任何

情况下都以大多数人的意志和利益为重。经济法保护的既不是单纯的国家利益，也不是完全的社会个体的利益，而是同这两者既有密切联系又有明显区别的社会公共利益，即广大人民群众所享受的利益。从严格意义上说，整个经济法的着眼点，并不在于对单个竞争者利益的保护，而在于实现社会公平正义。

经济法确实在其所调整的经济关系中存在部分主体地位的不平等，但这种不平等与行政法所调整的社会关系中主体地位的不平等有着本质区别，其表现在：① 行政法具有的强烈的命令性和强制性决定了行政法不是规范市场经济的有效手段。用行政法来管理经济，可能会束缚市场主体特别是企业的自主性和积极性，抑制市场经济发展的活力，因此用行政法管理经济是与计划经济体制相适应的。而经济法对经济生活的干预是针对市场经济体制中消极方面而言的，它是现代市场经济的产物，因此主体地位的不平等虽有部分隶属关系，但更多的是一种指导与被指导的关系。② 行政法最为关注的是控制行政权的滥用，而经济法主要关注的是协调经济运行的手段是否正确。③ 由于经济法是协调经济运行的法律，因此它必然随着经济发展而变化，行政法则不像经济法这样灵活多变，其基本内容是相对稳定的。

经济法在其调整的经济关系中，确实存在部分主体地位的平等问题，但其与民法所调整平等主体之间的经济关系的根本区别，就在于经济法所调整的平等主体之间的经济关系，具有强烈的组织管理因素而超出了民法调整的范畴。如计划合同关系、承包经营等经营责任制合同关系、消费者与企业的合同关系等。

所以说，不能简单地因为在经济法所调整的经济关系中，存在主体地位的不平等或平等，就否定经济法的独立法律地位。

三、经济法的地位

经济法的地位，也就是经济法在整个法律体系中的地位，需要从以下两个方面进行论述：一是经济法在整个法律体系中是否为独立的法律部门；二是经济法在整个法律体系中是否属于基本的法律部门。

（一）经济法是一个独立的法律部门

所谓法律体系是指由具有内在联系的多层次的法律部门组成的统一体。经济法在该体系中具有一定的地位，首先取决于经济法是一个独立的法律部门，否则，经济法在法律体系中就没有什么地位而言。在我国，经济法是一个独立的法律部门。这是因为经济法的调整对象是特定的经济关系，这种特定的经济关系是客观存在的、现实的，并具有一定范围，而且经济法所调整的特定的经济关系，即国家干预经济运行过程中所发生的经济关系，明显地不同于民法、行政法等所调整的经济关系，因此，有自己特定调整对象的经济法就成为一个独立的法律部门。此外，经济法采用的调整方法所具有的直接性与综合性，也使得经济法成为独立的法律部门。

（二）经济法是一个基本的法律部门

在回答了经济法是一个独立的法律部门之后，我们要回答的第二个问题，就是经济法在多层次的法律体系中，属于什么层次的问题，即经济法是否属于仅次于宪法，与民法等部门法同等地位的基本法律部门的问题。

现代市场经济，包括我国所要建立的社会主义市场经济，并不是完全自由竞争的市场经济，而是市场机制与宏观调控相结合的市场经济。在这种经济体制下，综合协调国家、企业及其他法律主体之间的关系，主要依赖于民法和经济法，但民法与经济法的根本作用却不同。民法的根本作用是保证各种主体能够按照自己真实、自主的意愿，参与经济关系和从事其他活动，保证其合法意愿能够正常地实现；经济法的根本作用，则是保证社会有一个正常、自由的竞争环境，保持社会整体利益与个体利益的平衡，从而使民法能够按照社会的需要和利益发挥其应有的积极作用。现代市场经济中的宏观调控作为经济法特有的功能决定了经济法所要调整的经济关系，属于基本的经济关系，其作用是民法等别的法律部门所无法替代的，因而是不可或缺的。经济法作为基本的法律部门已为党的十四届三中全会《中共中央关于建立社会主义市场经济体制若干问题的决定》所肯定，即“遵循宪法规定的原则，加快经济立法，进一步完善民法律、刑事法律、有关国家机构和行政管理方面的法律，20 世纪末初步建立适应社会主义市场经济的法律体系。”也就是说，这个法律体系要遵循宪法的原则，宪法是这个体系的根本法，是统帅全局的，其余的均为第二层次的基本法律，包括经济法、民法、刑法、行政法等。

第二章 经济法律关系

第一节 经济法律关系的概念

一、经济法律关系的定义

经济法律关系是指国家在调节或协调经济运行过程中，根据经济法的规定在经济法主体之间所形成的权利义务关系。

经济法律关系不同于经济关系。经济关系是人与人之间通过物所形成的物质利益关系，而经济法律关系是人们根据经济法的规定而形成的关系，它实际上是经济法对特定的经济关系进行调整所形成的一种关系，属于思想意志关系的范畴。经济法律关系是以经济法的存在作为前提的，没有经济法律规范，就没有经济法律关系。经济法律关系是国家调节或协调经济运行过程中所发生的经济关系的法律表现。

二、经济法律关系的特征

经济法律关系是法律关系的重要组成部分。它除了具有法律关系所共有的特征外，与其他法律关系相比，还具有自己明显的特征：

1. 从主体的角度讲，经济法律关系具有三个特点

（1）主体种类的广泛性与多样性。主体的广泛性与多样性是由经济法所调整的国家调节经济运行中所产生的经济关系的多样性所决定的。在经济法律关系中，凡是与国家调节经济运行有关的国家机关、经济组织和个人，包括不具备法人资格的经济组织的分支机构，都可能作为经济法的主体参加到经济法律关系之中。各种主体在经济法律关系中所处的地位、作用、权利义务各不相同。而行政法律关系和民事法律关系的主体只能是国家机关、法人或者自然人。主体的广泛性还决定了经济法主体与民法主体的名称有很大区别，民法主体一般都是以公民和法人的名称出现的，而经济法主体的名称，因情况不同而有不同，如消费者、经营者、纳税人、企业、公司等。

（2）主体地位的不平等性和相对固定性。主体地位的不平等性，表现在国家调节经济运行时所产生的法律关系中，一方是管理主体，另一方是被管理主体，双方地位不平等。并且，各种主体在经济法律关系中的地位具有相对固定性，国家经济管理机关是相对固定的、

拥有管理权利的主体；不负担经济管理职能的其他国家机关以及企业、事业单位、社会团体、公民，在经济调节管理中基本上是接受调节和承担被管理义务的主体。

（3）主体资格的对应性和双重性。在经济法律关系中，各方主体的地位和权利义务虽不对等，但具有对应性，表现在：管理主体在享有权利的同时，对其上级机关和国家负有必须实施管理、不得随意放弃管理权利，并必须正确有效地履行管理的义务；对其被管理者负有依法管理、不得滥用职权的义务。被管理主体在负有接受和服从管理义务的同时，享有请求权、监督权、举报权、起诉权等权利。所谓主体资格的双重性，主要是指国家经济管理机关在以管理主体和权利主体身份出现的同时，对其上级机关和国家来说，他们也是被管理主体和义务主体；对于其他国家经济管理机关来说，他们必须接受有关职能方面的管理，是被管理主体和义务主体。

2. 内容的经济性与多样性

经济法律关系的内容是经济法所确定的经济权利和经济义务，其与一般法律关系的重要区别就是前者是为一定经济目的而形成的，具有一定经济性。由于经济法所调整的国家调节经济运行中所产生的经济关系的丰富内容，因此决定了经济法主体所享有的经济权利与经济义务呈现出多样性。

3. 客体的广泛性与特定性

由于国家调节经济运行的范围十分广泛，因而经济法律关系的客体范围也十分广泛。它不仅包括民事法律关系中的常见客体，还包括以下特殊客体：① 土地等自然资源；② 铁路、机场、名胜古迹、文物等国家专有资产；③ 承包权、租赁权、土地使用权、国有资产的经营管理权等特殊权益。在理解客体的广泛性时，一定要注意国家调节经济运行的范围虽然十分广泛，但其又不能包括所有的经济领域，因此其客体又是特定的。

第二节　经济法律关系的构成要素

所谓经济法律关系的构成要素，是指构成经济法律关系不可缺少的组成部分，也就是使当事人之间结成一定的权利义务关系的必要条件。同其他法律关系一样，经济法律关系由主体、内容、客体这三个要素组成，缺少其中任何一个要素，都不能构成经济法律关系。

一、经济法律关系的主体

（一）经济法律关系主体的定义

经济法律关系的主体，又称经济法主体，是指参与经济法律关系，依法享有经济权利和承担经济义务的当事人。经济法律关系的主体是经济法律关系的先决条件和中心环节，没有主体就没有主体的活动，也就没有经济法律关系的内容和客体。在经济法律关系中，享有经济权利的一方是权利主体，承担经济义务的一方为义务主体。根据权利义务相一致的原则，一般情况下，没有只享有经济权利不承担经济义务的当事人，也没有只承担经济义务不享有经济权利的当事人，往往在同一经济法律关系中，双方当事人互为权利主体和义务主体。

（二）经济法律关系主体的范围

经济法律关系以经济法的存在为前提，因而经济法调整对象的范围即决定了经济法律关系主体的范围。根据经济法律关系主体的组织形态不同，国家调节经济运行过程中依法享有经济权利和承担经济义务的当事人作为经济法律关系主体，具体表现为以下几类：

1. 国家机关

国家机关，是行使国家职能的各种机关的总称，它一般可以分为权力机关、行政机关、司法机关、军事机关等。作为经济法主体的国家机关，主要是国家权力机关与国家行政机关。

国家权力机关在协调经济运行的过程中所参与的经济法律关系，对国民经济的调控是绝对宏观的，即通过立法来规定国家的基本政治制度，确定整体的生产运行机制，并通过制定国民经济发展的方针、政策、计划，指导政府及其职能部门的具体管理行为。

国家行政机关参与的经济法律关系有两种方式：一是通过间接管理国民经济的方式，实现对经济运行的调节。在这种方式下，国家行政机关中的经济管理机关，按照法律、法规所授予的职权对市场主体的行为进行管理、引导，与构成经济法律关系另一方的其他主体之间形成了一种管理与被管理的关系，国家行政机关作为独立的主体，始终有其不同于普通主体的特殊地位。但由于经济法律关系所具有的强烈的经济性，使其所参与的经济法律关系不同于行政法律关系。二是通过直接或间接参与经济活动的方式来实现的。国家行政机关参与国民经济活动，通过对特定经济行为的干预，达到协调经济运行的目的。表现最为突出的就是其所实施的国有资产投资管理的行为。国家行政机关代表国家拥有国有资产，通过对国有资产投资运营的管理参与经济法律关系。

应注意的是，国家机关作为经济法主体资格的取得，有别于企业等市场主体资格的取得。前者是依据国家宪法及有关的组织法的规定取得，而后者则依据的是企业法、公司法及企业登记法律法规取得。

2. 企业

企业是市场经济的细胞，是市场主体中最主要的主体。因此，企业作为经济法所调整的经济关系的主要参加者，便成为经济法律关系主要的主体。这是经济法律关系不同于民事法律关系、行政法律关系的一个重要特征。虽然企业也参加后两类法律关系，但民事法律关系的最主要主体是公民，行政法律关系的最主要主体是国家行政机关。

企业是指具有一定数量的生产经营者和物质条件，以营利为目的，独立、连续从事一定经济活动的经济组织。理解企业的定义应注意以下几个特点：① 企业必须是从事经济活动的组织；② 企业必须是一个拥有自己独立的财产，并能独立享有权利、承担责任的经济组织；③ 企业存在的目的和动力是营利；④ 企业是人与物两要素通过一定形式有机结合的经济组织。根据企业的这些特征，企业明显不同于经济法律关系的其他主体。

在理解企业定义时，应注意企业的分类。根据不同标准，企业可进行不同的分类：

① 按照企业的组织形式不同，企业可分为独资企业、合伙企业和公司三类；② 按照企业的生产资料所有制不同，企业可以分为国有企业、集体企业、私营企业、混合所有制企业等；③ 按照企业所属行业的不同，企业可以分为工业企业、农业企业、商业企业、交通运输企业、金融企业等不同行业的企业。

3. 事业单位和社会团体

事业单位和社会团体与企业、国家机关、公民共同构成了市场主体体系，因此他们当然地成为国家协调或调节经济运行过程中，依法享有经济权利和承担经济义务的经济法主体。事业单位是指不以营利为主要目的，从事各项社会事业，拥有独立经费或财产的社会组织。如科研院所、学校、医院、幼儿园等。社会团体是指由若干成员为某种共同目的而组成的，有固定经费的社会组织。如学术团体、工会、妇联、商会等。

4. 企业的内部机构

企业内部机构不是民法与行政法的主体，因为它不具备独立的主体资格。但在经济法对经济运行进行调节的过程中，为实现国民经济稳定、健康、持续、协调发展，经济法不仅调节独立主体之间的经济关系，而且也参与企业的微观管理。这种微观管理与计划经济体制下政府对企业的管理的不同之处在于：计划经济体制下政府对企业的管理是直接、全面、具体的，导致企业缺乏活力与动力，而市场经济下对企业的微观管理是间接的，即国家通过制定经济法律、法规的方式，对企业内部机构和企业的财务、会计等管理作出规定，以利于协调经济运行。

5. 公民

公民是民事法律关系中最主要的主体，但在国家调节经济运行过程中依法与其他经济法主体发生经济权利和经济义务关系时，就成为了经济法律关系的主体。如土地承包合同关系中的农户、工商登记管理关系中的个体经营户、个人所得税征纳关系中的公民个人等。

二、经济法律关系的内容

经济法律关系的内容，是指经济法律关系的主体享有的经济权利和承担的经济义务。经济法律关系的内容是经济法律关系的实质所在，是连接主体的桥梁，正是由于其存在，才在主体之间形成了具体的经济权利义务关系。

（一）经济权利

经济权利是指经济法律关系主体依法享有的自己为或不为一定行为和要求他人为或不为一定行为的资格。其具体表现为四个方面，即经济法律关系主体一是可以依法作出一定行为；二是可以依法不作出一定行为；三是可以依法要求他人作出一定行为；四是可以依法要求他人不作出一定行为。不同的经济法律关系主体所享有的经济权利是不同的。经济权利具体包括：

1. 经济职权

经济职权是国家机关在调节经济运行中，依法享有的权利。经济职权是基于国家授权或法律的直接规定而产生的，并在国家机关与其他经济法主体之间形成管理与被管理的关系。与其他经济权利不同，经济职权既是国家机关的权利，也是义务，不得随意转让、放弃。作为国家干预经济生活的主要形式，经济职权的内容表现为立法权、决策权、指挥权、禁止权、许可权、免除权、调节权、监督权等多种形式。

2. 财产所有权

财产所有权是所有人依法对自己的财产所享有的占有、使用、收益和处分的权利。财产所有权不仅是民法主体所享有的权利之一，它也是经济法主体所享有的一项权利，由于经济法产生于民法之后，因此其定义、特征、内容均采用已为民法所确认的定义、特征及内容。不同之处在于经济法律关系中的财产所有权产生于国家调节经济运行的过程中，而且由于经济法主体的特殊之处，不为民法所规范的企业内部机构及其有关人员也享有一定的财产所有权。

3. 经营管理权

经营管理权是指企业在进行生产经营活动中，依法所享有的产供销人财物等方面的权利。经营管理权是由财产所有权所派生出来的权利，因此，不同类型企业所表现的具体内容不同。

4. 请求保护权

请求保护权，是指经济法律关系主体的合法权益受到侵犯时，依法要求侵权人停止侵权行为，要求有关国家机关保护其合法权益的权利。

请求保护权属于救济性的权利，它是保障经济法律关系主体的合法权益，维护社会经济秩序所必需的。请求保护权既可由经济法主体向侵权人直接要求赔偿，也可通过仲裁、诉讼等方式行使。

（二）经济义务

经济义务是经济法律关系主体在国家协调经济运行过程中，依法所承担的必须为或不为一定行为的责任。经济义务的表现形式，因主体不同而不同，具体表现为：① 贯彻执行国家的方针、政策、法规的义务；② 正确行使经济权利的义务；③ 服从国家合法协调经济运行的义务；④ 依法缴纳税金和其他费用的义务；⑤ 依法承担经济法律责任的义务等。

三、经济法律关系的客体

经济法律关系的客体，又称经济法律关系的标的，是指经济法律关系主体享有的经济权利和承担的经济义务所共同指向的事物。经济法律关系的客体，是经济法主体存在与活动的意义所在。没有客体，经济法律关系主体的存在和活动就成了无的放矢。

经济法律关系的客体十分广泛，归纳起来不外乎物、行为和无形财产三大类。所谓物是指为人们所控制并具有经济价值的物质。物是经济法律关系的普遍客体。所谓行为是指经济法主体为达到一定的经济目的而进行的经济活动。所谓无形财产是指不具有一定的实物形态，为经济法律关系主体所控制并具有可估量价值的脑力劳动成果。应注意的是，经济法中的物、行为和无形财产，总是和国家调节经济运行紧密相连的，因此，它远比民事法律关系客体广泛得多。

第三节　经济法律关系的发生、变更与终止

一、经济法律关系发生、变更与终止的定义

经济法律关系的发生，是指经济法律关系主体之间形成一定的经济权利和经济义务关系。

经济法律关系的变更，是指已形成的经济法律关系，在主体、内容与客体等方面发生变化。

经济法律关系的终止，是指经济法律关系主体之间的经济权利和经济义务关系的消灭。

经济法律关系的发生、变更和终止并不是随意的，它总是由一定的客观情况直接引起的，这种客观情况就是法律事实。

二、法律事实

所谓法律事实，就是符合经济法规范并能引起经济法律关系发生、变更与终止的客观现象。客观现象是很多的，并非所有的客观现象都是法律事实，只有那些符合经济法规范的客观现象才能引起经济法律关系的发生、变更与终止。因此，客观现象是否作为法律事实，是由经济法规定的，超出经济法规定的客观现象，不是法律事实。

根据法律事实与当事人主观意志的关系的不同，可以将其划分为事件和行为两大类。

（一）事件

事件是指不以当事人的意志为转移、能够引起经济法律关系发生、变更和终止的客观情况。事件可以是自然现象，如自然灾害，也可以是社会现象，如军事行动。由于事件的发生不以主体的意志为转移，因此对这种不可抗力的事件所造成的经济法律关系的发生、变更和终止，当事人可以不承担法律责任。

（二）行为

行为是指经济法律关系主体为了达到一定经济目的所进行的有意识的活动。它是引起经济法律关系发生、变更与终止的最普遍的法律事实。

按照行为的性质的不同，可将行为分为合法行为和违法行为。合法行为是指符合经济法规定的行为，合法行为受经济法确认和保护，经济法律关系主体只有实施了合法行为，才能顺利实现自己的经济目的，它具体地表现为国家机关的决策行为与调控行为、企业的组建行为等。违法行为是指经济法律关系主体违反经济法规定的行为，违法行为的实施者不仅得不到法律的确认和保护，而且还要受到法律的制裁。

第三章　国有企业法

一、国家投资经营

国家投资经营，是指国家以其所拥有的资产投资参与生产经营的活动。国家参与投资经营活动的方式主要包括：①国家直接投资开办企业，此即国有企业；②国家临时性参与某些重要商品的购销或外贸活动；③国家从事某些金融业务活动，如发放国家贷款或发行国家债券，参与债权债务关系等。其中第三种方式属于金融投资或证券投资，又称间接投资。20世纪以来，国家投资经营最重要的方式是国家投资开办国有企业。

开办国有企业的目的主要有三个方面：① 财政性目的，即扩大财源以增加财政收入；② 政治性目的，即为了维护和巩固国家政权，抵御外敌入侵或对外侵略，由国家控制某些要害经济部门；③ 经济性（经济调节性）目的，即通过国家直接投资经营，调节社会经济结构和运行，促进社会经济协调、稳定和发展。自由资本主义及其以前，举办国有企业的目的，以财政性和政治性为主。20世纪以来出现的国有企业（现代国有企业），其设立主要在于经济性目的，即通过国家直接投资于某些行业和进行产品的生产经营，直接调节国民经济的结构和运行，同时通过对国有资产的控制和运营，增强国家调节社会经济的物质力量。执行国家经济政策和保障国家调节经济，是现代国有企业所担负的主要使命。明确国有企业的开办目的，对于正确认识国有企业在国民经济中的地位和作用，正确认识国有企业改革的目标和方向，规划国家直接投资的方向、重点和规模有着极为重要的意义。

二、国有企业

（一）国有企业的特征

国有企业，是指资本全部或主要由国家投入，并为国家直接或间接地控制的企业。这一定义，一方面说明国有企业与国家之间存在着资本联系，即以投资与被投资形式表现出来的所有权关系，同时也表明国有企业要受国家控制；另一方面，完全不受中央或地方政府经由资本联系而实施控制的企业，不应算作国有企业。从这个角度来看，国有企业与一般企业明显不同：

（1）国有企业的资本全部或部分地来源于国家，也即国家是企业的“老板”或企业主。至于国家在企业股本中占有多少份额，该企业才算是国有企业，这一方面要视国家需要占有多少份额才能控制企业，另一方面也取决于一国的政策。应注意的是，我国目前所称的国有企业，既包括单纯国有资产投资且适用《中华人民共和国全所有制工业企业法》（以下简称《企业法》）的企业,也包括依《中华人民共和国公司法》(以下简称《公司法》)设立的企业。

（2）国有企业在不同程度上受中央或地方政府的控制，其行为必须符合或不违背政府的意志和利益。这也是国家之所以要投资经营企业的目的所在。因此，国有企业从事生产经营活动不以营利为唯一目的，它要执行国家宏观经济政策，担负调节社会经济的职能。

（3）国有企业及其运行与国有资产管理制度相联系。既然国家必须对其投资的企业施加所有者的影响，则国有企业制度、包括国有主体投资的公司，就必然要同国有资产管理、运营的制度联系在一起。

（4）从性质上看，国有企业是一种兼具公法人与私法人、社团法人与财团法人、营利法人与公益法人特点的特殊法人。

（二）国有企业的分类

1. 普通国有企业和特殊国有企业

将国有企业划分为普通国有企业和特殊国有企业是国有企业最基本的分类。普通国有企业是指具有营利性和竞争性，国家放弃对其经营管理进行直接控制的国有企业。特殊国有企业是指依特别法、行政命令而设立，不单纯以营利为目的，主要为保障公共利益和执行国家规定的特殊任务，在企业发生政策性亏损时国家财政要给予弥补的国有企业。

2. 单纯国有企业和国家控股的国有企业

单纯国有企业是指全部资本由国家投入的国有企业，又称国有独资企业。国家控股的国有企业是指由国有资本控股，多种出资主体组成的国有企业。

3. 单一财政主体投资的国有企业和多个财政主体投资的国有企业

根据国有企业投资主体的数量不同，将国有企业划分为单一财政主体投资的国有企业和多个财政主体投资的国有企业。

三、国有企业法与国有企业股份制改革

国有企业法，是指调整国家在管理国有企业和国有企业在生产经营活动中产生的各种经济关系的法律规范的总称。它分为形式上的国有企业法和实质上的国有企业法。形式上的国有企业法是指以国有企业为名调整国有企业关系的专门法律，在我国即指1988年国家颁布的《企业法》。实质上的国有企业法泛指各种调整国有企业关系的法律规范，包括调整国有企业的法律、行政法规、规章及地方性法规等，其中也包括《公司法》。

我国国有企业的立法是与国有企业的改革紧密联系在一起的。国有企业改革的主要实现形式是股份制，关于这一点，在2003年10月14日中国共产党第十六届三中全会通过的《中共中央关于完善社会主义市场经济体制若干问题的决定》中表述的非常清楚。在国有企业股份制改革的过程中，国有企业立法的推动是不容忽视的。国有企业公司化改制正式进入法律化阶段的标志是《公司法》的颁布；同样，《公司法》的修改对于国有企业公司化是至关重要的。

第四章　独资企业法与合伙企业法

独资企业与合伙企业作为市场经济两种基本的企业形态是由不同法律规范的。由于这两类企业均为非法人企业，因此该两类企业有了共同之处。故将该两类企业归为一章介绍。

第一节　独资企业法

一、独资企业的概念及特征

简单地讲，独资企业就是一个人单独投资并由其一人所拥有的企业。作为企业最古老形态的独资企业，在西方市场经济国家中占有相当大的比例。因此，通过立法对其进行规范并明确其概念就显得非常重要了。关于独资企业的定义，各国立法表述有所不同，但本质区别不大。1999 年 8 月 30 日第九届全国人民代表大会常务委员会第十一次会议通过的《中华人民共和国个人独资企业法》(以下简称《独资企业法》)第 2 条规定：在我国，所谓独资企业是指依法在中国境内设立，由一个自然人投资，财产为投资人个人所有，投资人用其个人财产对企业债务承担无限责任的经营实体。在理解独资企业定义时，应注意独资企业所表现出的独有的法律特征：

(1) 独资企业是一个自然人投资设立并控制的企业，而且该自然人仅指中国人。这一特征将独资企业与合伙企业、公司区别开来，因为后两者一般是有两个以上投资人的企业形态，虽然我国《公司法》规定了一人公司形式，但一人公司作为有限责任公司的一种特殊形式，与独资企业的区别是明显的；同时这一特征也将独资企业与外商独资企业区别开来，因为外商独资企业的投资者，可以是个人，也可以是法人或其他经济组织，而且其个人投资者是外国人；最后，这一特征也排除法人投资设立独资企业的可能性。

(2) 独资企业属于投资人所有，投资人就是企业的主人，因此独资企业是一种个人所有制企业。也就是说，在独资企业中，投资人的投资以及企业所得收益归个人所有，同时，投资人对独资企业享有完全的经营管理权。至于投资人是自行管理企业事务，还是委托或聘用他人负责企业的事务管理，并不影响其对独资企业的控制权。

(3) 独资企业不具有法人地位，投资人以其个人财产对企业债务承担无限责任。独资企业从其法律地位上讲，它是以个人为本位的，也就是说独资企业与投资者个人在法律上具有同一的人格，独资企业的主体资格具有自然人的主体资格性质，因此，独资企业本身不能享有独立的人格，不具有法人地位。正是因为如此，所以在法律上企业的财产与投资者个人所有的财产没有任何区分，企业本身没有财产权，企业对外的全部债务都是由投资人无限承担。投资人对企业债务的无限责任表现在当独资企业财产不足清偿企业债务时，投资人以个人其他财产予以清偿。

以个人财产承担无限责任时要注意范围，不能不加限制地把其家庭共有财产用来承担个人的无限责任，但若“投资人在申请企业设立登记时明确以其家庭共有财产作为个人出资的”，则“应当依法以家庭共有财产对企业债务承担无限责任”。

投资人对企业债务的无限责任，还体现在企业的解散和清算中。独资企业法规定：清算期间，在未按法定顺序清偿债务之前，投资人不得转移隐匿财产，若转移隐匿财产逃避债务除依法追回其财产外，还将按照规定予以处罚，构成犯罪的，依法追究刑事责任。在独资企业解散后，原投资人对独资企业存续期间的债务仍应承担偿还责任，但债权人在5年内未向债务人提出偿债请求的，该责任消灭。

投资人对企业债务的无限责任，还有一个民事责任与行政责任、刑事责任冲突协调的问题，毕竟投资人的财产是有限的，解决此问题的原则是民事赔偿责任优先。即投资人违反独资企业法规定，应当承担民事赔偿责任和缴纳罚款、罚金的行政责任与刑事责任，而投资人的财产不足以支付时，应当先承担民事赔偿责任。

（4）独资企业是市场经营实体。所谓经营实体，是指具有一定规模的生产经营组织，它具有固定的生产经营场所和必要的生产经营条件以及一定数量的从业人员。因此，独资企业不同于个体工商户。

二、独资企业的设立

独资企业的设立，就是投资人依法定条件和程序取得独资企业经营资格的行为。

（一）独资企业的设立条件

《独资企业法》规定，设立独资企业应当具备下列条件：① 投资人为一个自然人；② 有合法的企业名称；③ 有投资人申报的出资；④ 有固定的生产经营场所和必要的生产经营条件；⑤ 有必要的从业人员。应注意的是，在独资企业的设立中，并非所有的自然人都可以作为投资人，法律、行政法规禁止从事营利性活动的人，不得作为投资人申请设立独资企业。

另外，与公司及其他类型的企业相比，独资企业设立条件中没有规定企业注册资本金的最低限额，这是因为投资者对独资企业承担的是无限责任，不规定注册资本金最低限额，独资企业债权人的合法权益并不会因此受到损害。独资企业法中不规定独资企业最低限额的资本金，并不是不要求独资企业有必要的资金。作为人与物两种要素有机结合的企业，若没有一定设备及资金，其经营便无法进行。因此，在独资企业申请设立登记时，设立登记机关都会要求投资人在设立申请书中写明其出资额和出资方式。

（二）独资企业设立程序

独资企业的设立程序主要分为以下两个阶段：

1. 申请

申请设立独资企业，应当由投资人或者其委托的代理人向独资企业所在地的登记机关提交以下法律文件：① 设立申请书；② 投资人身份证明；③ 生产经营场所使用证明。委托代理人申请设立登记时，应当出具投资人的委托书和代理人的合法证明。

独资企业不得从事法律、行政法规禁止经营的业务；从事法律、行政法规规定须报经有关部门审批的业务，应当在申请设立登记时提交有关部门的批准文件。独资企业的名称应当与其责任形式及从事的营业相符合。

2. 登记

登记机关应当在收到设立申请文件之日起 15 日内，对符合独资企业法规定条件的，予以登记，发给营业执照；对不符合独资企业法规定条件的，不予登记，并应当给予书面答复，说明理由。独资企业营业执照的签发日期，为独资企业成立日期。在领取独资企业营业执照前，投资人不得以独资企业名义从事经营活动。

另外，独资企业设立分支机构，应当由投资人或者其委托的代理人向分支机构所在地的登记机关申请登记，领取营业执照。分支机构经核准登记后，应将登记情况报该分支机构隶属的独资企业的登记机关备案。分支机构的民事责任由设立该分支机构的独资企业承担。独资企业存续期间登记事项发生变更的，应当在作出变更决定之日起的 15 日内依法向登记机关申请办理变更登记。

三、独资企业的事务管理

由于独资企业是由投资人所有并完全控制的企业，因此投资人对独资企业事务、经营享有完全的管理权。投资人在行使管理权时，既可以自行管理企业事务，也可以委托或者聘用其他具有民事行为能力的人负责企业的事务管理。

投资人委托或者聘用他人管理独资企业事务，应当与受托人或者被聘用的人签订书面合同，明确委托的具体内容和授予的权利范围。受托人或者被聘用的人员应当履行诚信、勤勉义务，按照与投资人签订的合同负责独资企业的事务管理。投资人对受托人或者被聘用人员的职权的限制，不得对抗善意第三人。

投资人委托或者聘用的管理独资企业事务的人员不得从事法律所禁止的行为。投资人委托或者聘用的人员违反规定，侵犯独资企业财产权益的，责令退还侵占的财产；给企业造成损失的，依法承担赔偿责任；有违法所得的，没收违法所得；构成犯罪的，依法追究刑事责任。

四、独资企业的解散和清算

（一）独资企业解散

独资企业解散，就是企业出现法律所规定的解散情形时，依法定程序进行清算、登记，丧失其经营资格和主体资格的行为。独资企业有下列情形之一时，应当解散：① 投资人决定解散；② 投资人死亡或者被宣告死亡，无继承人或者继承人决定放弃继承；③ 被依法吊销营业执照；④ 法律、行政法规规定的其他情形。

（二）独资企业的清算

独资企业解散，由投资人自行清算或者由债权人申请人民法院指定清算人进行清算。独资企业解散时，财产应当按照下列顺序清偿：① 所欠职工工资和社会保险费用；② 所欠税款；③ 其他债务。

独资企业清算结束后，投资人或者人民法院指定的清算人应当编制清算报告，并于15日内到登记机关办理注销登记。

第二节　合伙企业法

一、合伙企业的概念及特征

合伙是一种古老的企业组织形式。由于其所具有的组织简便、灵活等优点，因此，始终是中小企业普遍采用的企业形态，各国也通过立法对其进行规范。改革开放以来，随着民间投资的启动，合伙企业逐渐恢复发展起来。据此，立法机关首先在《民法通则》中对个人合伙与企业联营的有关内容作了规定。之后，国务院又在《私营企业暂行条例》中将其作为私营企业三种组织形式的一种加以规范。1997年立法机关根据实行社会主义市场经济体制以来我国市场主体的发展规范与合伙企业的发展需要，专门制定了《中华人民共和国合伙企业法》（以下简称《合伙企业法》），使其成为与公司、个人独资企业并列的市场经济体制下的企业组织形式。随着市场经济体制的逐步完善，在经济社会生活中出现了一些新的情况和问题，加之民间投资、风险投资以及专业服务机构发展对合伙组织形式的不同需要，《合伙企业法》难以适应当前经济与社会发展要求，为此，立法机关2006年8月27日修订了《合伙企业法》，自2007年6月1日起施行。

所谓合伙企业，是指两个或两个以上合伙人订立合伙协议，共同投资，合伙经营，共享收益，至少有一个以上的合伙人对企业债务承担无限责任的营利性组织。与其他企业形态相比，合伙企业具有以下法律特征：

（1）合伙企业必须有两个或两个以上合伙人共同投资。按照我国法律规定，合伙人可以是自然人、法人和其他组织。

合伙企业中的合伙人分为普通合伙人和有限合伙人两类。普通合伙人依法对合伙企业债务承担无限连带责任，有限合伙人依法对合伙企业债务以其认缴的出资额为限承担有限责任。虽然所有的市场主体都可以参与设立合伙企业，成为合伙人但对于一些特殊的市场主体来说，如果让其成为合伙企业的普通合伙人，对合伙企业债务承担无限连带责任，不利于保护国有资产和上市公司利益以及公共利益。因此，法律对一些特定市场主体成为普通合伙人作出了限制性规定，《合伙企业法》第 3 条明确规定："国有独资公司、国有企业、上市公司以及公益性的事业单位、社会团体不得成为普通合伙人。"

(2) 合伙企业设立的法律基础是合伙协议。合伙协议是各合伙人按照自愿、平等、公平、诚实信用的原则，就合伙企业的基本问题，按照法定的内容和要求所订立的书面法律文件。合伙企业正是通过合伙协议这一法律形式将合伙人连结起来的营利性组织。

(3) 合伙企业必须有人对企业债务承担无限连带责任。合伙企业有普通合伙企业和有限合伙企业两种法定形式。普通合伙企业的合伙人均承担无限连带责任，有限合伙企业最少必须有一个合伙人承担无限连带责任。所谓无限责任，是指合伙企业的财产不足清偿合伙企业债务时，合伙人应以其个人财产清偿；所谓连带责任，是指对债权人而言，不论合伙人就合伙企业的债务、各合伙人的承担是如何划分的，债权人有权要求承担连带责任的合伙人予以清偿。若该合伙人超出自己应承担份额承担了债务，其有权向其他合伙人追偿。在有限合伙企业经营中，承担无限责任的合伙人要负责企业经营，执行企业事务，对外代表企业。

(4) 合伙人可按各自对合伙企业的贡献，通过协议约定合伙企业的利润分配和亏损分担，合伙协议未约定或者约定不明确的，由合伙人协商决定；协商不成的，由合伙人按照实缴出资比例分配、分担；无法确定出资比例的，由合伙人平均分配、分担。

二、普通合伙企业

普通合伙企业由普通合伙人组成，合伙人对合伙企业债务承担无限连带责任。

(一) 普通合伙企业设立

合伙企业设立，是合伙人按照法定条件和程序申请取得合伙企业资格的行为。为鼓励发展合伙企业，我国立法对于合伙企业设立，体现了放宽限制、简化手续、简便程序的精神。

1. 设立条件

设立合伙企业，应当具备下列条件：

(1) 有两个以上合伙人。合伙人为自然人的，应当具有完全民事行为能力。

(2) 有书面合伙协议。合伙协议应当载明：合伙企业的名称、性质和主要经营场所的地点，合伙目的和合伙经营范围，合伙人的姓名或者名称、住所，合伙人的出资方式、数额和缴付期限，利润分配、亏损分担方式，合伙事务的执行，入伙与退伙，争议解决办法，合伙企业的解散与清算，违约责任。合伙协议经全体合伙人签名、盖章后生效。

(3) 有合伙人认缴或者实际缴付的出资。合伙人的出资方式可以是货币、实物、知识产权、土地使用权或者其他财产权利，也可以是劳务。合伙人以实物、知识产权、土地使用权或者其他财产权利出资，需要评估作价的，可以由全体合伙人协商确定，也可以由全体合伙人委托法定评估机构评估。合伙人以劳务出资的，其评估办法由全体合伙人协商确定，并在合伙协议中载明。合伙人应当按照合伙协议约定的出资方式、数额和缴付期限，履行出资义务。以非货币财产出资的，依照法律、行政法规的规定，需要办理财产权转移手续的，应当依法办理。合伙人按照合伙协议的约定或者经全体合伙人决定，可以增加或者减少对合伙企业的出资。

(4) 有合伙企业的名称和生产经营场所。合伙企业名称是本企业区别于其他同类企业的标记，也是树立企业形象、提高企业知名度、保护自身竞争利益的法律手段，因此，合伙企业设立应有企业名称；合伙企业的生产经营场所是企业经营所不可缺少的物质条件。

(5) 法律、行政法规规定的其他条件。该规定主要是针对有关专业服务机构的特殊管理要求设定的。会计师事务所、资产评估师事务所、律师事务所等专业服务机构的设立，有相应的特别法规定。

2. 设立程序

(1) 申请。申请设立合伙企业，应当向企业登记机关提交登记申请书、合伙协议书、合伙人身份证明等文件。合伙企业的经营范围中有属于法律、行政法规规定在登记前须经批准的项目的，该项经营业务应当依法经过批准，并在登记时提交批准文件。

(2) 登记。申请人提交的登记申请材料齐全、符合法定形式，企业登记机关能够当场登记的，应予当场登记，发给营业执照。除前款规定情形外，企业登记机关应当自受理申请之日起 20 日内，作出是否登记的决定。予以登记的，发给营业执照；不予登记的，应当给予书面答复，并说明理由。合伙企业的营业执照签发日期，为合伙企业成立日期。合伙企业领取营业执照前，合伙人不得以合伙企业名义从事合伙业务。

合伙企业设立分支机构，应当向分支机构所在地的企业登记机关申请登记，领取营业执照。

合伙企业登记事项发生变更的，执行合伙事务的合伙人应当自作出变更决定或者发生变更事由之日起 15 日内，向企业登记机关申请办理变更登记。

(二) 合伙企业财产

合伙企业的财产，是指合伙人的出资、以合伙企业名义取得的收益和依法取得的其他财产。合伙企业是典型的人合企业，一般而言，在合伙企业法没有特别规定的情况下，合伙人在合伙企业清算前，不得请求分割合伙企业的财产。

为保护善意第三人，法律明确规定"合伙人在合伙企业清算前私自转移或者处分合伙企业财产的，合伙企业不得以此对抗善意第三人。"

同时，合伙企业中财产份额的转让也应严格依照法律规定进行：

(1) 除合伙协议另有约定外，合伙人向合伙人以外的人转让其在合伙企业中的全部或者部分财产份额时，须经其他合伙人一致同意。合伙人以外的人依法受让合伙人在合伙企业中的财产份额的，经修改合伙协议即成为合伙企业的合伙人，依照合伙企业法和修改后的合伙协议享有权利，履行义务。

(2) 合伙人之间转让在合伙企业中的全部或者部分财产份额时，应当通知其他合伙人。

(3) 合伙人向合伙人以外的人转让其在合伙企业中的财产份额的，在同等条件下，其他合伙人有优先购买权，但是，合伙协议另有约定的除外。

(4) 合伙人以其在合伙企业中的财产份额出质的，须经其他合伙人一致同意；未经其他合伙人一致同意，其行为无效，由此给善意第三人造成损失的，由行为人依法承担赔偿责任。

（三）合伙事务执行

1. 合伙事务执行

合伙人对执行合伙事务享有同等的权利。按照合伙协议的约定或者经全体合伙人决定，可以委托一个或者数个合伙人对外代表合伙企业，执行合伙事务。委托一个或者数个合伙人执行合伙事务的，其他合伙人不再执行合伙事务。不执行合伙事务的合伙人有权监督执行事务合伙人执行合伙事务的情况。其他组织执行合伙事务的，由作为合伙人的法人委派的代表执行。

由一个或者数个合伙人执行合伙事务的，执行事务合伙人应当定期向其他合伙人报告事务执行情况以及合伙企业的经营和财务状况，其执行合伙事务所产生的收益归合伙企业，所产生的费用和亏损由合伙企业承担。合伙人为了解合伙企业的经营状况和财务状况，有权查阅合伙企业会计账簿等财务资料。合伙人分别执行合伙事务的，执行事务合伙人可以对其他合伙人执行的事务提出异议。提出异议时，应当暂停该项事务的执行。如果发生争议，依法表决决定。受委托执行合伙事务的合伙人不按照合伙协议或者全体合伙人的决定执行事务的，其他合伙人可以决定撤销该委托。

合伙人对合伙企业有关事项作出决议，按照合伙协议约定的表决办法办理。合伙协议未约定或者约定不明确的，实行合伙人一人一票并经全体合伙人过半数通过的表决办法。合伙企业法对合伙企业的表决办法另有规定的，从其规定。

除合伙协议另有约定外，合伙企业的下列事项应当经全体合伙人一致同意：① 改变合伙企业的名称；② 改变合伙企业的经营范围、主要经营场所的地点；③ 处分合伙企业的不动产；④ 转让或者处分合伙企业的知识产权和其他财产权利；⑤ 以合伙企业名义为他人提供担保；⑥ 聘任合伙人以外的人担任合伙企业的经营管理人员。

被聘任的合伙企业的经营管理人员应当在合伙企业授权范围内履行职务。超越合伙企业授权范围履行职务，或者在履行职务过程中因故意或者重大过失给合伙企业造成损失的，依法承担赔偿责任。

2. 合伙人的义务

合伙人不得自营或者同他人合作经营与本合伙企业相竞争的业务。除合伙协议另有约定或者经全体合伙人一致同意外，合伙人不得同本合伙企业进行交易。合伙人不得从事损害本合伙企业利益的活动。

3. 合伙企业的利润分配、亏损分担

合伙企业的利润分配、亏损分担，按照合伙协议的约定办理；合伙协议未约定或者约定不明确的，由合伙人协商决定；协商不成的，由合伙人按照实缴出资比例分配、分担；无法确定出资比例的，由合伙人平均分配、分担。合伙协议不得约定将全部利润分配给部分合伙人或者由部分合伙人承担全部亏损。

(四) 合伙企业与第三人关系

合伙企业对合伙人执行合伙事务以及对外代表合伙企业权利的限制，不得对抗善意第三人。合伙企业对其债务，应先以其全部财产进行清偿。合伙企业不能清偿到期债务的，合伙人承担无限连带责任。合伙人由于承担无限连带责任，清偿数额超过其应当承担的亏损分担比例的，有权向其他合伙人追偿。

合伙人发生与合伙企业无关的债务，相关债权人不得以其债权抵销其对合伙企业的债务；也不得代位行使合伙人在合伙企业中的权利。

合伙人的自有财产不足清偿其与合伙企业无关的债务的，该合伙人可以以其从合伙企业中分取的收益用于清偿；债权人也可以依法请求人民法院强制执行该合伙人在合伙企业中的财产份额用于清偿。

人民法院强制执行合伙人的财产份额时，应当通知全体合伙人，其他合伙人有优先购买权；其他合伙人未购买，又不同意将该财产份额转让给他人的，依照规定为该合伙人办理退伙结算，或者办理削减该合伙人相应财产份额的结算。

(五) 合伙人变更

合伙企业存续期间，合伙人会发生退伙或别人愿意加入合伙企业的情况，因此，合伙人的变更主要有入伙和退伙这两种情况。

1. 入伙

所谓入伙，即合伙企业存续期间，合伙人以外的人加入合伙，从而取得合伙人资格的行为。

入伙应当具备以下条件：① 新合伙人入伙，除合伙协议另有约定外，以全体合伙人一致同意为条件；② 新合伙人入伙，应当订立书面入伙协议；③ 新合伙人订立入伙协议时，原合伙人应当向新合伙人告知原合伙企业的经营状况和财务状况。

入伙行为的发生，必然产生新合伙人对合伙企业的权利和义务。新合伙人入伙后，原则上应享有与原合伙人同等的地位，即享有同等权利，承担同等责任。但是按照当事人意思自治的原则，原合伙人与新合伙人另有约定的，从其约定。新合伙人对入伙前合伙企业的债务承担无限连带责任。

2. 退伙

所谓退伙，即合伙人退出合伙企业，丧失合伙人资格的行为。退伙有以下 4 种方式：

(1) 协议退伙。合伙协议约定合伙期限的，在合伙企业存续期间，有下列情形之一的，合伙人可以退伙：① 合伙协议约定的退伙事由出现；② 经全体合伙人一致同意；③ 发生合伙人难以继续参加合伙的事由；④ 其他合伙人严重违反合伙协议约定的义务。

(2) 通知退伙。合伙协议未约定合伙企业的经营期限的，合伙人在不给合伙企业事务执行造成不利影响的情况下，可以退伙，但应当提前 30 日通知其他合伙人。

合伙人违反协议退伙和通知退伙的有关规定，擅自退伙的，应当赔偿由此给其他合伙人造成的损失。

（3）当然退伙。又称法定退伙，即合伙企业存续期间，发生以下法定退伙事由时，有关合伙人自然丧失合伙人资格的一种退伙方式：① 作为合伙人的自然人死亡或者被依法宣告死亡；② 个人丧失偿债能力；③ 作为合伙人的法人或者其他组织依法被吊销营业执照、责令关闭撤销，或者被宣告破产；④ 法律规定或者合伙协议约定合伙人必须具有相关资格而丧失该资格；⑤ 合伙人在合伙企业中的全部财产份额被人民法院强制执行。

合伙人被依法认定为无民事行为能力人或者限制民事行为能力人的，经其他合伙人一致同意，可以依法转为有限合伙人，普通合伙企业依法转为有限合伙企业。其他合伙人未能一致同意的，该无民事行为能力或者限制民事行为能力的合伙人退伙。退伙事由实际发生之日为退伙生效日。

（4）除名退伙。合伙人有下列情形之一的，经其他合伙人一致同意，可以决议将其除名：① 未履行出资义务；② 因故意或者重大过失给合伙企业造成损失；③ 执行合伙企业事务时有不正当行为；④ 合伙协议约定的其他事由。对合伙人的除名决议应当书面通知被除名人。被除名人自接到除名通知之日起，除名生效，被除名人退伙。被除名人对除名决议有异议的，可以在接到除名通知之日起 30 日内，向人民法院起诉。

不管退伙的发生原因如何，都必然产生相应的法律后果。具体来讲，退伙的法律效果表现为以下 4 个方面：

（1）退伙结算。合伙人退伙，其他合伙人应当与该退伙人按照退伙时的合伙企业财产状况进行结算，退还退伙人的财产份额。退伙人对给合伙企业造成的损失负有赔偿责任的，相应扣减其应当赔偿的数额。退伙时有未了结的合伙企业事务的，待该事务了结后进行结算。退伙人在合伙企业中财产份额的退还办法，由合伙协议约定或者由全体合伙人决定，可以退还货币，也可以退还实物。

（2）债务与亏损承担。退伙人对基于其退伙前的原因发生的合伙企业债务，承担无限连带责任。合伙人退伙时，合伙企业财产少于合伙企业债务的，退伙人应当依照法律规定分担亏损。

（3）财产继承。合伙人死亡或者被依法宣告死亡的，对该合伙人在合伙企业中的财产份额享有合法继承权的继承人，按照合伙协议的约定或者经全体合伙人一致同意，从继承开始之日起，取得该合伙企业的合伙人资格。有下列情形之一的，合伙企业应当向合伙人的继承人退还被继承合伙人的财产份额：① 继承人不愿意成为合伙人；② 法律规定或者合伙协议约定合伙人必须具有相关资格，而该继承人未取得该资格；③ 合伙协议约定不能成为合伙人的其他情形。

（4）普通合伙企业转为有限合伙企业。合伙人的继承人为无民事行为能力人或者限制民事行为能力人的，经全体合伙人一致同意，可以依法成为有限合伙人，普通合伙企业依法转为有限合伙企业。全体合伙人未能一致同意的，合伙企业应当将被继承合伙人的财产份额退还该继承人。

（六）特殊的普通合伙企业

普通合伙作为一种传统的组织形式，其基本特点是合伙人共同出资、共同经营、共享收益、共担风险，合伙人对合伙债务负无限连带责任。很多会计师事务所、律师事务所等专业服务机构采用这种组织形式。随着社会对各项专业服务需求的迅速增长，专业服务机构的规模扩大，合伙人数目大增，以至合伙人之间并不熟悉甚至不认识，各自的业务也不重合，与传统普通合伙中合伙人人数较少，共同经营的模式已有不同，因而让合伙人对其并不熟悉的合伙人的债务承担无限连带责任，有失公平。为了减轻专业服务机构中普通合伙人的风险，促进专业服务机构的发展壮大，《合伙企业法》在普通合伙企业一章中，以专节规定了特殊的普通合伙企业。

1. 特殊的普通合伙企业的适用范围

《合伙企业法》规定，以专业知识和专门技能为客户提供有偿服务的专业服务机构，可以设立为特殊的普通合伙企业，适用《合伙企业法》关于特殊的普通合伙企业的责任规定。此外，《合伙企业法》只规范注册为企业的专业服务机构，而很多专业服务机构如律师事务所并未注册为企业，不适用合伙企业法的规定，但在责任形式上也可以采用合伙企业法规定的特殊的普通合伙的责任形式。因此，《合伙企业法》在附则中专门作出规定："非企业专业服务机构依据有关法律采取合伙制的，其合伙人承担责任的形式可以适用本法关于特殊的普通合伙企业合伙人承担责任的规定。"

2. 对特殊的普通合伙企业的公示要求

特殊的普通合伙企业，其合伙人对特定合伙企业债务只承担有限责任，为保护交易相对人的利益，应当对这一情况予以公示。《合伙企业法》规定，特殊的普通合伙企业名称中应当标明"特殊普通合伙"字样。

3. 特殊的普通合伙企业合伙人的责任形式

这是特殊的普通合伙企业制度的最关键的内容，就是有限责任合伙。有限责任合伙是普通合伙的一种特殊形式，在这种合伙中各合伙人仍对合伙债务承担无限连带责任，但这种责任仅局限于合伙人本人业务范围及过错，即对企业形成的债务属于本人职责范围且由本人的过错所导致的方承担无限责任，对于其他合伙人职责范围或过错所导致的债务不负连带责任。

当然，合伙人在执业活动中非因故意或者重大过失造成的合伙企业债务以及合伙企业的其他债务，由全体合伙人承担无限连带责任。

4. 对特殊的普通合伙企业债权人的保护

特殊的普通合伙企业，其合伙人对特定合伙企业债务只承担有限责任，对合伙企业的债权人的保护相对削弱。为了保护债权人的利益，《合伙企业法》专门规定了对特殊的普通合伙企业债权人的保护制度，即特殊的普通合伙企业应当建立执业风险基金、办理职业保险；执业风险基金用于偿付合伙人执业活动造成的债务；执业风险基金应当单独立户管理；执业风险基金的具体管理办法由国务院规定。

特殊的普通合伙企业实质上仍然是普通合伙企业，因此，关于特殊的普通合伙企业未作特别规定的，适用有关普通合伙企业的规定。

三、有限合伙企业

有限合伙企业，是由普通合伙人和有限合伙人组成，普通合伙人对合伙企业债务承担无限连带责任，有限合伙人以其认缴的出资额为限对合伙企业债务承担责任。

有限合伙是由普通合伙发展而来的一种合伙形式。二者的主要区别是，普通合伙的全体合伙人共同负责合伙的经营管理，并对合伙债务承担无限连带责任。而在有限合伙中，普通合伙人，负责合伙的经营管理，并对合伙债务承担无限连带责任；有限合伙人，通常不负责合伙的经营管理，仅以其出资额为限对合伙债务承担有限责任。

有限合伙融合了普通合伙和公司的优点。与公司相比，普通合伙人直接从事合伙的经营管理，使合伙的组织结构简单，节省管理费用和运营成本；普通合伙人对合伙要承担无限连带责任，可以促使其对合伙的管理尽职尽责。同时，对有限合伙企业本身不征所得税，直接对合伙人征收所得税，避免了公司的双重税负。与普通合伙相比，允许投资者以承担有限责任的方式参加合伙成为有限合伙人，解除了投资者承担无限连带责任的后顾之忧，有利于吸引投资。由于有限合伙的上述特点，实践中为资本与智力的结合提供了一种便利的组织形式。

1. 有限合伙企业合伙人的人数

为防止有人利用有限合伙企业形式进行非法集资活动，体现合伙企业人合性的特性，并为今后的实践留有必要的空间，《合伙企业法》规定，有限合伙企业由两个以上 50 个以下合伙人设立；但是，法律另有规定的除外。

2. 对有限合伙企业的公示要求

为了保护交易相对人的利益，有限合伙企业的一些情况应当公示，让交易相对人知悉。因此，《合伙企业法》规定，有限合伙企业的名称中应当标明“有限合伙”字样；有限合伙企业登记事项中应当载明有限合伙人的姓名或者名称及认缴的出资数额。

3. 有限合伙人的权利

有限合伙中，有限合伙人以不执行合伙企业事务为代价，获得对合伙企业债务承担有限责任的权利。因此，在有限合伙企业中，有限合伙人的权利是受到一定的限制的：① 有限合伙人不得以劳务出资；② 有限合伙人不执行合伙事务，不得对外代表有限合伙企业。

《合伙企业法》规定：“有限合伙人的下列行为，不视为执行合伙事务：① 参与决定普通合伙人入伙、退伙；② 对企业的经营管理提出建议；③ 参与选择承办有限合伙企业审计业务的会计师事务所；④ 获取经审计的有限合伙企业财务会计报告；⑤ 对涉及自身利益的情况，查阅有限合伙企业财务会计账簿等财务资料；⑥ 在有限合伙企业中的利益受到侵害时，向有责任的合伙人主张权利或者提起诉讼；⑦ 执行事务合伙人怠于行使权利时，督促其行使权利或者为了本企业的利益以自己的名义提起诉讼；⑧ 依法为本企业提供担保。”

4. 有限合伙人有限责任的免除

有限合伙人对合伙企业债务承担有限责任也不是绝对的，当出现法定情形时，有限合伙人也会对合伙企业债务承担无限连带责任。《合伙企业法》规定，第三人有理由相信有限合伙人为普通合伙人并与其交易的，该有限合伙人对该笔交易承担与普通合伙人同样的责任。有限合伙人未经授权以有限合伙企业名义与他人进行交易，给有限合伙企业或者其他合伙人造成损失的，该有限合伙人应当承担赔偿责任。

5. 有限合伙企业不同于普通合伙企业的其他规定

针对有限合伙企业的特点，合伙企业法对有限合伙企业还作出了一些不同于普通合伙企业的规定，主要包括：① 有限合伙企业不得将全部利润分配给部分合伙人。但是，合伙协议另有约定的除外。② 有限合伙人可以同本有限合伙企业进行交易；但是，合伙协议另有约定的除外。③ 有限合伙人可以自营或者同他人合作经营与本有限合伙企业相竞争的业务；但是，合伙协议另有约定的除外。④ 有限合伙人可以将其在有限合伙企业中的财产份额出质；但是，合伙协议另有约定的除外。⑤ 有限合伙人可以按照合伙协议的约定向合伙人以外的人转让其在有限合伙企业中的财产份额，但应当提前 30 日通知其他合伙人。⑥ 有限合伙人的自有财产不足清偿其与合伙企业无关的债务的，该合伙人可以以其从有限合伙企业中分取的收益用于清偿；债权人也可以依法请求人民法院强制执行该合伙人在有限合伙企业中的财产份额用于清偿。人民法院强制执行有限合伙人的财产份额时，应当通知全体合伙人。在同等条件下，其他合伙人有优先购买权。⑦ 作为有限合伙人的自然人在有限合伙企业存续期间丧失民事行为能力的，其他合伙人不得因此要求其退伙。⑧ 作为有限合伙人的自然人死亡、被依法宣告死亡或者作为有限合伙人的法人及其他组织终止时，其继承人或者权利承受人可以依法取得该有限合伙人在有限合伙人企业中的资格。⑨ 有限合伙企业与普通合伙企业的相互转换。有限合伙企业仅剩有限合伙人的，应当解散；有限合伙企业仅剩普通合伙人的，转为普通合伙企业。除合伙协议另有约定外，普通合伙人转变为有限合伙人，或者有限合伙人转变为普通合伙人，应当经全体合伙人一致同意。有限合伙人转变为普通合伙人的，对其作为有限合伙人期间有限合伙企业发生的债务承担无限连带责任。普通合伙人转变为有限合伙人的，对其作为普通合伙人期间合伙企业发生的债务承担无限连带责任。⑩ 有限合伙人退伙后，对基于其退伙前的原因发生的有限合伙企业债务，以其退伙时从有限合伙企业中取回的财产承担责任。另外，法律对有限合伙企业未作特殊规定的，适用关于普通合伙企业的一般规定。

四、合伙企业解散、清算

（一）合伙企业解散

合伙企业有下列情形之一的，应当解散：① 合伙期限届满，合伙人决定不再经营；② 合伙协议约定的解散事由出现；③ 全体合伙人决定解散；④ 合伙人已不具备法定人数满 30 天；⑤ 合伙协议约定的合伙目的已经实现或者无法实现；⑥ 依法被吊销营业执照、责令关闭或者被撤销；⑦ 法律、行政法规规定的其他原因。

（二）合伙企业清算

合伙企业解散，应当由清算人进行清算。清算人由全体合伙人担任；经全体合伙人过半数同意，可以自合伙企业解散事由出现后15日内指定一个或者数个合伙人，或者委托第三人，担任清算人。自合伙企业解散事由出现之日起15日内未确定清算人的，合伙人或者其他利害关系人可以申请人民法院指定清算人。

清算人在清算期间执行下列事务：① 清理合伙企业财产，分别编制资产负债表和财产清单；② 处理与清算有关的合伙企业未了结事务；③ 清缴所欠税款；④ 清理债权、债务；⑤ 处理合伙企业清偿债务后的剩余财产；⑥ 代表合伙企业参加诉讼或者仲裁活动。

清算人自被确定之日起10日内将合伙企业解散事项通知债权人，并于60日内在报纸上公告。债权人应当自接到通知书之日起30日内，未接到通知书的自公告之日起45日内，向清算人申报债权。债权人申报债权，应当说明债权的有关事项，并提供证明材料。清算人应当对债权进行登记。清算期间，合伙企业存续，但不得开展与清算无关的经营活动。

合伙企业财产在支付清算费用和职工工资、社会保险费用、法定补偿金以及缴纳所欠税款、清偿债务后的剩余财产，依约定或法定进行分配。

清算结束，清算人应当编制清算报告，经全体合伙人签名、盖章后，在15日内向企业登记机关报送清算报告，申请办理合伙企业注销登记。合伙企业注销后，原普通合伙人对合伙企业存续期间的债务仍应承担无限连带责任。

合伙企业不能清偿到期债务的，债权人可以依法向人民法院提出破产清算申请，也可以要求普通合伙人清偿。合伙企业依法被宣告破产的，普通合伙人对合伙企业债务仍应承担无限连带责任。

第五章 公司法

第一节 公司法概述

一、公司的概念

（一）公司的定义与特征

公司是依公司法设立，有独立的法人财产，享有法人财产权，以其全部财产对公司的债务承担责任的企业法人。公司具有以下法律特征：

（1）依法设立。即公司必须依法定条件、法定程序设立。一方面，要求公司的章程、资本、组织机构、活动原则等必须合法；另一方面，要求公司设立要按照公司法规定的程序，进行工商登记。

（2）以营利为目的的经济组织。公司的营利性特征要求公司必须从事经营活动，获取利润，并将其分配给公司的股东。这是公司区别于以行政管理为目的的国家机关、不以营利为目的的事业单位以及社会团体法人的重要特征。

（3）以股东投资行为为基础设立。公司由股东投资行为设立。股东投资行为形成的权利是股权。依据《中华人民共和国公司法》第 4 条规定，公司股东依法享有资产收益、参与重大决策和选择管理者等权利。

（4）具有法人资格。公司是企业法人，应当符合《中华人民共和国民法通则》规定的法人条件，有独立的法人财产和独立承担民事责任。这是公司在性质上区别于私人独资企业、合伙企业的重要方面。

（二）公司的种类

从世界各国公司法对公司种类的规定及有关公司法理论对公司类别的划分看，在法律上和学理上对公司一般可以作如下分类。

1. 无限公司、有限责任公司 、股份有限公司及两合公司

这是大陆法系国家的公司法根据股东对公司承担责任的不同，对公司所作出的法定分类。无限公司，指全体股东对公司的债务负无限连带责任的公司。有限责任公司，是指全体股东对公司债务仅以各自的出资额为限承担责任公司。股份有限公司，是指公司资本分为等额股份，全体股东仅以各自持有的股份额为限对公司承担责任的公司。两合公司，指一部分

股东对公司债务负无限责任，另一部分股东对公司债务仅以其出资额为限承担责任的公司。

2. 封闭式公司和开放式公司

这是英美法系国家根据公司股权掌握的对象及其股权转让方式的不同，对公司所作的分类。封闭式公司，是指股东人数较少，股东转让股权须受限制，不得向社会公众募股，实行封闭式经营的公司。开放式公司，是指可以公开募股并由社会公众持股，股权可以自由转让的公司。

3. 人合公司、资合公司及人合兼资合公司

这是大陆法系学者根据公司信用基础的不同，对公司所作的学理分类。凡公司的信用基础在于股东个人而不取决于公司的，称人合公司。无限公司即为典型的人合公司。凡公司的信用基础在于公司资本数额而不考虑股东个人信用的，称为资合公司。股份有限公司即为典型的资合公司。凡公司的信用基础兼具股东个人信用和公司资本数额两方面的，称为人合兼资合公司。两合公司的“两合”正是这种人合与资合而言的。

除上述公司分类外，还可以作其他分类。比如，根据公司之间的控制与支配关系，可以把公司分为母公司和子公司，母、子公司都有各自独立的法人；根据公司内部的管辖与被管辖关系，可以把公司分为总公司和分公司，总公司是法人，分公司是总公司的分支机构，不是独立的法人。此外，根据公司的国籍，还可以把公司分为本国公司和外国公司。

我国公司法所称之公司，是指在中国境内设立的有限责任公司和股份有限公司。

二、公司法的概念

公司法是规定公司的设立、变更、解散及公司管理活动的法律规范的总称。公司法的概念有广义与狭义之分，狭义的公司法是指《中华人民共和国公司法》(以下简称《公司法》。1993 年 12 月 29 日通过，自 1994 年 7 月 1 日起实行。此后，于 1999 年、2004 年进行了两次小的修订。2005 年 10 月 27 日第十届全国人民代表大会常务委员会第十八次会议进行了大的修订，于 2006 年 1 月 1 日起施行)。现行《公司法》共 13 章 219 条。广义的公司法，除了包括专门的公司法典外，还包括其他有关公司的法律、法规、行政规章、司法解释以及其他各法之中的调整公司组织关系、规范公司组织行为的法律规范，如《公司登记管理条例》(2005 年 12 月 18 日修订颁布，随《公司法》于 2006 年 1 月 1 日起施行)、《股票发行与交易管理暂行规定》、《关于股份有限公司境外募集股份及上市的特别规定》、《关于股份有限公司境内上市外资股的规定》等一系列法规。

第二节　有限责任公司

一、有限责任公司的概念和特征

有限责任公司又称有限公司，是指依照公司法设立的，股东以其出资额为限对公司承担

责任，公司以其全部资产对公司债务承担责任的企业法人。它具有以下特征：

（1）股东责任的有限性。有限责任公司的股东仅以其出资额为限对公司承担责任。一方面，有限责任公司由股东出资设立，股东的出资额之和即构成公司的注册资本。另一方面，有限责任公司的股东对公司所承担的责任仅以他们各自的出资额为限，公司的债权人不能要求股东在其出资额之外对公司债务负责。

（2）股东人数的限制性。我国公司法规定，有限责任公司由50个以下股东出资设立，允许只有一个自然人股东或者一个法人股东的有限责任公司和国有独资公司存在。

（3）公司资本的封闭性。有限责任公司不能以发行股票的方式向社会募集资本。出资证明书不能像股票那样自由转让和上市交易，它的转让受到法律的严格限制。

二、有限公司的设立

（一）设立条件

（1）股东符合法定人数。公司法规定有限责任公司由50个以下股东出资设立，取消了原有限责任公司股东最少为两人的下限，允许设立一人有限责任公司。

（2）股东出资达到法定资本最低限额。《公司法》为鼓励人们积极参加经济活动，对有限责任公司注册资本的最低限额作了大幅降低，并取消了按照不同经营方式、行业规定注册资本的做法。《公司法》规定有限责任公司注册资本的最低限额为人民币3万元，法律、行政法规对有限责任公司注册资本的最低限额有较高规定的，从其规定。

（3）股东共同制定公司章程。章程是记载公司组织、活动基本准则的公开性法律文件。根据《公司法》第25条规定：有限责任公司章程应当载明下列事项：① 公司名称和住所；② 公司经营范围；③ 公司注册资本；④ 股东的姓名或者名称；⑤ 股东的出资方式、出资额和出资时间；⑥ 公司的机构及其产生办法、职权、议事规则；⑦ 公司法定代表人；⑧ 股东会会议认为需要规定的其他事项。股东应当在公司章程上签名、盖章。

（4）有公司名称，建立符合有限责任公司要求的组织机构。

（5）有公司住所。

（二）公司资本制度

新《公司法》对公司资本制度进行了重大改革，将原来的法定资本制改为折中授权资本制，允许股东在认缴全部出资后分期交付。《公司法》规定，有限责任公司的注册资本为在公司登记机关登记的全体股东认缴的出资额。公司全体股东的首次出资额不得低于注册资本的20%，也不得低于法定的注册资本最低限额，其余部分由股东自公司成立之日起2年内缴足；其中，投资公司可以在5年内缴足。

（三）股东的出资

《公司法》规定，股东可以用货币出资，也可以用实物、知识产权、土地使用权等可以用货币估价并可以依法转让的非货币财产作价出资；但是，法律、行政法规规定不得作为出资的财产除外。全体股东的货币出资金额不得低于有限责任公司注册资本的30%。

三、有限公司的组织机构

（一）股东会

有限责任公司股东会由全体股东组成，股东会是公司的权力机构，股东会行使下列职权：① 决定公司的经营方针和投资计划；② 选举和更换非由职工代表担任的董事、监事，决定有关董事、监事的报酬事项；③ 审议批准董事会的报告；④ 审议批准监事会或者监事的报告；⑤ 审议批准公司的年度财务预算方案、决算方案；⑥ 审议批准公司的利润分配方案和弥补亏损方案；⑦ 对公司增加或者减少注册资本作出决议；⑧ 对发行公司债券作出决议；⑨ 对公司合并、分立、变更公司形式、解散和清算等事项作出决议；⑩ 修改公司章程；⑪公司章程规定的其他职权。对前款所列事项股东以书面形式一致表示同意的，可以不召开股东会会议，直接作出决定，并由全体股东在决定文件上签名、盖章。

股东会会议分为定期会议和临时会议。定期会议应当按照公司章程的规定按时召开。代表 1/10 以上表决权的股东，1/3 以上的董事，监事会或者不设监事会的公司的监事提议召开临时会议的，应当召开临时会议。

首次股东会会议由出资最多的股东召集和主持，依照公司法规定行使职权。以后的股东会会议，公司设立董事会的，由董事会召集，董事长主持；董事长不能履行职务或者不履行职务的，由副董事长主持；副董事长不能履行职务或者不履行职务的，由半数以上董事共同推举 1 名董事主持。公司不设董事会的，股东会会议由执行董事召集和主持。董事会或者执行董事不能履行或者不履行召集股东会会议职责的，由监事会或者不设监事会的公司的监事召集和主持；监事会或者监事不召集和主持的，代表 1/10 以上表决权的股东可以自行召集和主持。

召开股东会会议，应当于会议召开 15 日以前通知全体股东，公司章程另有规定或者全体股东另有约定的除外。股东会应当对所议事项的决定作成会议记录，出席会议的股东应当在会议记录上签名。

股东会会议由股东按照出资比例行使表决权，公司章程另有规定的除外。股东会的议事方式和表决程序，除本法有规定的外，由公司章程规定。

股东会会议作出修改公司章程、增加或者减少注册资本的决议以及公司合并、分立、解散或者变更公司形式的决议，必须经代表 2/3 以上表决权的股东通过。

（二）董事会和高级管理人员

有限责任公司设董事会，其成员为 3～13 人。两个以上的国有企业或者其他两个以上的国有投资主体投资设立的有限责任公司，其董事会成员中应当有公司职工代表；其他有限责任公司董事会成员中也可以有公司职工代表。董事会中的职工代表由公司职工通过职工代表大会、职工大会或者其他形式民主选举产生。董事会设董事长 1 人，可以设副董事长。董事长、副董事长的产生办法由公司章程规定。

董事任期由公司章程规定，但每届任期不得超过 3 年。董事任期届满，连选可以连任。

董事任期届满未及时改选，或者董事在任期内辞职导致董事会成员低于法定人数的，在改选出的董事就任前，原董事仍应当依照法律、行政法规和公司章程的规定，履行董事职务。

董事会对股东会负责，行使下列职权：① 召集股东会会议，并向股东会报告工作；② 执行股东会的决议；③ 决定公司的经营计划和投资方案；④ 制订公司的年度财务预算方案、决算方案；⑤ 制订公司的利润分配方案和弥补亏损方案；⑥ 制订公司增加或者减少注册资本以及发行公司债券的方案；⑦ 制订公司合并、分立、变更公司形式、解散的方案；⑧ 决定公司内部管理机构的设置；⑨ 决定聘任或者解聘公司经理及其报酬事项，并根据经理的提名决定聘任或者解聘公司副经理、财务负责人及其报酬事项；⑩ 制定公司的基本管理制度；⑪公司章程规定的其他职权。

董事会会议由董事长召集和主持；董事长不能履行职务或者不履行职务的，由副董事长召集和主持；副董事长不能履行职务或者不履行职务的，由半数以上董事共同推举 1 名董事召集和主持。

董事会的议事方式和表决程序，除本法有规定的外，由公司章程规定。董事会应当对所议事项的决定作成会议记录，出席会议的董事应当在会议记录上签名。董事会决议的表决，实行一人一票。

《公司法》规定，有限责任公司可以设经理，由董事会决定聘任或者解聘。经理对董事会负责，行使下列职权：① 主持公司的生产经营管理工作，组织实施董事会决议；② 组织实施公司年度经营计划和投资方案；③ 拟订公司内部管理机构设置方案；④ 拟订公司的基本管理制度；⑤ 制定公司的具体规章；⑥ 提请聘任或者解聘公司副经理、财务负责人；⑦ 决定聘任或者解聘除应由董事会决定聘任或者解聘以外的负责管理人员；⑧ 董事会授予的其他职权。公司章程对经理职权另有规定的，从其规定。经理列席董事会会议。

股东人数较少或者规模较小的有限责任公司，可以设 1 名执行董事，不设立董事会。执行董事可以兼任公司经理。执行董事的职权由公司章程规定。

（三）监事会

有限责任公司设立监事会，其成员不得少于 3 人。股东人数较少或者规模较小的有限责任公司，可以设 1～2 名监事，不设立监事会。监事会应当包括股东代表和适当比例的公司职工代表，其中职工代表的比例不得低于 1/3，具体比例由公司章程规定。监事会中的职工代表由公司职工通过职工代表大会、职工大会或者其他形式民主选举产生。监事会设主席 1 人，由全体监事过半数选举产生。监事会主席召集和主持监事会会议；监事会主席不能履行职务或者不履行职务的，由半数以上监事共同推举 1 名监事召集和主持监事会会议。董事、高级管理人员不得兼任监事。

监事的任期每届为 3 年。监事任期届满，连选可以连任。监事任期届满未及时改选，或者监事在任期内辞职导致监事会成员低于法定人数的，在改选出的监事就任前，原监事仍应当依照法律、行政法规和公司章程的规定，履行监事职务。

监事会、不设监事会的公司的监事行使下列职权：① 检查公司财务；② 对董事、高级管理人员执行公司职务的行为进行监督，对违反法律、行政法规、公司章程或者股东会决议的董事、高级管理人员提出罢免的建议；③ 当董事、高级管理人员的行为损害公司的利益时，要求董事、高级管理人员予以纠正；④ 提议召开临时股东会会议，在董事会不履行本法规定的召集和主持股东会会议职责时召集和主持股东会会议；⑤ 向股东会会议提出提案；⑥ 依照《公司法》第152条的规定，对董事、高级管理人员提起诉讼；⑦ 公司章程规定的其他职权。

监事可以列席董事会会议，并对董事会决议事项提出质询或者建议。监事会、不设监事会的公司的监事发现公司经营情况异常，可以进行调查；必要时，可以聘请会计师事务所等协助其工作，费用由公司承担。

监事会每年度至少召开一次会议，监事可以提议召开临时监事会会议。监事会的议事方式和表决程序，除本法有规定的外，由公司章程规定。监事会决议应当经半数以上监事通过。监事会应当对所议事项的决定作成会议记录，出席会议的监事应当在会议记录上签名。

四、一人有限责任公司

（一）一人有限责任公司的特别规定

所谓一人有限责任公司，是指只有一个自然人股东或者一个法人股东的有限责任公司。

《公司法》规定，一人有限责任公司的注册资本最低限额为人民币10万元。股东应当一次足额缴纳公司章程规定的出资额。一个自然人只能投资设立一个一人有限责任公司。该一人有限责任公司不能投资设立新的一人有限责任公司。一人有限责任公司应当在公司登记中注明自然人独资或者法人独资，并在公司营业执照中载明。一人有限责任公司章程由股东制定。

一人有限责任公司不设股东会。一人有限责任公司应当在每一会计年度终了时编制财务会计报告，并经会计师事务所审计。一人有限责任公司的股东不能证明公司财产独立于股东自己财产的，应当对公司债务承担连带责任。

（二）国有独资公司

国有独资公司，是指国家单独出资、由国务院或者地方人民政府委托本级人民政府国有资产监督管理机构履行出资人职责的有限责任公司。国有独资公司章程由国有资产监督管理机构制定，或者由董事会制订报国有资产监督管理机构批准。

国有独资公司不设股东会，由国有资产监督管理机构行使股东会职权。国有资产监督管理机构可以授权公司董事会行使股东会的部分职权，决定公司的重大事项，但公司的合并、分立、解散、增减注册资本和发行公司债券，必须由国有资产监督管理机构决定，其中，重要的国有独资公司合并、分立、解散、申请破产的，应当由国有资产监督管理机构审核后，报本级人民政府批准。前款所称重要的国有独资公司，按照国务院的规定确定。

国有独资公司设立董事会，依照《公司法》的规定行使职权。董事每届任期不得超过3年。董事会成员中应当有公司职工代表。董事会成员由国有资产监督管理机构委派；但是，董事会成员中的职工代表由公司职工代表大会选举产生。董事会设董事长 1 人，可以设副董事长。董事长、副董事长由国有资产监督管理机构从董事会成员中指定。

国有独资公司设经理，由董事会聘任或者解聘。经国有资产监督管理机构同意，董事会成员可以兼任经理。国有独资公司的董事长、副董事长、董事、高级管理人员，未经国有资产监督管理机构同意，不得在其他有限责任公司、股份有限公司或者其他经济组织兼职。国有独资公司监事会成员不得少于 5 人，其中职工代表的比例不得低于 1/3，具体比例由公司章程规定。监事会成员由国有资产监督管理机构委派；监事会中的职工代表由公司职工代表大会选举产生。监事会主席由国有资产监督管理机构从监事会成员中指定。

第三节　股份有限公司

一、股份有限公司的概念和特征

股份有限公司，又称股份公司，是指依公司法设立，其全部资本分为等额股份，股东以其所持股份为限对公司承担责任，公司以其全部资产对公司的债务承担责任的企业法人。股份有限公司具有以下特征：

（1）公司资本的股份性。股份有限责任公司的全部资本分为金额相等的股份，且每股金额均等。公司资本的股份化不仅可以适应股份有限公司公开发行股份募集资本和股东自由转让公司股份的需要，而且也便于计算和确定股东权利的大小。

（2）资本募集的公众性。股份有限责任公司的全部资本分为等额股份，而其股份以股票形式向社会不特定的多数人发行，使公司具有广泛的社会性。

（3）公司经营的公开性。股份有限公司向社会募集资本的特点，决定了它的经营具有开放性。股份有限公司不仅应当将公司章程、股东名册、股东大会会议记录、财务会计报表供股东查阅，而且还必须按法律规定的时间、内容和方式向社会公开各种会计表册，以使社会公众了解其财务状况和经营情况。

（4）股份的可转让性。股东可以自由转让公司的股份，一方面可以随时转移投资风险，另一方面股份的价值在转让中增加。而且因为可以随时变现，所以银行较易接受上市公司股票作为质押。

二、股份有限公司的设立

（一）设立条件

（1）发起人符合法定人数。即有 2 人以上 200 人以下为发起人，其中须有半数以上的发起人在中国境内有住所。股份有限公司发起人承担公司筹办事务。发起人应当签订发起人协议，明确各自在公司设立过程中的权利和义务。

（2）发起人认购和募集的股本达到法定资本最低限额。股份有限公司采取发起设立方式设立的，注册资本为在公司登记机关登记的全体发起人认购的股本总额。公司全体发起人的首次出资额不得低于注册资本的20%，其余部分由发起人自公司成立之日起2年内缴足；其中，投资公司可以在5年内缴足。在缴足前，不得向他人募集股份。股份有限公司采取募集方式设立的，注册资本为在公司登记机关登记的实收股本总额。股份有限公司注册资本的最低限额为人民币500万元。法律、行政法规对股份有限公司注册资本的最低限额有较高规定的，从其规定。股份有限公司发起人的出资方式与有限责任公司股东相同。

(3) 股份发行、筹办事项符合法律规定。

(4) 发起人制订公司章程，采用募集方式设立的经创立大会通过。股份有限公司章程应当载明下列事项：① 公司名称和住所；② 公司经营范围；③ 公司设立方式；④ 公司股份总数、每股金额和注册资本；⑤ 发起人的姓名或者名称、认购的股份数、出资方式和出资时间；⑥ 董事会的组成、职权、任期和议事规则；⑦ 公司法定代表人；⑧ 监事会的组成、职权、任期和议事规则；⑨ 公司利润分配办法；⑩ 公司的解散事由与清算办法；⑪公司的通知和公告办法；⑫股东大会会议认为需要规定的其他事项。

(5) 有公司名称，建立符合股份有限公司要求的组织机构。

(6) 有公司住所。

(二) 设立方式

股份有限公司的设立，可以采取发起设立或者募集设立的方式。

1. 发起设立

发起设立，是指由发起人认购公司应发行的全部股份而设立公司。以发起设立方式设立股份有限公司的，发起人应当书面认足公司章程规定其认购的股份；一次缴纳的，应即缴纳全部出资；分期缴纳的，应即缴纳首期出资。以非货币财产出资的，应当依法办理其财产权的转移手续。发起人不依照规定缴纳出资的，应当按照发起人协议承担违约责任。发起人首次缴纳出资后，应当选举董事会和监事会，由董事会向公司登记机关报送公司章程、由依法设定的验资机构出具的验资证明以及法律、行政法规规定的其他文件，申请设立登记。

2. 募集设立

募集设立，是指由发起人认购公司应发行股份的一部分，其余股份向社会公开募集或者向特定对象募集而设立公司。以募集设立方式设立股份有限公司的，发起人认购的股份不得少于公司股份总数的35%；但是，法律、行政法规另有规定的，从其规定。

发起人向社会公开募集股份，必须公告招股说明书，并制作认股书。认股书应当载明法律所列事项，由认股人填写认购股数、金额、住所，并签名、盖章。认股人按照所认购股数缴纳股款。招股说明书应当附有发起人制订的公司章程，并载明下列事项：① 发起人认购的股份数；② 每股的票面金额和发行价格；③ 无记名股票的发行总数；④ 募集资金的用途；⑤ 认股人的权利、义务；⑥ 本次募股的起止期限及逾期未募足时认股人可以撤回所认股份的说明。

发起人向社会公开募集股份，应当由依法设立的证券公司承销，签订承销协议。应当同银行签订代收股款协议。代收股款的银行应当按照协议代收和保存股款，向缴纳股款的认股人出具收款单据，并负有向有关部门出具收款证明的义务。

发行股份的股款缴足后，必须经依法设立的验资机构验资并出具证明。发起人应当自股款缴足之日起30日内主持召开公司创立大会。创立大会由发起人、认股人组成。发行的股份超过招股说明书规定的截止期限尚未募足的，或者发行股份的股款缴足后，发起人在30日内未召开创立大会的，认股人可以按照所缴股款并加算银行同期存款利息，要求发起人返还。

发起人应当在创立大会召开15日前将会议日期通知各认股人或者予以公告。创立大会应有代表股份总数过半数的发起人、认股人出席，方可举行。创立大会行使下列职权：① 审议发起人关于公司筹办情况的报告；② 通过公司章程；③ 选举董事会成员；④ 选举监事会成员；⑤ 对公司的设立费用进行审核；⑥ 对发起人用于抵作股款的财产的作价进行审核；⑦ 发生不可抗力或者经营条件发生重大变化直接影响公司设立的，可以作出不设立公司的决议。创立大会对前款所列事项作出决议，必须经出席会议的认股人所持表决权过半数通过。

发起人、认股人缴纳股款或者交付抵作股款的出资后，除未按期募足股份、发起人未按期召开创立大会或者创立大会决议不设立公司的情形外，不得抽回其股本。

董事会应于创立大会结束后30日内，向公司登记机关报送下列文件，申请设立登记。

股份有限公司成立后，发起人未按照公司章程的规定缴足出资的，应当补缴；其他发起人承担连带责任。股份有限公司成立后，发现作为设立公司出资的非货币财产的实际价额显著低于公司章程所定价额的，应当由交付该出资的发起人补足其差额；其他发起人承担连带责任。

股份有限公司的发起人应当承担下列责任：① 公司不能成立时，对设立行为所产生的债务和费用负连带责任；② 公司不能成立时，对认股人已缴纳的股款，负返还股款并加算银行同期存款利息的连带责任；③ 在公司设立过程中，由于发起人的过失致使公司利益受到损害的，应当对公司承担赔偿责任。

有限责任公司变更为股份有限公司时，折合的实收股本总额不得高于公司净资产额。有限责任公司变更为股份有限公司，为增加资本公开发行股份时，应当依法办理。

股份有限公司应当将公司章程、股东名册、公司债券存根、股东大会会议记录、董事会会议记录、监事会会议记录、财务会计报告置备于本公司。股东有权查阅公司章程、股东名册、公司债券存根、股东大会会议记录、董事会会议决议、监事会会议决议、财务会计报告，对公司的经营提出建议或者质询。

三、股份有限公司的组织机构

（一）股东大会

股份有限公司股东大会由全体股东组成。股东大会是公司的权力机构，依法行使职权，其职权范围与有限责任公司相同。

股东大会分为年会与临时大会。股东大会应当每年召开一次年会。有下列情形之一的，应当在两个月内召开临时股东大会：① 董事人数不足法定人数或者公司章程所定人数的2/3时；② 公司未弥补的亏损达实收股本总额1/3时；③ 单独或者合计持有公司10%以上股份的股东请求时；④ 董事会认为必要时；⑤ 监事会提议召开时；⑥ 公司章程规定的其他情形。

股东大会会议由董事会召集，董事长主持；董事长不能履行职务或者不履行职务的，由副董事长主持；副董事长不能履行职务或者不履行职务的，由半数以上董事共同推举一名董事主持。董事会不能履行或者不履行召集股东大会会议职责的，监事会应当及时召集和主持；监事会不召集和主持的，连续90日以上单独或者合计持有公司10%以上股份的股东可以自行召集和主持。

召开股东大会会议，应当将会议召开的时间、地点和审议的事项于会议召开20日前通知各股东；临时股东大会应当于会议召开15日前通知各股东；发行无记名股票的，应当于会议召开30日前公告会议召开的时间、地点和审议事项。

单独或者合计持有公司3%以上股份的股东，可以在股东大会召开10日前提出临时提案并书面提交董事会；董事会应当在收到提案后2日内通知其他股东，并将该临时提案提交股东大会审议。临时提案的内容应当属于股东大会职权范围，并有明确议题和具体决议事项。无记名股票持有人出席股东大会会议的，应当于会议召开5日前至股东大会闭会时将股票交存于公司。

股东出席股东大会会议，所持每一股份有一表决权。股东可以委托代理人出席股东大会会议，代理人应当向公司提交股东授权委托书，并在授权范围内行使表决权。公司持有的本公司股份没有表决权。

股东大会决议的事项分为普通事项与特别事项两类。股东大会对普通事项作出决议，必须经出席会议的股东所持表决权过半数通过。股东大会对修改公司章程、增加或者减少注册资本，以及公司合并、分立、解散或者变更公司形式的特别事项作出决议，必须经出席会议的股东所持表决权的2/3以上通过。

《公司法》和公司章程规定公司转让、受让重大资产或者对外提供担保等事项必须经股东大会作出决议的，董事会应当及时召集股东大会会议，由股东大会就上述事项进行表决。

股东大会选举董事、监事，可以依照公司章程的规定或者股东大会的决议，实行累积投票制。累积投票制，是指股东大会选举董事或者监事时，每一股份拥有与应选董事或者监事人数相同的表决权，股东拥有的表决权可以集中使用。

股东大会应当对所议事项的决定作成会议记录，主持人、出席会议的董事应当在会议记录上签名。会议记录应当与出席股东的签名册及代理出席的委托书一并保存。

（二）董事会、经理

股份有限公司设董事会，其成员为5人至19人。董事会成员中可以有公司职工代表。

董事会中的职工代表由公司职工通过职工代表大会、职工大会或者其他形式民主选举产生。股份有限公司董事的任期、董事会职权与有限责任公司相同。

董事会设董事长1人，可以设副董事长。董事长和副董事长由董事会以全体董事的过半数选举产生。董事长召集和主持董事会会议，检查董事会决议的实施情况。副董事长协助董事长工作，董事长不能履行职务或者不履行职务的，由副董事长履行职务；副董事长不能履行职务或者不履行职务的，由半数以上董事共同推举1名董事履行职务。

董事会每年度至少召开两次会议，每次会议应当于会议召开10日前通知全体董事和监事。代表1/10以上表决权的股东、1/3以上董事或者监事会，可以提议召开董事会临时会议。董事长应当自接到提议后10日内，召集和主持董事会会议。董事会召开临时会议，可以另定召集董事会的通知方式和通知时限。

董事会会议应有过半数的董事出席方可举行。董事会作出决议，必须经全体董事的过半数通过。董事会决议的表决，实行一人一票。董事会会议，应由董事本人出席；董事因故不能出席，可以书面委托其他董事代为出席，委托书中应载明授权范围。

董事会应当对会议所议事项的决定作成会议记录，出席会议的董事应当在会议记录上签名。董事应当对董事会的决议承担责任。董事会的决议违反法律、行政法规或者公司章程、股东大会决议，致使公司遭受严重损失的，参与决议的董事对公司负赔偿责任。但经证明在表决时曾表明异议并记载于会议记录的，该董事可以免除责任。

股份有限公司设经理，由董事会决定聘任或者解聘，其职权与有限责任公司经理相同。公司董事会可以决定由董事会成员兼任经理。

公司应当定期向股东披露董事、监事、高级管理人员从公司获得报酬的情况。公司不得直接或者通过子公司向董事、监事、高级管理人员提供借款。

（三）监事会

股份有限公司设监事会，其成员不得少于3人。监事会应当包括股东代表和适当比例的公司职工代表，其中职工代表的比例不得低于1/3，具体比例由公司章程规定。监事会中的职工代表由公司职工通过职工代表大会、职工大会或者其他形式民主选举产生。

监事会设主席1人，可以设副主席。监事会主席和副主席由全体监事过半数选举产生。监事会主席召集和主持监事会会议；监事会主席不能履行职务或者不履行职务的，由监事会副主席召集和主持监事会会议；监事会副主席不能履行职务或者不履行职务的，由半数以上监事共同推举1名监事召集和主持监事会会议。

股份有限公司监事的任期、监事会职权与有限责任公司相同。监事会行使职权所必需的费用，由公司承担。董事、高级管理人员不得兼任监事。

监事会每6个月至少召开一次会议。监事可以提议召开临时监事会会议。监事会的议事方式和表决程序，除本法有规定的外，由公司章程规定。监事会决议应当经半数以上监事通过。监事会应当对所议事项的决定作成会议记录，出席会议的监事应当在会议记录上签名。

（四）上市公司组织机构的特别规定

上市公司，是指其股票在证券交易所上市交易的股份有限公司。上市公司在1年内购买、出售重大资产或者担保金额超过公司资产总额30%的，应当由股东大会作出决议，并经出席会议的股东所持表决权的2/3以上通过。上市公司设立独立董事，具体办法由国务院规定。

上市公司设董事会秘书，负责公司股东大会和董事会会议的筹备、文件保管以及公司股东资料的管理，办理信息披露事务等事宜。

上市公司董事与董事会会议决议事项所涉及的企业有关联关系的，不得对该项决议行使表决权，也不得代理其他董事行使表决权。该董事会会议由过半数的无关联关系董事出席即可举行，董事会会议所作决议须经无关联关系董事过半数通过。出席董事会的无关联关系董事人数不足3人的，应将该事项提交上市公司股东大会审议。

四、股份的发行与转让

（一）股份发行

股份有限公司的基本特征之一，是将资本划分为股份，每一股的金额相等。公司的股份采取股票的形式。股票是公司签发的证明股东所持股份的凭证。

股份的发行，实行公平、公正的原则，同种类的每一股份应当具有同等权利。同次发行的同种类股票，每股的发行条件和价格应当相同；任何单位或者个人所认购的股份，每股应当支付相同价额。

股票发行价格可以按票面金额，也可以超过票面金额，但不得低于票面金额。

股票采用纸面形式或者国务院证券监督管理机构规定的其他形式。股票应当载明下列主要事项：① 公司名称；② 公司成立日期；③ 股票种类、票面金额及代表的股份数；④ 股票的编号。股票由法定代表人签名，公司盖章。

公司发行的股票，可以为记名股票，也可以为无记名股票。发起人的股票，应当标明发起人股票字样。公司向发起人、法人发行的股票，应当为记名股票，并应当记载该发起人、法人的名称或者姓名，不得另立户名或者以代表人姓名记名。

公司发行记名股票的，应当置备股东名册，记载下列事项：① 股东的姓名或者名称及住所；② 各股东所持股份数；③ 各股东所持股票的编号；④ 各股东取得股份的日期。发行无记名股票的，公司应当记载其股票数量、编号及发行日期。

公司发行新股，股东大会应当对下列事项作出决议：① 新股种类及数额；② 新股发行价格；③ 新股发行的起止日期；④ 向原有股东发行新股的种类及数额。

公司经国务院证券监督管理机构核准公开发行新股时，必须公告新股招股说明书和财务会计报告，并制作认股书。公司公开发行新股应当由依法设立的证券公司承销，签订承销协议，并同银行签订代收股款协议，代收股款的银行应当按照协议代收和保存股款，向缴纳股款的认股人出具收款单据，并负有向有关部门出具收款证明的义务。公司发行新股，可以根据公司经营情况和财务状况，确定其作价方案。公司发行新股募足股款后，必须向公司登记机关办理变更登记，并公告。

（二）股份的转让

股东持有的股份可以依法转让。股东转让其股份，应当在依法设立的证券交易场所进行或者按照国务院规定的其他方式进行。

记名股票，由股东以背书方式或者法律、行政法规规定的其他方式转让；转让后由公司将受让人的姓名或者名称及住所记载于股东名册。股东大会召开前 20 日内或者公司决定分配股利的基准日前 5 日内，不得进行前款规定的股东名册的变更登记。但是，法律对上市公司股东名册变更登记另有规定的，从其规定。无记名股票的转让，由股东将该股票交付给受让人后即发生转让的效力。

《公司法》规定，发起人持有的本公司股份，自公司成立之日起 1 年内不得转让。公司公开发行股份前已发行的股份，自公司股票在证券交易所上市交易之日起 1 年内不得转让。

公司董事、监事、高级管理人员应当向公司申报所持有的本公司的股份及其变动情况，在任职期间每年转让的股份不得超过其所持有本公司股份总数的 25%；所持本公司股份自公司股票上市交易之日起 1 年内不得转让。上述人员离职后半年内，不得转让其所持有的本公司股份。公司章程可以对公司董事、监事、高级管理人员转让其所持有的本公司股份作出其他限制性规定。

公司不得收购本公司股份。但是，有下列情形之一的除外：① 减少公司注册资本；② 与持有本公司股份的其他公司合并；③ 将股份奖励给本公司职工；④ 股东因对股东大会作出的公司合并、分立决议持异议，要求公司收购其股份的。公司因上述第①项至第③项的原因收购本公司股份的，应当经股东大会决议。公司依照前款规定收购本公司股份后，属于第①项情形的，应当自收购之日起 10 日内注销；属于第②项、第④项情形的，应当在 6 个月内转让或者注销。公司依照第③项规定收购的本公司股份，不得超过本公司已发行股份总额的 5%；用于收购的资金应当从公司的税后利润中支出；所收购的股份应当在 1 年内转让给职工。公司不得接受本公司的股票作为质押权的标的。

记名股票被盗、遗失或者灭失，股东可以依照《中华人民共和国民事诉讼法》规定的公示催告程序，请求人民法院宣告该股票失效。人民法院宣告该股票失效后，股东可以向公司申请补发股票。

第四节　公司债券

一、公司债券的定义及种类

（一）公司债券的定义

公司债券是指公司依照法定程序发行的、约定在一定期限还本付息的有价证券。公司债券与公司股票有不同的法律特征：

（1）公司债券持有人是公司的债权人，对于公司享有民法上规定的债权人的所有权利，而股票的持有人则是公司股东，享有《公司法》所规定的股东权利。

（2）公司债券持有人，无论公司是否有赢利，都对公司享有按照约定给付利息的请求权，而股票持有人，则必须在公司有赢利时才能依法获得股利分配。

（3）公司债券到了约定期限，公司必须偿还债券本金，而股票持有人仅在公司解散时方可请求分配剩余财产。

（4）公司债券持有人享有优先于股票持有人获得清偿的权利，股票持有人必须在公司全部债务清偿之后，方可分配公司剩余财产。

（二）公司债券的种类

1. 记名债券与无记名债券

记名债券是指在公司债券上记载债权人姓名或者名称的债券；无记名债券是指在公司债券上不记载债权人姓名或者名称的债券。区别记名债券和无记名债券的法律意义在于两者转让的要求不同。

2. 可转换公司债券与不可转换公司债券

可转换债券是指根据预先约定的条件，债券持有人有权将债券转换为股票。不可转换公司债券是指不能转换为公司股票的公司债券。凡在发行债券时未作出转换约定的，均为不可转换公司债券。

二、公司债券的发行

公司发行债券应当符合《中华人民共和国证券法》规定的条件与程序。发行公司债券的申请经国务院授权的部门核准后，应当公告公司债券募集办法。公司债券募集办法中应当载明下列主要事项：① 公司名称；② 债券募集资金的用途；③ 债券总额和债券的票面金额；④ 债券利率的确定方式；⑤ 还本付息的期限和方式；⑥ 债券担保情况；⑦ 债券的发行价格、发行的起止日期；⑧ 公司净资产额；⑨ 已发行的尚未到期的公司债券总额；⑩ 公司债券的承销机构。

公司以实物券方式发行公司债券的，必须在债券上载明公司名称、债券票面金额、利率、偿还期限等事项，并由法定代表人签名，公司盖章。

公司发行公司债券应当置备公司债券存根簿。公司债券，可以为记名债券，也可以为无记名债券。发行记名公司债券的，应当在公司债券存根簿上载明下列事项：① 债券持有人的姓名或者名称及住所；② 债券持有人取得债券的日期及债券的编号；③ 债券总额，债券的票面金额、利率、还本付息的期限和方式；④ 债券的发行日期。记名公司债券的登记结算机构应当建立债券登记、存管、付息、兑付等相关制度。发行无记名公司债券的，应当在公司债券存根簿上载明债券总额、利率、偿还期限和方式、发行日期及债券的编号。

上市公司经股东大会决议可以发行可转换为股票的公司债券，并在公司债券募集办法中规定具体的转换办法。上市公司发行可转换为股票的公司债券，应当报国务院证券监督管理机构核准。发行可转换为股票的公司债券，应当在债券上标明可转换公司债券字样，并在公司债券存根簿上载明可转换公司债券的数额。

三、公司债券的转让

公司债券可以转让，转让价格由转让人与受让人约定。公司债券在证券交易所上市交易的，按照证券交易所的交易规则转让。

记名公司债券，由债券持有人以背书方式或者法律、行政法规规定的其他方式转让；转让后由公司将受让人的姓名或者名称及住所记载于公司债券存根簿。无记名公司债券的转让，由债券持有人将该债券交付给受让人后即发生转让的效力。

发行可转换为股票的公司债券的，公司应当按照其转换办法向债券持有人换发股票，但债券持有人对转换股票或者不转换股票有选择权。

第五节　公司合并、分立、增资、减资

一、公司合并

公司合并，是指两个以上的公司依照法定程序变为一个公司的行为。公司合并可以采取吸收合并或者新设合并。一个公司吸收其他公司为吸收合并，被吸收的公司解散。两个以上公司合并设立一个新的公司为新设合并，合并各方解散。

公司合并，应当由合并各方签订合并协议，并编制资产负债表及财产清单。公司应当自作出合并决议之日起 10 日内通知债权人，并于 30 日内在报纸上公告。债权人自接到通知书之日起 30 日内，未接到通知书的自公告之日起 45 日内，可以要求公司清偿债务或者提供相应的担保。

公司合并时，合并各方的债权、债务，应当由合并后存续的公司或者新设的公司承继。公司分立，其财产作相应的分割。

二、公司分立

公司分立是指一个公司依法分为两个以上的公司，公司分立的形式有两种：① 公司以其部分财产另设一个或数个新公司，原公司存续；② 公司以其全部财产分别归入两个以上的新设公司，原公司解散。

公司分立，应当编制资产负债表及财产清单。公司应当自作出分立决议之日起 10 日内通知债权人，并于 30 日内在报纸上公告。公司分立前的债务由分立后的公司承担连带责任。但是，公司在分立前与债权人就债务清偿达成的书面协议另有约定的除外。

公司合并或者分立，登记事项发生变更的，应当依法向公司登记机关办理变更登记；公

司解散的，应当依法办理公司注销登记；设立新公司的，应当依法办理公司设立登记。

三、公司注册资本的减少和增加

（一）公司注册资本的减少

公司需要减少注册资本时，必须编制资产负债表及财产清单。

公司应当自作出减少注册资本决议之日起 10 日内通知债权人，并于 30 日内在报纸上公告。债权人自接到通知书之日起 30 日内，未接到通知书的自公告之日起 45 日内，有权要求公司清偿债务或者提供相应的担保。公司减资后的注册资本不得低于法定的最低限额。

（二）公司注册资本的增加

有限责任公司增加注册资本时，股东认缴新增资本的出资，依照《公司法》设立有限责任公司缴纳出资的有关规定执行。

股份有限公司为增加注册资本发行新股时，股东认购新股，依照《公司法》设立股份有限公司缴纳股款的有关规定执行。

公司增加或者减少注册资本，应当依法向公司登记机关办理变更登记。

第六节　公司解散和清算

一、公司解散的原因

《公司法》规定，公司解散的原因有以下 5 种情形：① 公司章程规定的营业期限届满或者公司章程规定的其他解散事由出现；② 股东会或者股东大会决议解散；③ 因公司合并或者分立需要解散；④ 依法被吊销营业执照、责令关闭或者被撤销；⑤ 人民法院依法予以解散。

公司有上述第①项情形的，可以通过修改公司章程而存续。依照规定修改公司章程，有限责任公司须经持有 2/3 以上表决权的股东通过，股份有限公司须经出席股东大会会议的股东所持表决权的 2/3 以上通过。公司经营管理发生严重困难，继续存续会使股东利益受到重大损失，通过其他途径不能解决的，持有公司全部股东表决权 10％以上的股东，可以请求人民法院解散公司。

二、公司解散时的清算

根据《公司法》规定，应当在解散事由出现之日起 15 日内成立清算组，开始清算。有限责任公司的清算组由股东组成，股份有限公司的清算组由董事或者股东大会确定的人员组成。逾期不成立清算组进行清算的，债权人可以申请人民法院指定有关人员组成清算组进行清算。人民法院应当受理该申请，并及时组织清算组进行清算。

清算组在清算期间行使下列职权：① 清理公司财产，分别编制资产负债表和财产清单；

② 通知、公告债权人；③ 处理与清算有关的公司未了结的业务；④ 清缴所欠税款以及清算过程中产生的税款；⑤ 清理债权、债务；⑥ 处理公司清偿债务后的剩余财产；⑦ 代表公司参与民事诉讼活动。

清算组应当自成立之日起10日内通知债权人，并于60日内在报纸上公告。债权人应当自接到通知书之日起30日内，未接到通知书的自公告之日起45日内，向清算组申报其债权。

债权人申报债权，应当说明债权的有关事项，并提供证明材料。清算组应当对债权进行登记。在申报债权期间，清算组不得对债权人进行清偿。清算组在清理公司财产、编制资产负债表和财产清单后，应当制定清算方案，并报股东会、股东大会或者人民法院确认。

公司财产在分别支付清算费用、职工的工资、社会保险费用和法定补偿金，缴纳所欠税款，清偿公司债务后的剩余财产，有限责任公司按照股东的出资比例分配，股份有限公司按照股东持有的股份比例分配。清算期间，公司存续，但不得开展与清算无关的经营活动。公司财产在未依照前款规定清偿前，不得分配给股东。清算组在清理公司财产、编制资产负债表和财产清单后，发现公司财产不足清偿债务的，应当依法向人民法院申请宣告破产。公司经人民法院裁定宣告破产后，清算组应当将清算事务移交给人民法院。

公司清算结束后，清算组应当制作清算报告，报股东会、股东大会或者人民法院确认，并报送公司登记机关，申请注销公司登记，公告公司终止。

清算组成员应当忠于职守，依法履行清算义务。清算组成员不得利用职权收受贿赂或者其他非法收入，不得侵占公司财产。清算组成员因故意或者重大过失给公司或者债权人造成损失的，应当承担赔偿责任。公司被依法宣告破产的，依照有关企业破产的法律实施破产清算。

第七节　法律责任

一、公司发起人、股东的法律责任

违反《公司法》规定，虚报注册资本、提交虚假材料或者采取其他欺诈手段隐瞒重要事实取得公司登记的，由公司登记机关责令改正，对虚报注册资本的公司，处以虚报注册资本金额5%以上50%以下的罚款；对提交虚假材料或者采取其他欺诈手段隐瞒重要事实的公司，处以5万元以上50万元以下的罚款；情节严重的，撤销公司登记或者吊销营业执照。

公司的发起人、股东虚假出资，未交付或者未按期交付作为出资的货币或者非货币财产的，由公司登记机关责令改正，处以虚假出资金额5%以上15%以下的罚款。公司的发起人、股东在公司成立后，抽逃其出资的，由公司登记机关责令改正，处以所抽逃出资金额5%以上15%以下的罚款。

二、公司的法律责任

违反《公司法》规定，在法定的会计账簿以外另立会计账簿的，由县级以上人民政府财政部门责令改正，处以5万元以上50元以下的罚款。

公司在依法向有关主管部门提供的财务会计报告等材料上作虚假记载或者隐瞒重要事实的，由有关主管部门对直接负责的主管人员和其他直接责任人员处以3万元以上30万元以下的罚款。

公司不依照《公司法》规定提取法定公积金的，由县级以上人民政府财政部门责令如数补足应当提取的金额，可以对公司处以20万元以下的罚款。

公司在合并、分立、减少注册资本或者进行清算时，不依照《公司法》规定通知或者公告债权人的，由公司登记机关责令改正，对公司处以1万元以上10万元以下的罚款。

公司在进行清算时，隐匿财产，对资产负债表或者财产清单作虚假记载或者在未清偿债务前分配公司财产的，由公司登记机关责令改正，对公司处以隐匿财产或者未清偿债务前分配公司财产金额5%以上10%以下的罚款；对直接负责的主管人员和其他直接责任人员处以1万元以上10万元以下的罚款。

公司在清算期间开展与清算无关的经营活动的，由公司登记机关予以警告，没收违法所得。

三、清算组的法律责任

清算组不依照《公司法》规定向公司登记机关报送清算报告，报送清算报告隐瞒重要事实或者有重大遗漏的，由公司登记机关责令改正。

清算组成员利用职权徇私舞弊、谋取非法收入或者侵占公司财产的，由公司登记机关责令退还公司财产，没收违法所得，并可以处以违法所得1倍以上5倍以下的罚款。

四、承担资产评估、验资或者验证的机构法律责任

承担资产评估、验资或者验证的机构提供虚假材料的，由公司登记机关没收违法所得，处以违法所得1倍以上5倍以下的罚款，并可以由有关主管部门依法责令该机构停业、吊销直接责任人员的资格证书，吊销营业执照。

承担资产评估、验资或者验证的机构因过失提供有重大遗漏的报告的，由公司登记机关责令改正，情节较重的，处以所得收入1倍以上5倍以下的罚款，并可以由有关主管部门依法责令该机构停业、吊销直接责任人员的资格证书，吊销营业执照。

承担资产评估、验资或者验证的机构因其出具的评估结果、验资或者验证证明不实，给公司债权人造成损失的，除能够证明自己没有过错的外，在其评估或者证明不实的金额范围内承担赔偿责任。

五、公司登记机关的法律责任

公司登记机关对不符合《公司法》规定条件的登记申请予以登记，或者对符合《公司法》规定条件的登记申请不予登记的，对直接负责的主管人员和其他直接责任人员，依法给予行政处分。

公司登记机关的上级部门强令公司登记机关对不符合《公司法》规定条件的登记申请予以登记，或者对符合《公司法》规定条件的登记申请不予登记的，或者对违法登记进行包庇的，对直接负责的主管人员和其他直接责任人员依法给予行政处分。

未依法登记为有限责任公司或者股份有限公司，而冒用有限责任公司或者股份有限公司名义的，或者未依法登记为有限责任公司或者股份有限公司的分公司，而冒用有限责任公司或者股份有限公司的分公司名义的，由公司登记机关责令改正或者予以取缔，可以并处10万元以下的罚款。

公司成立后无正当理由超过6个月未开业的，或者开业后自行停业连续6个月以上的，可以由公司登记机关吊销营业执照。

公司登记事项发生变更时，未依照《公司法》规定办理有关变更登记的，由公司登记机关责令限期登记；逾期不登记的，处以1万元以上10万元以下的罚款。

外国公司违反公司法规定，擅自在中国境内设立分支机构的，由公司登记机关责令改正或者关闭，可以并处5万元以上20万元以下的罚款。

利用公司名义从事危害国家安全、社会公共利益的严重违法行为的，吊销营业执照。

违反公司法规定，应当承担民事赔偿责任和缴纳罚款、罚金的，其财产不足以支付时，先承担民事赔偿责任。构成犯罪的，依法追究刑事责任。

第六章 外商投资企业法

第一节 外商投资企业法概述

一、外商投资企业的概念和特征

外商投资企业是指依照中国法律，在中国境内由中国投资者和外国投资者共同投资或者仅由外国投资者投资设立的企业。外商投资企业具有如下特征：

（1）外商投资企业是具有中国国籍的企业。依据我国法律，企业国籍的划分标准是设立企业所依据的法律。凡依据中国法律设立的企业就是中国企业；凡依据外国法律设立的企业，就是外国企业。外商投资企业是依据中国法律在中国境内设立的企业，具有中国国籍。作为中国企业，外商投资企业受到中国法律的管辖和保护。

（2）外商投资企业有来自中国以外的投资者的投资。企业资本来源的涉外性是外商投资企业的重要特点。外国公司、企业和其他经济组织或个人（本书简称外国投资者），按照平等互利的原则，经中国政府批准，在中国境内，同中国的公司、企业或者其他经济组织（本书简称中国投资者）共同投资举办合营企业，或者单独投资举办外资企业。港、澳、台地区的公司、企业或其他经济组织和个人来内地进行投资的，也视为外国投资者。

（3）外商投资企业是以直接投资方式设立的企业。国际投资方式有直接投资和间接投资两种。以控制企业或参与企业经营为目的的投资是直接投资，不以控制企业或参与企业经营为目的的投资是间接投资。

在我国，符合以上特征的企业主要有中外合资经营企业、中外合作经营企业和外资企业。

二、外商投资企业法

外商投资企业法，是指调整外商投资企业在设立、管理、经营和终止等过程中产生的经济关系的法律规范的总称。我国现行的外商投资企业法主要有《中华人民共和国中外合资经营企业法》（1979 年颁布，1990 年 4 月、2001 年 3 月修正，以下简称《中外合资经营企业法》）及其实施细则、《中华人民共和国中外合作经营企业法》（1988 年颁布，2000 年 10 月修正，以下简称《中外合作经营企业法》）及其实施细则、《中华人民共和国外资企业法》

（1986 年颁布，2000 年 10 月修正，以下简称《外资企业法》）及其实施细则、《中外合资经营企业合营期限暂行规定》（1990 年）和《外商投资企业清算办法》（1996 年）等。随着中国加入 WTO 过渡期的结束，中国加大了外资进入中国的步伐。为履行加入 WTO 的承诺，我国已制定并公布实施了金融、商业流通、旅游、电信、建筑等多项外商投资法规、规章。目前，我国在分别立法的基础上，建立起了一套较为完整的外商投资企业法律体系。

我国《公司法》第 218 条规定："外商投资的有限责任公司和股份有限责任公司适用本法；有关外商投资的法律另有规定的，适用其规定。"依据这一规定，凡外商投资企业法中未作规定，而《公司法》中已作规定的，外商投资的有限责任公司应适用《公司法》；凡外商投资企业法的规定与《公司法》不同的，外商投资的有限责任公司应适用外商投资企业法的规定。随着我国对《公司法》的修订以及对外商投资管制的缓和，外商投资企业法与《公司法》的差距也越来越小。

第二节　中外合资经营企业法

一、中外合资经营企业的概念

中外合资经营企业（简称合营企业），是指中国合营者和外国合营者依据中国法律，在中国境内共同投资、共同经营，按照投资比例分配利润和分担风险的企业。

这里的"中国合营者"必须是中国公司、企业和其他经济组织；"外国合营者"除了是外国公司、企业或其他经济组织之外，还可以是外国个人，也包括港、澳、台地区的公司、企业或其他经济组织和个人。

二、中外合资经营企业的性质、组织形式和法律地位

根据《中外合资经营企业法》，中外合资经营企业的组织形式为有限责任公司，合营各方对合营企业的责任以各自认缴的出资额为限，承担有限责任，合营企业以其全部资产对其债务承担责任。

中外合资经营企业是股权式企业。所谓"股权式"就是出资者按投入企业的资本额享有其权利。出资者在企业中的权利义务划分均以股权为基准，即按照出资比例分配利润和分担风险。

中外合资经营企业具有中国法人资格，有自己独立的财产，独立承担民事责任。

三、中外合资经营企业的设立

（一）设立的条件

（1）中外合资经营企业应能促进中国经济的发展和科学技术水平的提高，有利于现代化建设。申请设立的中外合资企业应当注重经济效益，符合下列一项或数项要求：①采用先进

技术设备和科学管理方法，能增加产品品种，提高产品质量，节约能源和材料；②有利于企业技术改造，能做到投资少、见效快、收益大；③能扩大产品出口，增加外汇收人；④能培训技术人员和经营管理人员。

（2）申请设立中外合资企业有下列情况之一的，不予批准：①有损中国主权的；②违反中国法律的；③不符合中国国民经济发展要求的；④造成环境污染的；⑤签订的协议、合同、章程显属不公平，损害合营一方权益的。

（二）设立的程序

在设立中外合资企业之前，拟设立企业的双方要进行初步的商谈，从经济和技术两方面进行分析、比较和预测，可就有关合营项目签订意向书。但意向书只是双方的初步协议，无须经法律批准。正式的设立程序如下：

1. 申请

设立中外合资企业，应由中国合营者向企业主管部门呈报拟与外国合营者设立合营企业的项目建议书和初步可行性研究报告，该建议书和初步可行性研究报告经企业主管部门审查同意并转报审批机关批准。项目建议书是拟举办企业的正式书面建议。初步可行性研究报告是对拟举办项目的经济效益、必要性和可行性的估算。项目建议书和初步可行性研究报告可合为一个文件。

2. 谈判

项目建议书和初步可行性研究报告获得批准后，中外双方开始正式谈判。谈判的主要任务就是共同编制可行性研究报告，并签订合营企业的协议、合同和章程。

可行性研究报告是在初步可行性研究报告的基础上编制的对项目在工程、技术、经济、商务上是否合理可行的全面综合分析结果。

合营企业协议是合营各方对设立合营企业的某些要点和原则达成一致意见而订立的文件。

合营企业合同是合营各方为设立合营企业就相互权利、义务关系达成一致意见而订立的文件。合营企业合同的附件，与合营企业合同具有同等效力。

合营企业章程是按照合营企业合同规定的原则，经合营各方一致同意，规定合营企业的宗旨、组织原则和经营管理方法等事项的文件。

合营合同的法律效力高于合营协议，当协议与合同有抵触时，以合同为准。经合营各方同意，也可以不订立合营企业协议而只订立合营企业合同、章程。合营合同是合营各方内部的法律文件，对各方有约束力，但无须公布；而章程是合营企业对外的法律文件，必须公布。

合营企业协议、合同和章程经审批机构批准后生效。

3. 审批

各种法律文件编制完成后，由中外合营者共同向审批机关报送审批。审批应当报送下列文件：①设立合营企业的申请书；②合营各方共同编制的可行性研究报告；③合营各方授权代表签署的合营企业协议、合同和章程；④由合营各方委派的合营企业董事长、副董事长、董事人选名单；⑤中国合营者的企业主管部门和合营所在地的省、自治区、直辖市人民政府对设立该合营企业签署的意见；⑥审批机关规定的其他文件。

设立合营企业的审批机关是国家对外经济贸易主管部门及国务院授权的有关的省、自治区、直辖市人民政府或国务院有关部门（以下简称受托机关）。在中国境内设立合营企业，必须经国家对外经济贸易主管部门审查批准。批准后，由对外经济贸易主管部门发给批准证书。但具备以下两个条件的，由国务院授权的有关省、自治区、直辖市人民政府或国务院有关部门审批：①投资总额在国务院规定的投资审批权限以内，中国合营者的资金来源已经落实的；②不需要国家增拨原材料，不影响燃料、动力、交通运输、外贸出口配额等方面的全国平衡的。受托机关批准设立合营企业后，应当报国家对外经济贸易主管部门备案，并由国家对外经济贸易主管部门发给批准证书。

审批机关自接到申请文件之日起 3 个月内决定批准或不批准。批准机构如发现申请文件有不当之处，应要求限期修改，否则不予批准。

4. 登记

申请者应在收到批准证书后 1 个月内，向国家工商行政管理局或者国家工商行政管理局授权的地方工商行政管理局核准注册登记。登记机关应在收到登记申请后 1 个月内作出登记或不予登记的决定。合营企业经登记机关核准登记造册，领取《中华人民共和国企业法人营业执照》后，企业即告成立，取得中国法人资格，合营企业的营业执照签发日期，即为该合营企业的成立日期。

四、中外合资经营企业的注册资本制度

中外合资经营企业的注册资本是指为设立合营企业在登记机关登记的资本总额，应为合营各方认缴的出资额之和。所谓“认缴的出资额”是指合营各方为设立合营企业同意投入的资金数额。中外合资经营企业的注册资本可以在合营企业成立之后分期缴付。合营各方可以按照合营合同的约定，在取得营业执照后一次或分期缴清各自认缴的出资额。这种注册资本制度是认缴资本制，也称为“授权资本制”。

根据《中外合资经营企业法》的规定，在合营企业的注册资本中，外国合营者的投资比例不能低于 25%，而外国投资者的投资比例上限法律未作规定。这比多数发展中国家不允许外资超过 49%的规定更为开放，更利于吸引外资。

合营企业在合营期内不得减少其注册资本。我国公司法为防止资本减少而损害债权人的利益，对减少注册资本规定了严格的程序：需股东会以特别决议通过（需代表 2/3 以上表决权的股东同意），并应编制资产负债表和财产清单，向债权人限期发出通知及公告等。中外合资经营企业更加严格地贯彻资本不变原则，在经营期内不得减少注册资本，因投资总额和生产经营规模等发生变化，确需减少的，须经审批机关批准。合营一方如向第三者转让其全部或部分出资额，须经合营他方同意，并经审批机关批准。合营一方转让其全部或部分出资

额时，合营他方有优先购买权。合营一方向第三者转让出资额的条件，不得比向合营他方转让的条件优惠，否则转让无效。

合营企业注册资本的增加、减少，应由董事会会议通过，并报原审批机关批准，在原登记管理机关办理变更登记。

五、中外合资经营企业的出资方式及出资期限

（一）出资方式

合营各方可以以下列方式出资：

1. 货币

货币包括人民币和外币。以外币出资的，按缴款当日中国人民银行公布的基准汇率折算成人民币或者套算成预定的外币。中国合营者出资的人民币现金，需要折算成外币的，按缴款当日中国人民银行公布的基准汇率折算。

2. 实物

实物包括建筑物、厂房、机器设备或其他物料等。作为外国合营者出资的机器设备或其他物料，必须符合下列条件：①为合营企业生产所必需的；②作价不得高于同类机器设备或其他物料同期国际市场价格。

3. 工业产权、专有技术

作为外国合营者出资的工业产权或专有技术，必须符合下列条件之一：①能显著改善现有产品性能、质量，提高生产效率的；②能显著节约原材料、燃料、动力的。

外国合营者以工业产权或专有技术作为出资，应提交该工业产权或专有技术的有关资料，包括专利证书或商标注册证书的复制件、有效状况及其技术特性、实用价值、作价的计算根据、与中国合营者签订的作价协议等有关文件，作为合营合同的附件。外国合营者出资的机器设备或其他物料、工业产权或专有技术，应当报审批机构批准。

4. 场地使用权

《中外合资经营企业法》第5条规定，中国合营者的出资方式，可以包括为合营企业经营期间提供场地使用权。如果场地使用权是作为中国合营者出资的一部分，合资企业应向中国政府缴纳使用费。场地使用费标准应根据该场地的用途、地理环境条件、征地拆迁安置费用和合营企业对基础设施的要求等因素，由所在地省、自治区、直辖市人民政府规定，并向国家对外经济贸易主管部门和国家土地主管部门备案。中国合营者以土地使用权出资的，其作价金额应与取得同类场地使用权所用缴纳的使用费相同。

以实物、工业产权、专有技术出资的，其作价由合营各方按照公平合理的原则协商确定，或聘请合营各方同意的第三者评定。

（二）出资期限

合营各方应当在合营合同中约定出资期限，合营各方应按合同规定的期限缴清各自的出资。合营合同可以选择两种出资期限，合营合同中规定一次缴清出资的，合营各方应在营业

执照签发之日起6个月内缴清；合营合同中规定分期缴付出资的，合营各方第一期出资，不得低于各自认缴出资额的15%，并且应当在营业执照签发之日起3个月内缴清。一方逾期未缴或未缴清的，视同违约方放弃在合营合同中的一切权利，自动退出合营企业，并应按合同规定支付迟延利息或赔偿损失。

合营各方缴付出资额后，应由在中国注册的会计师验资，出具验资报告后，由合营企业据此发给出资证明书。

六、中外合资经营企业的组织机构

（一）权力机构

董事会是中外合资经营企业的最高权力机构，决定合营企业的一切重大问题，如企业发展规划、生产经营活动方案、收支预算、利润分配、劳动工资计划、停业以及总经理、副总经理、总工程师、总会计师、审计师的任命或聘请及其职权和待遇等。

董事会人数由合营各方协商确定，在合同、章程中规定，但不得少于3人。董事会名额的分配由合营各方参照出资比例协商确定，董事具体人选由合营各方委派和撤换。董事长和副董事长由合营各方协商确定或由董事会选举产生，中外合营者的一方担任董事长的，合营另一方担任副董事长。董事的任期为4年，经合营各方继续委派，可以连任。

董事会会议每年至少召开一次。由董事长负责召集并主持。经1/3以上董事提议，可由董事长召开董事会临时会议。董事会应有2/3以上董事出席方能举行。董事不能出席，可以出具委托书委托他人代表其出席和表决。下列事项由出席董事会会议的董事一致通过方可作出决议：①合营企业章程的修改；②合营企业的中止、解散；③合营企业注册资本的增加、减少；④合营企业的合并、分立。其他事项，可以根据合营章程载明的议事规则作出决议。

（二）经营管理机构

中外合资经营企业的经营管理机构由总经理一人和副总经理若干人组成，是企业的执行机构，执行董事会的各项决议，负责组织领导合营企业的日常经营管理工作。在董事会授权范围内，总经理对外代表合营企业，对内任免下属人员，行使董事会授予的其他职权。总经理、副总经理由合营企业董事会聘请，可以由中国公民担任，也可以由外国公民担任。经董事会聘请，董事长、副董事长、董事可以兼任合营企业的总经理、副总经理或者其他高级职务。总经理和副总经理不得兼任其他经济组织的总经理或者副总经理，不得参与其他经济组织对本企业的商业竞争。

合营企业需要在国外和港澳地区设立分支机构（含销售机构）时，应报对外经济贸易主管部门批准。

七、中外合资经营企业的合营期限、解散与清算

（一）合营期限

关于合营期限的规定，有两种情况：

（1）举办合营企业，属于下列行业或情况的，合营各方应当依照有关规定，在合同中约定合营期限：①服务性行业，如饭店、公寓、写字楼、娱乐、饮食、出租汽车、彩扩洗像、维修、咨询等；②从事土地开发及经营房地产的；③从事资源勘察开发的；④国家限制投资项目的；⑤法律、法规规定其他需要约定合营期限的。

（2）国家允许的投资项目，除上述行业或情况以外的，合营各方可以约定合营期限，也可以不约定合营期限。约定合营期限的合营企业，合营各方同意延长合营期限的，应在距合营期满6个月前向审批机关提出申请。审批机关应自接到申请之日起1个月内决定批准或不予批准。

（二）解散

合营企业具有下列情形之一时解散：①合营期限届满；②企业发生严重亏损，无力继续经营；③合营一方不履行合营企业协议、合同、章程规定的义务，致使企业无法继续经营；④因自然灾害、战争等不可抗力遭受严重损失，无法继续经营；⑤合营企业未达到经营目的，同时又无发展前途；⑥合营企业合同、章程所规定的其他解散原因已经出现。

上述第②、④、⑤、⑥的情形导致解散时，应由董事会提出解散申请书，报审批机关批准。第③项情况发生的，由履行合同一方提出申请，报审批机关批准。由于不履行合营企业协议、合同、章程规定的义务而导致解散的，违约一方应对合营企业由此造成的损失负赔偿责任。

（三）清算

当合营企业期限届满或者审批机关批准企业解散时，必须对合营企业依法进行清算。中外合资经营企业的解散清算分为普通清算和特别清算。

1. 普通清算

能够自行组织清算委员会进行清算的，适用普通清算程序。

（1）清算期限。企业清算自经营期限届满之日，或者审批机关批准解散之日，或者人民法院或仲裁机构裁决终止合营企业合同之日起，至向审批机关提交清算报告之日止，不得超过180日。因特殊情况需要延长清算期限的，由清算委员会在距清算期限届满的15日前，向审批机关提出延长清算期限的申请。延长的期限不得超过90日。

（2）清算委员会。清算委员会，应当自清算开始之日起16日内由合营企业权力机构组成，至少3人，设主任1人，由合营企业权力机构任命。清算委员会进行清算应编制资产负债表、财产清单，提出的财产评估作价和计算依据、制定的清算方案，须经企业的权力机构确认后，报审批机关备案。

（3）清偿。清算财产优先支付清算费用后，按照下列顺序清偿：职工的工资、劳动保险费；国家税款；其他债务。清算费用未支付、企业债务未清偿以前，企业财产不得分配。

（4）清算终结。清算委员会完成清算方案所确定的工作后，应当制作清算报告。清算报告经合营企业权力机构确认后，报审批机关备案。自清算报告提交审批机关之日起10日内，清算委员会须向税务机关、海关分别办理注销登记。

2. 特别清算

（1）特别清算的适用范围。合营企业不能自行组织清算委员会进行清算或者依照普通清算的规定进行清算出现严重障碍的，合营企业权力机构、投资人或者债权人可以向审批机关申请进行特别清算。当合营企业被依法责令关闭而解散，进行清算的，依法进行特别清算。

（2）特别清算的清算委员会。企业进行特别清算，由企业审批机关或其委托的部门组织中外投资者、有关机关的代表和有关专业人员成立清算委员会。清算委员会设主任1人，由审批机关或其委托的部门指定。特别清算期间，清算委员会主任行使企业法定代表人的职权，清算委员会行使企业权力机构的职权。清算委员会可以召集企业权力机构会议和债权人会议，商讨有关清算的具体事项。清算委员会制定的清算方案和制作的清算报告须经企业审批机关确认。

特别清算未规定的，适用普通清算的规定。

第三节　中外合作经营企业法

一、中外合作经营企业的概念

中外合作经营企业，是指中国合作者与外国合作者依据中国法律在中国境内设立的，按照合作合同的约定分配收益或产品、分担风险和亏损的企业。这里的“中国合作者”包括中国企业或者其他经济组织，“外国合作者”包括外国企业、其他经济组织或者外国个人，也包括港、澳、台地区的企业及其他经济组织和个人。

二、中外合作经营企业的性质、组织形式与法律地位

中外合作经营企业与中外合资经营企业的重大区别在于，中外合作经营企业是契约式企业，而中外合资经营企业是股权式企业。

所谓“契约式”就是出资者依据合作合同的约定确定其权利。契约式企业建立在合作合同基础上，强调意思自治原则，通过自由协商确定合作各方的权利与义务。因此，契约式企业较之以股权大小决定权益分配的股权式企业具有相当的灵活性。

中外合作企业的组织形式也较灵活。凡符合中国法律关于法人条件规定的，依法取得法人资格；不符合中国法律关于法人条件规定的，不具有法人资格，是非法人企业。具有法人资格的合作企业，为有限责任公司，除合作合同另有约定外，合作各方以其投资或者提供的合作条件为限对合作企业承担责任；合作企业以其全部资产对合作企业的债务承担责任。不具有法人资格的合作企业及其合作各方，依照中国民事法律的有关规定，承担民事责任。

三、中外合作经营企业的设立

申请设立合作企业，应当将中外合作者签订的协议、合同、章程等文件报国务院对外经

济贸易主管部门或者国务院授权的部门和地方人民政府审查批准。

设立合作企业属于下列情形的，由国务院授权的部门或者地方人民政府审批：一是投资总额在国务院规定由国务院授权的部门或者地方人民政府审批的投资限额以内的；二是自筹资金，并且不需要国家平衡建设、生产条件的；三是产品出口不需要领取国家有关主管部门发放的出口配额、许可证，或者虽需要领取，但在报送项目建议书前已征得国家有关主管部门同意的；四是有法律、行政法规规定由国务院授权的部门或者地方人民政府审查批准的其他情形的。

审批机关应当自接到申请之日起 45 日内决定批准或不批准。设立合作企业的申请经批准后，应当自接到批准书之日起 30 日内向工商行政管理机关申请登记，领取营业执照。合作企业的营业执照签发日期，为该企业的成立日期。合作企业应当自成立之日起 30 日内向税务机关办理税务登记。

四、中外合作经营企业的投资和合作条件

合作各方可以以货币、实物、工业产权、非专利技术、土地使用权等作为投资或合作条件。双方的投资或合作条件不必折算股份，不必确定出资额。不具有法人资格的合作企业各方的投资或者提供的合作条件，为合作各方分别所有。经合作各方约定，也可以共有，或者部分分别所有、部分共有。合作企业积累的财产归合作各方共有。无论是分别所有，还是共有，均由合作企业统一管理使用。未经合作他方同意，任何一方不得擅自处理。

合作各方应当以其自有的财产或者财产权利作为投资或者合作条件，对该投资或者合作条件不得设置抵押或者其他形式的担保。

五、中外合作企业的组织机构

中外合作经营企业的组织机构依其组织形式不同而有 3 种不同的方式：

1. 董事会制

具有法人资格的合作企业一般采取董事会。在董事会制下，合作企业设董事会，作为企业的最高权力机关，按照合作企业章程的规定，决定合作企业的重大问题。董事会成员名额的分配由中外合作者参照投资或者提供的合作条件协商确定，不得少于 3 人；董事由合作各方各自委派或者撤换。董事任期由合作企业章程规定，但每届任期不得超过 3 年。任期届满，委派方继续委派的，可以连任。一般由中外合作者分任董事长和副董事长。董事会聘任总经理负责合作企业的日常经营工作。总经理是合作企业的执行机构，对董事会负责。

2. 联合管理制

不具备法人资格的合作企业一般采用联合管理制。在联合管理制下，由中外合作各方选派代表组成联合管理委员会，依照合作企业合同或者章程的规定，决定合作企业的重大问题。中外合作各方分任联合管理委员会主任和副主任。联合管理委员会可以决定任命或聘请总经理负责合作企业的日常经营管理工作。总经理对联合管理委员会负责。

3. 委托第三人经营管理制

中外合作经营企业成立之后，在组织管理方面可以改为委托中外合作者之外的第三人经营管理。委托第三人经营管理的，必须经董事会或联合管理机构一致同意，并应当与被委托人签订委托经营管理合同。合作企业应将上述委托决议、委托合同连同被委托人的资信证明等文件报送审批机关批准。审批机关应当自收到有关文件之日起 30 天内决定批准或者不批准。

六、分配收益与回收投资

合作企业合作各方在约定收益分配方式时可以采用分配利润、分配产品或者其他方式。无论采用何种分配方式，分配的具体比例由合作各方在合作合同中加以约定，而不必按出资比例分配。合作企业亏损及风险的责任分担，均由合作合同或章程作出规定。

合作企业终止时财产的归属也应在合作合同中约定，如果合作各方约定合作期限届满时，全部固定资产无偿归中方所有的，外方可以在合作期限内先行回收投资。这是一种国家对外商投资的鼓励性优惠措施，用以减少外商的投资风险，同时也不影响合作企业资本的稳定性和外商的合作者地位。

外方先行回收投资的方式主要包括：①在合作合同中约定扩大外方的收益分配比例；②经批准，外方在合作企业缴纳所得税前回收投资；③经批准的其他方式，如加速固定资产的折旧等。外方先行回收投资的，必须向财政税务机关提出申请，由财政税务机关依照国家有关税收的规定审查批准。合作企业的亏损未弥补前，外国合作者不得先行回收投资。外国合作者先行回收投资的，中外合作者应当按照有关法律的规定和合作企业合同的约定，对合作企业的债务承担责任。

七、中外合作经营企业的合营期限和解散

（一）合作期限

合作企业的期限由中外合作者协商决定，并在合作企业合同中订明。合作期限届满，合作双方协商同意要求延长合作期限的，应当在期限届满的 180 天前向审查批准的机关提出申请，说明原合作企业合同执行情况，延长合作期限原因，同时报送合作各方就延长的期限内各方的权利、义务等事项所达成的协议。审查批准机关应当自接到申请之日起 30 天内，决定批准或者不批准。经批准延长合作期限的，合作企业凭批准文件向工商行政管理机关办理变更登记手续，延长的期限从期限届满后的第一天起计算。

合作企业合同约定外国投资者先行回收投资，并且投资已经回收完毕的，合作企业期限届满不再延长。但是，外国投资者增加投资的，经合作各方协商同意，可以向审批机关申请延长。

（二）解散

合作企业因下列情形之一出现时解散：①合作期限届满；②合作企业发生严重亏损，或

者因不可抗力受到严重损失，无力继续经营的；③中外合作者一方或者数方不履行合作企业合同、章程规定义务，致使合作企业无法继续；④合作企业合同、章程中规定的其他解散原因出现；⑤合作企业违反法律、行政法规，被责令关闭。以上②、④项情形发生，应当由合作企业的董事会或者联合管理委员会作出决定，报审批机关批准。在第③项的情形下，不履行合作企业合同、章程规定义务的中外合作者一方或者数方，应当对履行合同的他方因此遭受的损失承担赔偿责任；履行合同的一方或者数方有权向审批机关提出申请，解散合作企业。

第四节　外资企业法

一、外资企业的概念

外资企业是指依照中国法律在中国境内设立的全部资本由外国投资者投资的企业，但不包括外国企业和其他经济组织在中国境内设立的分支机构。外国投资者包括外国企业、其他经济组织和外国自然人。

二、外资企业的组织形式和法律地位

外资企业符合中国法律关于法人条件规定的，依法取得法人资格，其组织形式为有限责任公司，外国投资者对企业的责任以其认缴的出资额为限。不具有法人资格的外资企业经批准也可以为其他责任形式，如合伙或者独资企业，外国投资者的责任适用中国法律、法规的规定。我国为保护外国投资者的合法利益，国家对外资企业不实行国有化和征收；在特殊情况下，根据社会公共利益的需要，对外资企业可以依法征收，并给予相应的补偿。

三、外资企业设立

（一）设立条件

设立外资企业必须有利于中国国民经济的发展，能够取得显著的经济效益。国家鼓励外资企业采用先进技术和设备，从事新产品开发，实现产品的升级替代，节约能源和新材料，并鼓励举办产品出口型外资企业。

申请设立外资企业，有下列情况之一的，不予批准：①有损中国主权或者社会公共利益的；②危及中国国家安全的；③违反中国法律、法规的；④不符合中国国民经济发展要求的；⑤可能造成环境污染的。

（二）设立程序

外国投资者在提出设立外资企业申请前，应当向拟设立外资企业所在地县级或县级以上地方人民政府提交报告，报告内容包括：设立外资企业的宗旨；经营范围、规模；生产产品；使用的技术设备；用地面积及要求；需要用水、电、煤、煤气或者其他能源的条件及数

量；对公共设施的要求等。县级或县级以上地方人民政府应当在收到外国投资者提交的报告之日起30天内以书面形式答复外国投资者。

外国投资者设立外资企业，应当通过拟设立外资企业所在地的县级或县级以上地方人民政府向审批机关提出申请，并报送下列文件：①设立外资企业申请书；②可行性研究报告；③外资企业章程；④外资企业法定代表人（或董事会人选）名单；⑤外国投资者的法律证明文件和资信证明文件；⑥拟设立外资企业所在地县级或县级以上地方人民政府的书面答复；⑦需要进口的物资清单；⑧其他需要报送的文件。

两个或两个以上外国投资者共同申请设立外资企业，应当将其签订的合同副本报送审批机关备案。

审批机关应当自收到申请文件之日起90日内决定批准或不批准。外国投资者在收到批准书之日起30日内向工商行政管理机关申请登记，领取营业执照。外资企业的营业执照签发之日，为该企业成立的日期。外资企业应当在成立之日起30天内向税务机关办理税务登记。

（三）设立外资企业的审批

设立外资企业的申请，由国务院对外经济贸易主管部门审批，发给批准证书。设立外资企业的申请属于下列情形的，由国务院授权省、自治区、直辖市和计划单列市、经济特区人民政府（以下称受托机关）审查批准后，发给批准证书：①投资总额在国务院规定的投资审批权限以内的；②不需要国家调拨原材料，不影响能源、交通运输、外贸出口配额等全国综合平衡的。受托机关批准设立外资企业，应当在批准后15天内报国务院对外经济贸易主管部门备案。

四、外资企业的出资方式与期限

（一）出资方式

外国投资者可以用自由兑换的外币出资，也可以用机器设备、工业产权、专有技术等作价出资。经批准也可以用其从中国境内举办的其他外商投资企业获得的人民币利润出资。以机器设备出资的，该机器设备应当是外资企业生产所必需的设备。而且，该机器设备的作价不得高于同类机器设备当时的国际市场正常价格。外国投资者以工业产权、专有技术出资的，工业产权、专有技术应当为外国投资者所有，其作价应当与国际上通常的作价原则相一致，其作价金额不得超过外资企业注册资本的20%。

（二）出资期限

外国投资者缴付出资的期限应当在设立外资企业申请书和外资企业章程中载明。外国投资者可以分期缴付出资，但最后一期出资应当在营业执照签发之日起3年内缴清。其中第一期出资不得少于外国投资者认缴出资额的15%，并应当在营业执照签发之日起90日内缴清。外国投资者缴付每期出资后，外资企业应当聘请中国的注册会计师验证，并出具验资报告，报审批机关和工商行政管理机关备案。

如果未依法缴付第一期出资，或第一期出资后的其他各期出资无正当理由逾期30日未缴付的，外资企业批准证书即自动失效。外资企业应当向工商行政管理机关办理注销登记手续，缴销营业执照；不办理注销登记手续和缴销营业执照的，由工商行政管理机关吊销其营业执照，并予以公告。

五、外资企业的经营期限、终止和清算

外资企业的经营期限根据不同行业和企业的具体情况，由外国投资者在设立外资企业的申请书中拟定，由审批机关批准。外资企业的经营期限，从其营业执照签发之日起计算。外资企业经营期限届满需要延长经营期限的，应当在距经营期满180天前向审批机关报送延长经营期限的申请书。审批机关应当在收到申请书之日起30天内决定批准或者不批准。

外资企业有下列情形之一的，应予终止：①经营期限届满；②经营不善、严重亏损，外国投资者决定解散；③因自然灾害、战争等不可抗力而遭受严重损害，无法继续；④破产；⑤违反中国法律、法规，危害社会公共利益被依法撤销；⑥外资企业章程规定的其他解散事由已经出现。外资企业如果出现前面第①、②、③、⑥项的情形，应当自行提交终止申请书，报审批机关批准，审批机关核准的日期为企业的终止日期。

外资企业如果是因为上面提到的第①、②、③、⑥项的情形终止的，应当在终止之日起15天内对外公告并通知债权人，并在公告发出之日起15天内，提出清算程序、原则和清算委员会人选，报审批机关审核后进行清算。外资企业清算结束前外国投资者不得将该企业的资金汇出或者携带出中国境外，不得自行处理企业的财产。外资企业清算结束，应当向工商行政管理机关办理注销登记手续，缴销营业执照。

外资企业清算处理财产时，在同等条件下，中国的企业或者其他经济组织有优先购买权。外资企业如果是因破产而终止的，参照中国有关法律、法规进行清算。如果是由于违反中国法律、法规，危害社会公共利益被依法撤销而终止的，依照中国有关规定进行清算。

第七章 破产法

第一节 破产法概述

一、破产的概念和特征

破产一词的语义颇多。法律上破产有其特定的含义，是指处理经济上破产时债务如何清偿的一种法律制度，即债务人不能清偿到期债务，由法院强制执行其全部财产，公平清偿所欠各种债务的活动。

破产作为一种经济现象，是商品经济条件下市场竞争的必然产物；而作为一种法律制度则是对这种社会现象的特殊调节手段，是为实现对债权人的公平清偿而设立的一种法律上的特殊偿债程序。破产的法律特征主要表现在以下方面：

(1) 破产以债务人丧失清偿能力为前提。债权的实现一般以债务人的积极作为为必要条件，因而，一般的债权债务纠纷的解决立足于对债务人清偿的催促，这是以债务人仍然具有清偿能力为前提的；而破产则立足于对债务人清偿行为的强制，因此，它以债务人丧失债务清偿能力为前提。债务人资产状况恶化，信用崩溃，致使不能清偿到期的债务，这说明债务人丧失了积极作为的能力，债权人债权的实现出现了严重障碍，此时，只能通过一定程序将债务人财产强制性地分配给债权人以助债权实现。

(2) 破产以对债务人财产的强制清算与公平清偿为核心。当债务人丧失清偿能力时，由法院主持对其财产、债权和债务进行强制性的清理，并在所有债权人中加以公平分配，这是破产制度的核心内容。最早的破产制度就是作为公平清偿制度而存在的，它有效地避免了依照一般债务清偿诉讼谁先请求就获清偿，而其他债权人可能分文无取的不公平现象。可以说，破产是实现债权平等的有力保障。

(3) 破产以存在两个以上的债权人为条件。既然破产是一种维护公平受偿的制度，因此，破产必须以两个以上的多数债权人的存在为条件。若只有一个债权人，债权完全可以通过一般民事诉讼程序和民事执行程序获得清偿。在有多个债权人存在时，为防止部分债权人受偿而部分债权人受损的不平等现象，才有必要进行破产程序。

(4) 破产以其程序上的特殊性而独立存在。破产虽是一种诉讼程序，但它又有与一般诉讼程序不同的地方。一般来讲，破产程序以申请的方式启动，在有些情形下，还须获得有关部门的批准，而一般民事诉讼的开始方式是起诉；在破产程序中法院以裁定的形式来宣告债务人破产而非用判决；在破产清算阶段更是包含了类似非诉程序的特点。当然，这种独立性具有相对性。在我国，没有独立的破产法院或破产法庭，破产程序仍是民事诉讼程序的一部分，其基本原则和制度准用民事诉讼法。

二、破产法的概念

（一）破产法的概念和历史发展

破产法是指调整在破产活动中形成的各种社会关系的法律规范的总称。破产法有狭义与广义之分，狭义的破产法仅指对债务人财产进行破产清算的法律，广义的破产法则还包括以避免债务人破产为主要目的的各种关于和解、重整等制度的法律。现代意义上的破产法均是由规定破产清算与避免破产的法律制度所共同组成的。

破产法源远流长，罗马法中的财产执行制度已经包含了现代破产法的一些基本因素。古罗马孕育出的破产制度萌芽，在中世纪的意大利得到了迅速发展，当时的意大利由于手工业的发展，商事活动十分活跃，由此产生了大量的债权债务关系。商业竞争导致的破产也不可避免，为了调整因破产而引发的社会关系，地中海的商业中心威尼斯于1244年制定了第一个比较详细的规定商人破产处理措施的法规——《威尼斯条例》。自15世纪起，破产法开始在欧洲、美洲以及亚洲的日本等国相继问世。总之，从古罗马到现代，破产制度随着商品经济的不断发展和法律文化的逐步演进而不断完善和成熟。

在我国，清朝末年大规模的变法过程中，破产制度首次被引入中国。1906年，清政府颁布了由沈家本主持起草的《破产律》，但不久即被明令废除。民国时期，曾多次制定、颁布破产法，其中最重要的是1935年颁布的破产法。

中华人民共和国成立后，由于实行高度集中的计划经济，导致长期没有实行破产制度。1979年我国开始进行经济体制改革，随着改革的深入，理论界和实际部门开始探索社会主义条件下的破产问题。1986年12月2日，立法机关通过了《中华人民共和国企业破产法（试行）》，但仅适用于全民所有制企业法人。1991年4月9日修订《中华人民共和国民事诉讼法》时，增设了第十九章“企业法人破产还债程序”，用于规范非全民所有制企业法人的破产活动。最高人民法院也分别于1991年、2002年相继颁布了《关于贯彻执行〈中华人民共和国企业破产法（试行）〉若干问题的意见》和《最高人民法院〈关于审理企业破产案件若干问题的规定〉》两个司法解释。上述法律、法规对于建立我国的破产制度，规范企业的破产行为起到了重要作用。但是，随着社会主义市场经济体制的确立和国有企业改革的深入，我国的经济及社会生活发生了巨大的变化。鉴于此，2006年8月27日，立法机关通过了《中华人民共和国企业破产法》（以下简称《破产法》），自2007年6月1日起正式施行。

（二）破产法的调整对象

1. 破产法的基本内容

破产法的基本内容从性质上可分为实体性法律规范、程序性法律规范和罚则。实体性法律规范主要规定债务人的破产能力、破产财产、破产债权、取回权、别除权、抵销权、撤销权、破产费用等内容。程序性法律规范主要规定破产的申请与受理、破产案件的管辖、破产宣告、破产管理人、债权人会议、破产财产的清算、变价与分配、和解与重整、破产程序的终结等内容。破产罚则主要规定对破产违法行为或犯罪行为的处罚、债务人的免责与复权等内容。

2. 破产法的调整对象

从破产法所调整的社会关系看，破产法的调整对象则可分为两个方面：

（1）破产清算关系。破产清算关系是指当债务人丧失债务清偿能力时，对债务人宣告破产并进行破产清算而产生的关系。这是破产法调整的最基本的社会关系。破产清算关系以公平清偿为直接目标，强调公平合理地分配债务人财产来满足债权人的债权，破产功能限于单一的破产清算，因而有人将仅调整破产清算关系的破产法称为“消极破产法”。

（2）破产预防关系。破产预防关系是指当债务人丧失债务清偿能力时，通过对债务人经营能力的拯救来满足债权人债权的实现，预防债务人破产而产生的关系。它强调债权人要实现债权必须先作出一定的让步，保留债务人的营运能力，对其内部事务包括产权、资本结构、内部管理、经营战略等进行调整和重新安排，使其恢复偿债能力。由于这种调整和重新安排具有阻却债务人破产的功能，因此而产生的关系被称为破产预防关系。

破产预防主要是通过重整和和解等制度进行的。它使破产的功能更加全面。第一，破产预防能更有效地实现债权。通常，当债务人出现破产原因时，对其直接进行破产宣告和破产清算所获财产价值往往无法满足债权；而如果保留其经营资格，进行重整，待企业恢复生机后进行清偿，则更有利于债权人。第二，破产预防更有利于保护债务人利益。债务人一旦出现破产原因就宣告其破产并进行破产清算，使其丧失经营资格和恢复经营的物质条件，似乎过于苛刻；过于严苛的清偿有可能使绝望的债务人铤而走险，实施欺诈行为。破产预防则使已具有破产原因的债务人获得一次重生的机会，使其合法权益得到较充分的保护。第三，破产预防还可避免因债务人破产而导致的大量失业、社会动荡的消极后果。因而，将既调整破产清算关系又调整破产预防关系的破产法称为“积极的破产法”。

（三）破产法的社会功能

（1）保证全体债权人公平受偿。现代社会中，破产是保护债权的终极手段。破产制度的建立终止了债务的拖延，促使债务现实地得到清偿，迫使债务人以其最大偿债能力满足债权人的债权。但在债务人已无力清偿全部到期债务的情况下，如果仍由债务人依自己的意志对债权人进行个别清偿，则可能出现厚此薄彼的现象，不利于公平保护所有债权人的利益，不符合债权平等的原则。而破产法则通过法定程序实现在全体债权人间进行公平分配，使全体债权人的利益都能得到平等的保护。

（2）破产法还体现了对债务人的救济，给予其以经济上复苏的机会。债务人可以通过申请自己破产，开始破产程序，一方面使其免受多重讼累，一体解决债务清偿，乃至最后豁免未能偿还的债务；另一方面，也为那些尚有挽救希望的企业提供了通过强制性和解或重整制度再振事业的机会。

（3）而就整个社会经济而言，破产法通过对债务及时、合理的清偿，以法律强制手段，取消已经丧失存在意义的企业的主体资格，可以消除破产状态下债务的恶性膨胀，避免连锁破产，使社会经济不致因某些企业主体的消灭而停止或中断循环，从而维护社会经济秩序的稳定。破产法也从另一种角度深刻体现着市场经济优胜劣汰的竞争规律，肯定经营成效好的企业的存在价值。“适者生存”的破产淘汰机制还有助于合理调整产业和产品结构，实现资源的优化配置和利用，使市场主体在符合社会经济和合理发展要求的基础上，实现更高层级的竞争，进而促进整个社会生产力水平的提高。

第二节　破产的申请与受理

一、破产要件

破产作为特殊的诉讼程序，只有具备一定条件才能被启动。破产要件就是指开始破产程序应具备的各项条件，包括实质要件和形式要件两类。

（一）破产原因

破产原因又称破产界限，它是申请债务人破产的事实根据，是对债务人进行破产清算和破产预防的法律事实。也即债务人资产达到何种状况即可进行破产；债务人的资产恢复到何种程度即消除破产原因，实现了破产预防的目的。破产原因直接决定生产经营者在何种条件下适用破产程序解决债权债务问题，同时又能防止破产欺诈和滥用破产申请来逃避债务。

债务人被宣告破产的实质原因或界限是丧失债务清偿能力。从立法模式来说，确认债务人是否丧失债务清偿能力，主要有三种方式：列举式、概括式和折衷式。我国企业破产法关于破产原因的规定采用了概括式的模式。对于所有破产主体的破产原因作出了明确而统一的规定，将破产原因界定为不能清偿并且资产不足以清偿全部债务或者明显缺乏清偿能力。一是从我国的实际出发，规定企业法人不能清偿到期债务，并且资产不足以清偿全部债务，两个条件同时具备才构成企业破产界限；二是参考了国外通行的规定，即企业法人“明显缺乏清偿能力”，亦构成破产原因。具体内容如下：

1. 不能清偿

不能清偿，是指债务人由于缺乏清偿能力，对于已届清偿期而受请求的债务持续地无法完全进行清偿的一种客观经济状态。认定债务人是否构成不能清偿，应当符合以下几个条件：

（1）债务的履行期限已届满且债权人已提出清偿请求。对于未到清偿期的债务，除债务人已被宣告破产外，债务人享有期限利益，债权人无权要求债务人放弃该利益。所以，既使债务人可能无力偿还，也不构成不能清偿。此外，若债权人未在诉讼时效期间提出清偿请求，则债务丧失请求力，无法得到强制执行，所以也不构成不能清偿。实务中还需注意的是，虽然债务的履行期限已经届满且债权人也向债务人提出了清偿债务的请求，但是如果债务人基于双务合同中抗辩权的行使或者主张与对方的债权抵销债务的，也不应认为债务人不能清偿到期债务。

(2) 债务人明显不能清偿债务。也就是说债务人客观上没有能力清偿债务，即不能以财产、信用或者能力等任何方法清偿债务，不是暂时停止清偿债务或者拒绝清偿债务。不具有清偿能力主要是指偿债信用丧失和偿债能力缺乏，不能简单地将其等同于日常所讲“资不抵债”。在企业负债大于资产的情况下，若其信用良好，有人愿为其借贷或担保，就不能认定其偿债能力欠缺，只说明企业经营的风险过大。只有企业在资金、信誉和技术、劳动力等方面同时丧失而且是持续地丧失清偿能力，才构成“清偿能力不具备”。因此在实践中，判断债务人是否丧失清偿能力，往往需要综合考察债务人具体情况，如企业的现有资金状况、信用状况、企业的技术力量、知识产权和劳动力等因素。

(3) 债务人须是对债权的一般性和持续性的不能清偿。所谓一般性，是指就全体债务的清偿，债务人因财力不足而不能清偿，即债务人的不能清偿必须是对全体债权人的债务一般性的无法履行的状态，并非是指对某一个特定的债权人发生支付不能，或者债权人对于个别的债权有争议，拒绝清偿的情形。持续性则指这种状态并非是暂时的，而是连续的，暂时的资金周转不开或者资金不到位等，不能认为其具有破产原因。

在破产法的实务中，如果破产申请是由债权人提出时，一般需要债权人向法院举证证明债务人不能清偿到期债务，但是债务人是否具有清偿能力，尤其是，能否以信用或能力清偿债务，债权人通常很难全面了解并提供相应证据。在这种情况下，债权人如果能够举证证明债务人停止清偿到期债务并呈连续状态即可以被视为不能清偿到期债务，即用停止支付的持续状态作为债务人丧失清偿能力的标准。

2. 资产不足以清偿全部债务

资产不足以清偿全部债务，又称为资不抵债，是指债务人的全部资产总额不足以偿付所负的全部债务总额。资不抵债是就债务人的资产和负债相比较而言的。因而也是一种客观经济状况，但又与不能清偿的客观状态不完全相同。因为资不抵债的确定标准只是根据债务人的资产多少与负债多少来计算的，即只是从单纯的财产因素上来判断，而没有考虑债务人的信用与技术力量以及其他因素。当债务人资不抵债时，如能以财产、借贷等信用方式还债，并不一定会丧失对到期债务的偿还能力。在西方国家，将资不抵债作为破产原因的大多限于企业法人和遗产破产。这种规定的根据在于个人的清偿能力是资产、信用和能力组成的。而企业的偿债能力，主要是以财产来体现。企业一旦出现资不抵债，若不及时宣告破产，就可能进一步扩大债权人的损失。我国企业破产法（试行）和民事诉讼法均未将资不抵债作为破产原因进行规定，而现行公司法将资不抵债作为清算中公司破产的原因，新的企业破产法第2条明确规定了资不抵债，将其与不能清偿共同作为企业破产的原因，即债务人企业在不能清偿到期债务时还必须具备资不低债这一要件才能构成破产原因，实务中法院也只有在这种情况下才能对债务人作出破产宣告。

3. 明显缺乏清偿能力

债务人明显缺乏清偿能力是债务人不能清偿到期债务的一个条件，我国企业破产法将债务人不能清偿到期债务且明显缺乏清偿能力作为破产原因进行规定，实际仍是以债务人不能清偿到期债务作为破产原因，这是因为明显缺乏清偿能力是不能清偿到期债务的应有之义。

（二）破产能力

破产能力也称破产资格，是指有破产原因的债务人能够被宣告破产的资格。破产资格并非一般的诉讼能力，除具有一般诉讼能力之外，还必须是破产法规定能够破产的债务人，才是具有破产资格的债务人。破产能力也不同于民事权利能力，破产程序是一种特殊的清偿债务的程序，其所适用的主体具有特殊性。

破产法从适用原则上讲，存在两种立法主义，即一般破产主义和商人破产主义。两者的区别主要体现在对自然人的破产法适用上。在采取一般破产主义的国家，自然人和法人均具有破产能力，如英国、美国、德国、日本等。而在采取商人破产主义的国家，只有商人具有破产能力，对非商人债务的清偿只能适用民事执行程序解决，如意大利、比利时、法国(1967 年前)。考虑到公法人管理国家的职能，上述两种立法主义都将其排除在破产程序之外。20 世纪后，各国破产法中几乎已再无采取商人破产主义的，一些过去采用商人破产主义的国家也有改行一般破产主义的趋势。对法人的破产能力，各国一般的原则是，除公法人外，对其他法人的破产能力普遍予以承认，同时又根据具体情况，个别的予以适当限制或排除；对于外国人的破产能力，各国往往通过签订国际公约或双边条约的方式解决。

按照我国《企业破产法》的规定，企业法人不能清偿到期债务，并且资产不足以清偿全部债务或者明显缺乏清偿能力的，应依照法律规定清理债务。也即破产法规定的破产程序仅适用于企业法人，非法人企业如个人独资企业、合伙企业和自然人则无破产能力。

对于企业法人以外的组织，如果其他法律有所规定，并且该组织的清算，属于破产清算的，可参照适用破产法规定的程序。对于国有企业，在其施行前国务院规定的期限和范围内，实施破产的特殊事宜，按照国务院有关规定办理。对于商业银行、证券公司、保险公司等金融机构的破产，由于涉及人数众多，关系到社会稳定，因此启动破产程序需经监管部门批准。

二、破产的申请

我国破产法规定，破产程序的开始，以破产案件的受理为标志。所以，破产申请的提出与受理，便构成破产程序中的第一个独立阶段。

1. 破产申请人

破产申请是当事人或利害关系人向法院提出的要求宣告债务人破产以清偿债务的请求。享有提出破产申请权利的人称为破产申请人或破产申请权人。我国在破产程序的启动方面采取的是申请主义，即破产申请是引起破产程序的绝对条件，没有相应主体的破产申请，法院不得自行依职权开始破产程序。

从各国破产立法看，破产申请人通常包括债权人、债务人、准债务人等，有的国家还赋予特定国家机关提出破产申请的权利。根据我国破产法的规定，债权人、债务人和特殊情况下对企业法人负有清算责任的人均可作为破产申请人提出破产申请。企业法人已解散但未清算或者未清算完毕，资产不足以清偿债务的，依法负有清算责任的人应当向人民法院申请破产。

2. 破产申请的提出与撤回

破产申请应当采用书面形式提出。根据我国破产法的规定，破产申请的提出分为债权人破产申请的提出和债务人破产申请的提出。

债权人提出破产申请，应当向法院提交破产申请书和有关的证据材料，破产申请书应当载明：申请人、被申请人的基本情况；申请目的；申请的事实和理由，以及人民法院认为应当载明的其他事项。

债务人提出破产申请，除了应当向人民法院提交上述破产申请书和有关的证据材料外，还应当向人民法院提交如下材料：财产状况说明、债务清册、债权清册、有关财务会计报告、职工安置预案以及职工工资的支付和社会保险费用的缴纳情况。对企业法人负有清算责任的人提出破产申请时，法律未明确规定其应当提交的证据材料的内容，一般应当和债务人提交的材料一致。

破产申请的撤回，是指破产申请人向人民法院提出关于债务人企业的破产申请后又否定其申请的意思表示。撤回破产申请是破产申请人对自己权利的一种处分，法律基于尊重当事人的意思自治，规定了破产申请的撤回制度。我国企业破产法规定，申请人可以在法院受理破产申请前提出撤回申请。而对于企业负有清算责任的人由于提出破产申请是法律规定的一种强行性义务，必须履行，所以不能撤回。

3. 破产管辖法院

破产申请必须向有管辖权的法院提出。在地域管辖方面，破产案件由债务人所在地人民法院管辖。所在地即法人的主要营业地或者主要办事机构所在地，债务人无办事机构的，由其注册地法院管辖。在级别管辖方面，以作为债务人的企业核准登记机关的级别为依据划分管辖法院。基层人民法院一般管辖县、县级市或区的工商行政管理机关核准登记企业的破产案件；中级人民法院一般管辖地区一级及市（含本级）以上工商行政管理机关核准登记企业的破产案件。纳入国家计划调整的企业破产案件，由中级人民法院管辖。

三、破产申请的受理

破产申请的受理是法院对破产申请进行审查后，认为申请符合法定条件而予以受理，并由此开始破产程序的一种司法行为。法院的受理包括一系列活动：

1. 破产申请的审查

法院在接到破产申请后，应对申请的破产条件、当事人资格、管辖法院等进行审查。对申请文件不完备的，可责令申请人限期补充或更正。法院对破产申请审查后，认为破产申请符合法律规定的条件的，应当裁定受理破产申请，启动破产程序；认为破产申请不符合法律规定的条件的，应当裁定不予受理。

2. 破产申请受理和裁定送达的期限

债权人提出破产申请的，人民法院应当自收到申请之日起5日内通知债务人。债务人对申请有异议的，应当自收到人民法院的通知之日起7日内向人民法院提出。人民法院应当自异议期满之日起10日内裁定是否受理。有特殊情况需要延长前两款规定的裁定受理期限的，经上一级人民法院批准，可以延长15日。

人民法院裁定不受理破产申请的，应当自裁定作出之日起5日内送达申请人并说明理由。申请人对裁定不服的，可以自裁定送达之日起10日内向上一级人民法院提起上诉。人民法院受理破产申请后至破产宣告前，经审查发现债务人不符合规定情形的，可以裁定驳回申请。申请人对裁定不服的，可以自裁定送达之日起10日内向上一级人民法院提起上诉。

人民法院受理破产申请的，应当自裁定作出之日起5日内送达申请人。债权人提出申请的，人民法院应当自裁定作出之日起5日内送达债务人。债务人应当自裁定送达之日起15日内，向人民法院提交财产状况说明、债务清册、债权清册、有关财务会计报告以及职工工资的支付和社会保险费用的缴纳情况。

3. 破产申请受理的通知和公告

人民法院应当自裁定受理破产申请之日起25日内通知已知债权人，并予以公告。通知和公告应当载明下列事项：申请人、被申请人的名称或者姓名；人民法院受理破产申请的时间；申报债权的期限、地点和注意事项；管理人的名称或者姓名及其处理事务的地址；债务人的债务人或者财产持有人应当向管理人清偿债务或者交付财产的要求；第一次债权人会议召开的时间和地点；人民法院认为应当通知和公告的其他事项。

4. 破产申请受理的法律效力

人民法院受理破产案件，破产程序便正式启动，在法律上也随之产生一系列的效力，具体包括：

(1) 债务人的有关人员应当承担法定的义务。债务人的有关人员是指企业的法定代表人或者经人民法院决定的企业的财务管理人员和其他经营管理人员。其应当承担的义务主要有妥善保管其占有和管理的财产、印章和账簿、文书等资料；根据人民法院、管理人的要求进行工作，并如实回答询问；列席债权人会议并如实回答债权人的询问；未经人民法院许可，不得离开住所地；不得新任其他企业的董事、监事、高级管理人员。

(2) 债务人对部分债权人的清偿无效。为防止债务人向部分债权人清偿而损害其他债权人利益，人民法院受理破产申请后，债务人对部分债权人的清偿行为无效，但是债务人为正常生产经营所必须向部分债权人的清偿除外。

(3) 债务人的债务人或者财产持有人应当向管理人清偿债务或者交付财产。破产程序启动后，人民法院应当指定管理人，由其接管债务人的财产。因此，在人民法院受理破产申请后，管理人应当向债务人的债务人或者财产持有人发出清偿债务或者交付财产的通知，要求其在规定的期限内清偿债务或者交还财产，而债务人的债务人或财产持有人根据法律的规定，应当立即清偿债务或者交还其持有的属于债务人所有的财产，即使其债务尚未到期。

（4）管理人有权决定解除或者继续履行债务人和对方当事人均未履行完毕的合同。

（5）有关债务人财产的保全措施应当解除，执行程序应当中止。人民法院受理破产申请后，法律规定对于债务人财产的保全措施的解除和执行程序的中止，其目的在于保护全体债权人平等的受偿权。因此，破产申请受理后，应当及时解除对于债务人财产的保全措施或者中止执行程序，把该债权人已经确定的债权，列入一般的破产债权，参加破产清偿。

（6）尚未终结的民事诉讼或者仲裁应当中止。依照法律规定，人民法院受理破产申请后，已经开始而尚未终结的有关债务人财产的民事诉讼或者仲裁应当中止，在管理人接管债务人的财产后，诉讼或者仲裁继续进行。

（7）受理破产申请的人民法院对于有关债务人的民事诉讼的专属管辖。人民法院受理破产申请后，有关债务人的民事诉讼，只能向受理破产申请的人民法院提起。受理破产申请的人民法院对于有关债务人的民事诉讼的专属管辖表现为如果其他法院已经受理与债务人有关的民事案件，应当中止审理，将其移送到受理破产申请的法院；如果债务人的债权人或者债务人就债务人财产与债务人发生争议需要提起诉讼，只能向受理破产申请的法院提出。这样规定一方面可以节约司法资源，提高诉讼效率，另一方面能够及时地查清债务人财产的状况，有利于最大程度的保护各方当事人的合法权益。

第三节　管理人制度

一、管理人制度概述

破产是一种对债务人全部财产的概括的清偿执行程序，破产财产的管理和处分是整个破产程序得以顺利进行的关键。在此过程中，既要维护债务人和债权人双方的利益，又要减轻法院的负担，这就需要设立一个专门管理破产财产的机构，这就是破产管理人。管理人制度的起源可追溯至古罗马时代，现代管理人制度最早产生于英国，之后被许多国家所采用。所谓管理人是指破产程序开始后，为了加强对债务人财产的管理，防止债务人随意处分财产，保护债权人的利益，专门设置的负责实施对债务人财产的管理、清理、处分、变价、分配等事项的机构。

管理人制度的设立是进行破产程序的必然要求，整个破产程序是以破产管理人为中心推进的，其在整个破产程序中发挥着至关重要的作用。管理人对法院负责，受债权人会议和债权人委员会的监督，依照破产法的规定行使权利和承担义务，具有独立的地位，通过对债权人财产的管理、处分、分配、清算及其特定情况下的重整和和解，平衡债权人、债务人和整个社会的利益。作为破产程序中的一个非常重要的机构，管理人具体管理破产中的各项事务，破产程序能否公正、公平和高效率的进行，与管理人的活动密切相关。

二、管理人的选任

（一）选任方式

管理人的选任方式主要有3种：① 由法院指定，大陆法系国家多采用这种模式；② 由债权人会议选任，以贯彻债权人会议的自治精神，充分体现债权人会议的共同意志，如美国；③ 由法院和债权人会议共同选任，如我国台湾地区。

我国破产程序中的管理人采用的是由法院指定的立法模式，但又不完全由法院决定，而赋予债权人会议一定的否决权。债权人会议起着重要的监督作用，如果其认为人民法院指定的管理人在破产程序中不能依法、公正执行职务或者有其他不能胜任其职务的情形时，有权申请人民法院予以更换，以保护债权人的合法权益。因此，我国破产法规定由法院指定管理人，又尊重债权人意思自治的选任制度，有利于破产程序的顺利进行。

（二）选任范围

一般国家的破产法对于破产管理人的身份并无特别限制，凡有行为能力者，无论其是否为债权人均可选任。但由于破产管理人专门负责破产财产管理和清算事务，应当由具有专门知识的人担任，一般以会计师、律师，或其他通晓财务、经营、法律、经贸知识的人士为宜。我国企业破产法规定，管理人可以由有关部门、机构的人员组成的清算组或者依法设立的律师事务所、会计师事务所、破产清算事务所等社会中介机构担任。人民法院根据债务人的实际情况，可以在征询有关社会中介机构的意见后，指定该机构具备相关专业知识并取得执业资格的人员担任管理人。个人担任管理人的，应当参加执业责任保险。由此可见，管理人既可以是清算组或者相应的社会中介机构也可以是自然人。

（三）任职条件

1. 积极条件

（1）自然人作为管理人的积极条件：① 具备相关专业知识并取得专门职业资格；② 属于社会中介机构的成员；③ 应当参加执业责任保险。

（2）清算组或者社会中介机构作为管理人的积极条件。根据企业破产法的规定，管理人可以由有关部门、机构的人员组成的清算组或者依法设立的律师事务所、会计师事务所、破产清算事务所等社会中介机构担任。管理人的专业化要求其必须通晓法律知识，熟知破产法的相关规定；熟悉会计业务，具有管理破产财产的能力；熟悉商业交易规则；具有相应的实践工作经验等。

2. 消极条件

我国破产法规定，具有下列情形之一的自然人、清算组织或者社会中介机构，不得担任管理人：① 因故意犯罪受过刑事处罚。即因故意犯罪受过刑事处罚，不包括过失犯罪；② 曾被吊销相关专业执业证书。如律师因违反执业规定而被吊销律师执业证书，注册会计师因违反执业规定而被吊销会计师执业证书；③ 与本案有利害关系；④ 人民法院认为不宜担任管理人的其他情形。

三、管理人的职责

1. 管理人的职责

管理人是破产程序中最重要的一个机构，始终参与破产程序的全过程，具体管理破产中的各项事务。从一些国家的法律规定来看，管理人在破产程序进行期间，主要履行以下职责：

(1) 接管债务人的财产、印章和账簿、文书等资料。管理人的首要职责在于接管债务人企业，将其全面置于管理人的掌管之下，实现对该企业人、财、物全面的接受和管理，防止债务人随意处置财产。

(2) 管理、清理、处分债务人财产。管理人接管债务人财产后，应当根据各类财产的性质对其实施全面管理，以妥善保护和管理，保证债务人财产的安全，防止破产财产遭受意外或人为损失。并有权对债务人的财产进行处分，但是必须及时报告债权人委员会或者征得法院的许可，以保护全体债权人的利益。

(3) 营业管理权。管理人在破产程序进行期间，有权决定债务人的日常管理事务，如可以决定债务人在破产申请前成立的但均未履行完毕的双务合同的解除或者继续履行等。许多国家的破产法均赋予管理人这一职权，一些国家的法律还赋予管理人是否继续履行双务合同的选择权。

(4) 代表债务人参加诉讼、仲裁或者其他法律程序。破产程序开始以后，与破产债务人有关的一切民事诉讼程序均应中止，债务人丧失了对其财产进行管理和处分的权利，也丧失了诉讼实施权，原债务人的诉讼地位由破产管理人接替，由其代表债务人参加诉讼、仲裁或者其他法律程序。

(5) 对破产财产进行变价和分配。破产程序的最终目的是分配破产财产，使债权人能够公平受偿，而变价是分配的前提条件。破产财产的变价和分配是破产管理人的重要职责。如德国破产法规定，破产管理人应当不迟延地变价属于破产财产的财产。破产财产分配由破产管理人实施。

2. 管理人的权利、义务和监督

根据法律规定，管理人享有经法院许可聘用必要的工作人员的权利和报酬请求权。

管理人在破产程序启动后，负有以下义务：① 管理人的某些管理行为应当征得法院许可。如在第一次债权人会议召开之前，管理人决定继续或者停止债务人的营业的，应当经法院许可。管理人实施下列行为：涉及土地、房屋等不动产权益的转让；探矿权、采矿权、知识产权等财产权的转让；全部库存或者营业的转让；借款；设定财产担保；债权和有价证券的转让；履行债务人和对方当事人均未履行完毕的合同；放弃权利；担保物的取回；对债权人利益有重大影响的其他财产处分行为，应当及时报告债权人委员会，未设立债权人委员会的，管理人实施前款规定的行为应当及时报告人民法院；② 勤勉尽责、忠实履行职务的义务；③ 管理人无正当理由不得辞去职务的义务。

为防止管理人不正当的行使权力，必须对其进行必要的监督。我国企业破产法规定："管理人依照本法规定执行职务，向人民法院报告工作，并接受债权人会议和债权人委员会的监督"。

第四节　债务人财产和破产债权

一、债务人财产

（一）债务人财产的概念和特征

所谓债务人财产，是指破产申请受理时属于债务人的全部财产，以及破产申请受理后至破产程序终结前债务人取得的财产。债务人财产是破产程序进行的财产基础，也是债权人通过破产程序得到清偿的物质保证，同时还是债务人企业职工得以妥善安置的重要保障。因此，对于债务人财产范围的界定直接关系到破产程序能否顺利进行，更重要的是关系到社会稳定和债权人的合法权益能否得到最大限度的保护。债务人财产与破产财产有着直接关系，当债务人被宣告破产后，债务人财产即被称为破产财产。所以，两者的区别主要在于所处的阶段不同，债务人财产所涵盖的时间段是从破产申请的受理到破产程序终结前，而破产财产所涵盖的时间段是从破产宣告到破产程序终结前。债务人财产具有以下特征：

（1）债务人财产的目的性。作为一种特殊的财产，债务人财产具有鲜明的目的性，是专门依破产程序向全体债权人进行清偿的财产。基于这种特殊的目的，国外破产法理论上也称其为"目的财产"。

（2）债务人财产的法定性。债务人财产的范围是由法律明文规定的，不在法律规定范围内的财产，不能列入债务人财产的范围。

（3）债务人财产具有独立性。在破产申请受理后，债务人财产便脱离了债务人的支配范围，由管理人占有和支配，呈现出相对的独立性。债权人只能通过债权人会议决议，才可以对债务人财产进行支配，管理人则需经人民法院、债权人会议或债权人委员会同意才可以对债务人财产进行相应的处分。

（4）债务人财产具有分配性。债务人财产在法院作出破产宣告后便称为破产财产，因为破产程序的本质要求之一就是将破产财产通过变价分配的方式对破产债权进行清偿，分配性便成为其很重要的一个特征。

（二）债务人财产的范围

在债务人财产的范围界定上存在两种立法主义：一是固定主义，即债务人财产的构成以破产申请受理时债务人所有的全部财产为限。该立法主义的目的在于使破产程序迅速终结并为债务人以后的发展提供一定的财产基础，有利于债务人，但却不利于债权人，因为依其规定，债务人在破产申请受理后到破产申请终结前所取得的财产不属于债务人财产的范围。日本、德国和美国等国家采取的是这一立法模式。二是膨胀主义，即债务人财产的构成不以破产申请受理时债务人所有的财产为限，还包括破产申请受理后至破产程序终结前债务人取得的财产。这种立法主义相比固定主义扩大了债务人财产的范围，从而增加了破产债权人受偿分配的财产，较固定主义立法可以更好的保护债权人的利益。英国、瑞士、法国等国家和我国台湾地区的破产立法便是采取的这一立法模式。

我国企业破产法关于债务人财产的规定，属于膨胀主义。法律规定，破产申请受理时属于债务人的全部财产，以及破产案件受理后至破产程序终结前债务人取得的财产，为债务人财产。具体范围包括：

（1）破产申请受理时属于债务人的全部财产。债务人的全部财产，从构成来说，包括有形财产，如厂房、机器设备等固定资产以及流动资金，以及各种无形财产或财产权利，如债权、专利权、商标权、特许权和以出让方式取得的土地使用权等。

（2）破产申请受理后至破产程序终结前债务人取得的财产。这类财产是指债权人在破产宣告时并不享有，而在破产程序进行过程中新取得的财产。主要包括：① 债务人投资的收益。如股份公司的年终分红，合资企业的利润分配等。② 破产财产的孳息。如房屋出租的房租收入，银行存款利息，有价证券的收益等。③ 破产程序开始后至破产程序终结前债务人继续经营的收益。④ 基于其他合法原因取得的财产。

（三）债务人全部财产的地域界限

随着经济全球化的不断深入，涉外破产案件也随之增多，如何在涉外破产程序中保护当事人的利益是制定破产法需要解决的一个问题。从国际上看，破产域外效力的问题，主要有三种主张，即普及破产主义、属地破产主义和取以上两者的折衷主义。根据破产宣告的普及主义原则，涉外破产案件，在破产者的住所地或所在国宣告破产，也能够包括债务人的所有财产，无论他们位于国内还是国外。破产属地主义认为，破产人所在地法院所作的破产宣告，其效力仅及于破产人在该国领域内的财产，位于他国的财产不受影响，即各国作出的破产宣告仅在其领域内有法律效力，不承认破产宣告的域外效力。折衷主义兼采普及主义和属地主义，认为应将破产的人的财产按动产和不动产来区分，对破产人的动产，无论其位于国内或国外，均应属于破产财产，即对破产人的动产具有普及效力，而对破产人的不动产，破产宣告仅具有属地效力，以国内破产为限。尤其是外国的破产宣告对破产人位于本国的不动产绝对无效。

我国企业破产法关于域外效力的规定，基本上采取的是破产普及主义，一方面，规定依照破产法开始的破产程序，效力及于债务人在我国境外的财产。但这只是一个原则，由于境外的财产，不在中国法院的直接管辖下，实际上需要通过双边或者多边的司法合作协议来解决法院破产宣告的送达、执行等问题。另一方面法律又规定，有条件地承认域外法院破产宣告的效力。这样做有利于在保护我国当事人合法权益的基础上，更大程度地促进我国的对外经济合作。

（四）破产程序前债务人处理财产行为的撤销和无效

1. 破产程序前债务人处理财产行为的撤销

撤销权，又称为废罢诉权，是指债权人于债务人实施减少其财产的法律行为危及债权时，可以请求法院予以撤销的权利。它是民法上的债权人撤销权制度在破产法上的扩张适用。破产法中设立撤销制度，旨在恢复债务人的财产，维持债务人的财产状况，确保债权人债权的实现。依照我国企业破产法规定，人民法院受理破产申请前一年内，涉及债务人财产的下列行为，管理人有权请求人民法院予以撤销：① 无偿转让财产的；② 以明显不合理的价格进行交易的；③ 对没有财产担保的债务提供财产担保的；④ 对未到期的债务提前清偿的；⑤ 放弃债权的。

此外，法律还对撤销权作出了一种特殊情形的补充：人民法院受理破产申请前六个月内，债务人有破产法第 2 条第 1 款规定的情形，仍对个别债权人进行清偿的，管理人有权请求人民法院予以撤销。但是，个别清偿使债务人财产受益的除外。

2. 破产程序前债务人处理财产行为的无效

无效行为，是指一个行为因为不具备法律规定的有效要件而没有效力。按照破产法的规定，涉及债务人财产的下列行为无效：

（1）为逃避债务而隐匿、转移财产的。在破产案件中，隐匿或转移财产，主要是指债务人的董事、经理或其他负责人为逃避债务，故意将破产企业的财产藏匿起来或者私自转移至他处，脱离管理人控制的行为。

（2）虚构债务或者承认不真实的债务的。这主要是指故意编造事实上不存在的债务或故意对事实上没有的债务予以承认，从而隐瞒债务人财产的真实情况。

这两类行为不但妨碍管理人依法执行职务，影响破产程序的正常进行，而且严重损害债权人的合法权益。因而，法律规定，经人民法院确认为无效行为后，自始无效，不具有法律效力。

3. 债务人财产的追回

财产追回，是指民事行为因具有法定可撤销或者无效情形，经依法认定以后，对依据该行为取得的财产，予以追回的一种法律制度。破产法中的追回，是指在破产申请受理前的法定时间内实施的违反公平原则并有损于债权人共同利益而处分的财产，依法应由管理人通过向法院申请予以追回该财产的一种权利。

追回权的行使有 3 个基本条件：① 追回的标的物是债务人在破产申请受理前一定时间内所作出的违法的、并有损于破产债权人利益的处分行为所处分的财产；② 管理人行使追回权，必须以处分债务人财产的行为已经被确认为可撤销或者无效为前提，即已经被法院裁定予以撤销或者确认无效；③ 追回权由管理人行使，通常以向法院申请的方式行使。

按照我国破产法的规定，主要有两种情形：一是因法律规定期限内实施可撤销行为或者无效行为而取得的债务人财产，管理人有权追回；二是对于债务人的董事、监事和高级管理人员利用职权从企业获取的非正常收入和侵占的企业的财产，管理人应当追回。

（五）欠缴出资的追缴

出资人的出资，构成公司等企业的注册资本，是公司等企业开展生产经营活动的物质基础。出资人依照公司章程或者合同约定缴纳出资，是其必须履行的法定义务。当公司等企业依法进入破产程序时，如果其出资人还没有完全履行出资义务，不能因为企业已经进入破产程序而免除出资人的义务。因此，法院受理破产案件后，债务人的出资人尚未完全履行出资义务的，管理人有权要求该出资人缴纳所认缴的出资，而不受出资期限的限制。

二、破产债权

（一）破产债权的概念和构成要件

破产清算程序是以保证破产债权得到公正、公平的清偿为目的的特别程序。因此，对于哪些债权属于破产债权，能够在破产清算程序中以破产财产为受偿标的接受清偿，在破产法中必须作出明确规定。所谓破产债权，是在破产宣告前对破产人所成立的、只有通过破产程序才能从破产财产中获得公平清偿的财产请求权。构成破产债权，需要符合以下条件：

（1）破产债权应当是在法院受理破产申请时已成立的债权。这是指引起对破产人享有债权的法律事实，即债权发生的原因，产生于法院作出受理破产申请的裁定之前。这是为破产债权划定的时间界限。除法律另有特别规定外，在人民法院受理破产申请后成立的债权，不能作为破产债权。

（2）破产债权必须是以财产请求权为内容的债权。由于破产债权是通过破产财产的变价、分配受清偿的债权，因此，只有对破产人享有的财产请求权，即金钱债权或者能转化为以金钱计价的债权，方可构成破产债权，不具有财产请求权内容的债权，不属于破产债权。

（3）破产债权须是能强制执行的权利。破产分配的强制执行性质，要求破产债权必须具有可执行力，如果破产人不履行，可通过强制执行程序满足。因此，只有符合强制执行条件的债权，才能作为破产债权，通过破产程序受清偿。

（4）破产债权必须是依法进行了债权申报的债权。只有既符合上述破产债权的法定实质要件，又进行了债权申报，才能成为实质和形式双重意义上的破产债权，在破产程序中受清偿。

（二）破产债权的范围

依据我国破产法的规定，破产债权包括下列各类债权：

（1）无财产担保的债权。债权人的债权可能在破产宣告之日尚未到期，但只要是在破产宣告前成立的债权，则以破产宣告之日为到期日，债权额不包括破产宣告之日以后的利息及其他期限利益损失。

（2）放弃优先受偿权的有财产担保的债权。有财产担保之债权人有选择个别优先受偿或放弃优先受偿的权利。债权人选择前者则构成别除权，破产人所提供的担保财产不列入破产财产；债权人选择后者，债权人之债权成为破产债权，同时破产人为该债权提供的担保财产也成为破产财产。

（3）有财产担保的债权未受清偿的部分。有财产担保的债权因可就特定财产受清偿，故不列入破产债权，但是如果担保物不足清偿全部债权时，未受清偿的剩余债权则应列入破产债权。

（4）损害赔偿债权。对于破产人应履行的合同，在破产宣告后，管理人有权根据实际情况予以解除，合同对方因解除合同所受的损害，因其直接来源于原合同的效力，故可以认为是在破产宣告前成立而列入破产债权。

（5）保证人债权。保证人债权成为破产债权有两种情况：一是当破产人是某项债务的被保证人时。依据我国担保法的规定，保证人在代替被保证人清偿债务后，即取得代位求偿权，转化为被保证人的债权。那么，当被保证人受破产宣告成为破产人时，其保证人的代位求偿权就转化为破产债权。当然，保证人必须是在破产宣告之前代替被保证人清偿了债务，也就是说，保证人在破产宣告之前就取得了代位求偿权，否则只能将主债权列入破产债权。二是当破产人是某项债务的保证人时。破产人作为第三人债务的保证人，在其被宣告破产时，第三人没有履行其债务的，该项债务的债权人可以将该项债权列入破产债权，要求从破产人（保证人）的破产财产中获偿。但债权人也可以选择不将其债权列入破产债权，而是终止破产人的保证义务，直接向第三人追偿。当债权人选择破产债权时，将增加破产财产的负担。

（6）票据债权。票据的发票人或背书人是票据法律关系中的债务人，对票据债权人承担保证付款的义务。当发票人或背书人受破产宣告时，依据破产法，他们将停止一切个别清偿行为，即任何支付行为都是无效行为。但是，当发票人委托的付款人或承兑人在不知发票人或背书人已破产的情形下而为付款或承兑时，该付款人或承兑人可将因此而产生的对发票人或背书人的债权列为破产债权。这是因为，付款人或承兑人不知情而付款或承兑的行为，实际上是代替发票人或背书人履行了支付义务，由此付款人或承兑人转而成为发票人或背书人的债权人，因此而产生的债权也转化为破产债权。值得注意的是，如果付款人或承兑人在明知破产情形存在而仍为付款或承兑的，则其结果自己承担。

此外，有些以破产人为债务人的债权，虽发生在法院受理破产申请之前，但依其性质不得作为破产债权，主要有：① 超过诉讼时效的债权。超过诉讼时效的债权，不受法律保护，不能请求强制执行，因而不能作为破产债权；② 未依法申报的债权；③ 尚未执行的滞纳金、罚款、罚金。

（三）破产债权的申报

债权申报，是指债权人在破产程序开始后法律规定的期限内，向法院或法院指定的机关呈报债权，以明确其依破产程序行使权利的意思表示。债权申报是破产程序中的一项重要制度，是债权人参加破产程序并行使权利的前提，债权人只有通过债权申报，才可能依照破产程序，参加破产财产的分配。

1. 破产债权申报的期限

按照我国破产法的规定，人民法院受理破产案件后，应当确定债权人申报债权的期限，债权申报期限自人民法院发布受理破产申请公告之日起计算，最短不得少于 30 日，最长不得超过 3 个月。债权人因不可抗力或者其他正当理由未能如期申报债权的，可以向法院请求延展其债权申报期限，在破产财产最后分配前补充申报。但是，此前已进行的分配，不再对其补充分配。

2. 债权申报的审查确认

法院受理破产案件后，对债权人申报的债权只有经过相应的法律程序审查确认后，才能做到公平受偿。破产债权的确认是处理破产程序的关键步骤，是进行破产债权清偿的重要前提和依据。由于破产债权的确认不仅事关各方当事人的诉讼权利，更与各方当事人的实体权利密切相关，因此要求债权人申报债权，应当提交相关材料，管理人根据债权人提供的书面申报材料进行审查，审查活动由管理人负责，债权人或债务人有权出席债权审查会议，说明情况，陈述意见，协助审查，对无异议的债权制作登记表予以登记，由法院制作裁定书，予以确认；对有异议的债权，债权人应当进行必要的说明和解释，债务人、管理人可以陈述意见，确实不能解决异议的，债权人或者债务人都可以向受理破产案件的人民法院提起债权确认的诉讼。有关债权申报的材料及登记表应由管理人保存，供其他债权人、破产企业等利害关系人查阅。

对于破产企业所欠职工的工资和应当划入职工个人账户的基本社会保险费用，以及法律、行政法规规定应当支付给职工的补偿金，职工个人不必申报，由管理人调查后列出清单并予以公示。职工没有异议的，直接登记为破产债权，按照规定的顺序，在破产财产中受偿；职工对清单记载有异议的，可以要求管理人更正；管理人不予更正的，职工可以向人民法院提起诉讼。

3. 债权申报的法律效力

债权申报是破产程序中的重要环节，其法律效力表现在两个方面：一是经过债权申报，赋予债权人参加破产程序、行使法定的出席债权人会议、参加破产清算、接受破产财产的权利。二是债权申报具有中止债权诉讼时效的效力。破产程序是特别程序，法院受理破产财产后，债权人不能再通过其他诉讼活动，要求债务人对其偿还债权。

三、破产程序中的取回权、抵销权和别除权

（一）取回权

1. 取回权的概念和特征

法院受理破产申请后，债务人的全部财产都由管理人接管，管理人对这些财产依法行使占有和管理权，以其作为清偿债务人所欠债务的财产基础。但是，破产宣告时为破产人实际占有、在破产宣告后由管理人接管的财产中，可能有一部分不属于破产人所有的财产。例如：破产人根据租赁合同，作为承租人占有使用的出租人的财产；破产人按照仓储保管合同，在自己的仓库中为他人保管的财产，等等。这些不属于破产人所有的财产，不应作为破产财产用来清偿破产人的债务，而应当归还财产权利人。对此，许多国家和地区的破产法中都规定，在破产宣告后，管理人接管的财产中有不属于破产人所有的，由该破产人的权利人取回。这种在破产宣告后，由财产权利人向管理人要求取回自己财产的权利，称为取回权。

取回权具有以下特征：

（1）取回权的行使具有绝对性和无条件性。依照民法理论，只有在占有非法或者占有无因的情形下，权利人方可行使财产返还请求权，若在占有人合法占有期间，该请求权则无从谈起。取回权则不然，只要占有人已受破产宣告，则无论其占有合法与否或者期限届满与否，均可行使。

（2）取回权的标的物不属于破产人所有，但为破产人所占有。

（3）取回权的标的物为取回权人所有，或者取回权人对之拥有支配权。为取回权人所有而形成的取回权，所基于的是民法上的物权；为取回权人所支配而形成的取回权，所基于的是民法上的债权，这一点使之与别除权区别开来。

（4）取回权的行使不依破产程序，但必须以破产管理人为相对人。这是因为破产程序开始后，取回权的标的物已由破产管理人行使管理处分权，取回权人行使其权利，均得通过破产管理人进行。

2. 取回权的种类

（1）一般取回权。所谓一般取回权是指财产权利人对自己享有财产权利而在破产程序开始时为债务人所占有的财产得以行使的取回权。这种取回权的基础，源于民法关于权利人对其权利标的物为他人占有时所享有的物的返还请求权。所以，这一权利并非破产法所创设，只是因其在破产程序中的行使特点，而称之为取回权。

实际中作为此类取回权标的物的财产，主要有：破产人代他人保管的财产；破产人租赁的财产；破产人承运的货物；被宣告破产的加工承揽人占有的由定作方提供的原材料以及用其制作的成品、半成品；破产人占有的质押财产，以及破产宣告时由管理人接管的其他不属于破产人的财产。

（2）特别取回权。特别取回权的基础源于破产法的特别规定，通常包括出卖人取回权、行纪人取回权和代偿取回权。其中，最有典型意义的是出卖人取回权。

出卖人取回权，是指在隔地买卖合同中，卖方已经发货，买方尚未收到，也未付清货款，这时买方被宣告破产，卖方便有权废止合同，取回货物。我国企业破产法第 39 条规定了出卖人的取回权。这一规定的目的，是为了保障卖方权益。

按照法律规定，出卖人行使取回权，须符合以下要件：一是隔地买卖合同中，买方被申请破产时，卖方已将货物发运，而买方尚未收到。二是买方尚未付清货物的全部价款。同时，依照我国企业破产法的规定，管理人可以支付全部价款，请求出卖人交付买卖标的物。

行纪人取回权，是指行纪人受委托人的委托购入委托物，于异地将委托物向委托人发送后，委托人尚未收到又未付清价款而被宣告破产，行纪人享有的解除合同、取回委托物的权利。在此情况下，行纪人的法律地位与出卖人相同。

代偿取回权，是指当取回权的标的财产被非法转让时，该财产的权利人有权取回转让所得的对方给付财产。一般取回权，是以取回物仍然存在于破产人处为基础而成立、行使的。如取回物因破产人或破产管理人的处分行为已不复存在，一般取回权则随之消灭。取回权人只能将损害赔偿请求权作为破产债权要求清偿，从而受到损失。为公平起见，德国、日本等国家设置了代偿取回权。

我国企业破产法对一般取回权和出卖人的取回权作出了明确规定，同时，法律还对管理人的取回权制度进行了明晰，规定人民法院受理破产申请后，管理人可以通过清偿债务或者提供为债权人接受的担保，取回质物、留置物。

（二）抵销权

1. 抵消权的概念和特征

抵销是民法中债的消灭方式之一，是指双方互负债务而其给付种类相同，一方得以其债务与对方之债务，按对等数额使其相互消灭的意思表示。破产程序中的抵销权不同于民法上的抵销权，它是指破产债权人在破产宣告前对破产人负有债务的，不论给付种类是否相同，得不依破产清算程序，以其对破产人的债权对破产人所负的债务相互抵销的权利。具体而言，破产法上的抵销权和民法上的抵销权具有以下区别：

（1）破产债权人的债权为主动债权，破产程序中的抵销权人以债权人为限。破产债务人或破产管理人均不得主张抵销。而民法上的抵销权只要符合法定条件，双方均有权主张抵销。

（2）与民法中的抵销权不同，破产程序中的抵销权，无论给付的种类是否相同，均得主张抵销。这是因为在破产程序中，以金钱分配为原则，所有债权在算定债权额时，均以金钱为评价标准。故给付种类不同的债权在这里的区别已被消除。

2. 抵销权行使的条件

破产法上的抵销制度，是破产债权只能以破产程序分配清偿的例外。它是按照公平原则向对破产人负有债务的破产债权人提供的特别保护，通过由破产债权人直接向管理人主张抵销权，使原有的一部分债权债务关系通过抵销而消灭，这也有利于简化破产程序，节省破产费用。

抵销权与别除权都是保证债权人优先受偿性质的权利，但从对债权人利益的保护看，抵销权的作用更大一些，在行使别除权时，债权人可能以担保物价款不足等原因，得不到完全清偿。而行使抵销权时，债权人被抵消的债权额可获得全额清偿，没有损失风险。

由于抵销权对破产债权人具有重大利益，为保证权利的正确运用，抵销权的行使应符合一定条件：① 破产债权人用于抵消的债权债务均需成立于破产宣告之前，债权应经过申报确认；② 抵消必须由债权人主动向破产管理人提出，破产人或破产管理人不得主动主张债务抵消；③ 抵销权必须在破产清算分配之前行使，以免延误破产程序。而且，抵销权的成立，是以破产债权人尚未清偿对破产人的负债为前提的，如破产债权人已经清偿了对破产人的负债，主张抵销的权利便不再存在。

为防止当事人滥用破产抵销权，损害他人利益，法律也对抵销权的行使予以限制。依据法律规定，破产债权人有下列情形之一的，不得抵销：① 债务人的债务人在破产申请受理后取得他人对债务人的债权的；② 债权人已知债务人有不能清偿到期债务或者破产申请的事实，对债务人负担债务的；但是，债权人因为法律规定或者有破产申请一年前所发生的原因而负担债务的除外；③ 债务人的债务人已知债务人有不能清偿到期债务或者破产申请的事实，对债务人取得债权的；但是，债务人的债务人因为法律规定或者有破产申请一年前所发生的原因而取得债权的除外。

（三）别除权

1. 别除权的概念和特征

别除权是大陆法系的概念，指债权人可以不依破产程序，就属于破产人的特定财产个别优先受偿的权利。英美法系称为“有财产担保的债权”，我国企业破产法采用了后一称谓。

从理论上讲，别除权是基于担保物权产生的，其优先受偿权是由物权的排他性而来的。所以，别除权的产生依据为民事法律中有关物权担保的规定，担保物权是别除权的基础权利。与破产程序中的其他权利相比，具有以下特征：

（1）就权利对象而言，别除权是针对破产人设定担保的特定财产行使的权利。这一特征包含两层含义：首先，别除权的标的物必须是破产者享有所有权的财产。这与取回权是针对破产管理人管理下的非破产人财产行使的权利不同；第二，别除权是针对破产人设定担保的特定财产行使的权利。这就与破产债权和产生于破产宣告后的破产费用是针对一般破产财产行使的权利，在清偿财产的范围上有别。

（2）就权利基础而言，别除权以担保物权为前提和核心，原则上是不依破产程序优先受偿的权利。根据我国破产法的规定，破产人已设定担保之财产不属于破产财产。所以，即使是在破产财产不足以支付破产费用的情况下，也不得从担保财产中拨付，别除权人的权利不受影响。只有在担保财产清偿担保债权后尚有余额的情况下，才可用于对破产费用的拨付和破产债权的清偿。原则上，别除权因担保物灭失而消灭。

2. 别除权的行使

别除权的基础权利是担保物权，别除权人一般可直接依照担保法、海商法等的有关规定，对作为担保物的特定财产行使权利，优先受偿。别除权优先受偿的权利范围，应该包括债务本金及利息、违约金、损害赔偿金和实现权利的费用，但担保合同另有约定的，按照约定。担保物的价值低于所担保的债权数额，债权人行使别除权未能使其债权获得全部清偿的，得以其未获清偿的部分作为破产债权，依照破产清算程序在破产分配中受偿。别除权人放弃就担保物优先受偿的权利的，其债权作为破产债权，依照破产程序在破产分配中受偿。

担保物的变价所得超过所担保的债权数额的，超过部分得作为供分配的破产财产，用以破产分配。别除权的标的物非因别除权人的原因而灭失的，因灭失所得的赔偿金，得作为别除权人优先受偿的标的。

3. 别除权与劳动债权的关系

劳动债权是一个笼统的概念，它是指雇员基于劳动关系而对雇主享有的各种请求权的总和，如工资、各种非工资形式的报酬、福利等，其具体范围各国有不同规定。

破产程序中，关于劳动债权与别除权的关系问题，即是劳动债权优先于别除权还是别除权优先于劳动债权，一直是我国破产法立法过程中争执的关键问题。两个优先都有一定道理，因为企业破产受害最大的是破产企业的职工，如果劳动债权得不到清偿，对其来讲无疑是雪上加霜。但市场经济是信誉经济，将别除权置于首位，是市场经济的本质要求，也是国际上的通例。因此，考虑我国的现实国情，针对我国企业破产的实际情况，破产法创新性地采用了“新老划断”的立法安排，加大了对破产企业职工权益的保护。按照我国破产法的规定，对破产人在企业破产法公布前所欠的职工的工资和医疗、伤残补助、抚恤费用，所欠的应当划入职工个人账户的基本社会保险费用，以及依法应当支付给职工的补偿金，在以破产人无担保财产优先受清偿后仍不足以清偿的部分，应当以有担保的财产优先于担保权人受偿。这是为了解决历史欠账，切实保障破产企业职工合法权益，保障他们的基本生活所采取的特殊措施。因此，按照我国破产企业法的规定，对破产财产享有担保物权的权利人，对该特定财产享有的别除权，是受限制、有条件的。

第五节　债权人会议

一、债权人会议的概念

所谓债权人会议，是指由全体债权人组成，在破产程序中以维护债权人共同利益为目的，表达全体债权人共同意志的决议和监督机构。它是在法院的指导下，讨论并决定有关破产法律事项的临时组织，是债权人团体的最高决议机构。

我国破产法规定，债权人在收到法院的通知后 30 日内或自公告之日起 3 个月内，应向法院申报债权，申报的债权人参加到破产程序中来，组成债权人会议。债权人会议由人民法院或会议主席召集，由破产企业的全体债权人参加。债权人会议的决议对全体债权人发生法律效力，在破产程序中占有重要地位。

二、债权人会议的组成人员与表决权的分配

债权人会议由依法申报债权的债权人组成，只要其债权在破产宣告前已成立，并按照法律规定向法院申报，就有权参加债权人会议。因此，所有债权人，无论其为普通债权人、有财产担保的债权人或者是取得代位求偿权的债权人，均无例外的具有债权人会议成员的法律资格。同时，法律规定，债权人会议还应当有债务人的职工和工会的代表参加，有权对有关事项发表意见，以维护破产企业职工的合法权益。

债权人会议的成员，能够在债权人会议上就涉及债权人利益的议题发表自己的意见，表达自己的意志，享有一定的程序权利，如发言权、质询权、异议权、请求权等。但对于债权人会议职权范围内的决议事项，各债权人所享有的表决权有所区别，这主要包括两种例外情形：① 债权尚未确定的债权人，除法院能够为其行使表决权而临时确定债权额的外，不得行使表决权；② 对债务人的特定财产享有担保权的债权人，未放弃优先受偿权利的，对于

破产法规定的通过和解协议和通过破产财产的分配方案的事项不享有表决权。但对于其他几项权利仍拥有表决权。

三、债权人会议的召开及其职权

（一）债权会议的召开

召开债权人会议，具体可以分为两种情形，① 法律规定必须召开的债权人会议。例如第一次债权人会议；② 在必要时召开的债权人会议，如破产管理人要求时召开的债权人会议。

我国企业破产法规定，第一次债权人会议应在债权申报期限届满之日起 15 日内召开。在人民法院就裁定受理破产申请发出的通知和发布的公告中，应当载明第一次债权人会议召开的时间、地点，以使债权人周知。第一次债权人会议由人民法院召集并主持。以后的债权人会议，在人民法院认为必要时，或者管理人、债权人委员会、占债权总额 1/4 以上的债权人向债权人会议主席提议时召开。召开债权人会议，管理人应当提前 15 日通知已知的债权人。

（二）债权人会议的职权

债权人会议的职责是指债权人会议在法定议事范围内讨论决定事务的权限，它是债权人从事各种活动的法律依据。各国法律通常对债权人会议的职权作出明确规定，既确保破产程序的顺利、正当进行，维护债权人的一般利益，也使债权人自治免于因无章可循而发生被滥用的危险。

根据我国破产法，债权人会议行使下列职权：① 核查债权；② 申请人民法院更换管理人，审查管理人的费用和报酬；③ 监督管理人；④ 选任和更换债权人委员会成员；⑤ 决定继续或者停止债务人的营业；⑥ 通过重整计划；⑦ 通过和解协议；⑧ 通过债务人财产的管理方案；⑨ 通过破产财产的变价方案；⑩ 通过破产财产的分配方案；⑪ 人民法院认为应当由债权人会议行使的其他职权。

（三）债权人会议的决议规则及决议的效力

1. 债权人会议的决议规则

我国企业破产立法对债权人会议决议的通过，采用了人数和债权额双重标准。按照法律规定，债权人会议的决议，由出席会议的有表决权的债权人过半数通过，并且其所代表的债权额占无财产担保债权总额的 1/2 以上。债权人会议通过和解协议的决议，不仅要由出席会议的有表决权的债权人过半数通过，并且其所代表的债权额必须占无财产担保债权总额的 2/3 以上。债权人会议通过重整计划草案，则实行按债权分类分组表决的办法，法律对此另作专门规定。

在须经债权人会议表决的事项中，有些事项可能会因为债权人利益和要求的不一致而难以取得表决通过所需的双重多数。为避免破产清算程序因债权人会议不能形成决议而久拖不决。法律规定，对破产财产的管理方案、变价方案，经债权人会议表决未通过的，由人民法院作出裁定；对破产财产的分配方案，经债权人会议二次表决仍不能通过的，由人民法院作出裁定。债权人对人民法院作出的裁定不服的，可以向作出裁定的人民法院申请复议，但复议期间不影响裁定的执行。

2. 债权人会议决议的效力

按照企业破产法的规定，债权人会议的决议，对全体债权人均有约束力。但债权人认为债权人会议的决议违反法律规定，损害其利益的，可以自债权人会议作出决议之日起 15 日内，请求人民法院裁定撤销该决议，责令债权人会议依法重新作出决议。

为发挥人民法院在破产程序中的主导和监督作用，法律规定，债权人会议选任的债权人委员会成员应当经人民法院决定认可；通过的重整计划、和解协议和破产财产分配方案，应当报请人民法院裁定批准或认可后，方可执行。

四、债权人委员会

破产程序与债权人利益密切相关，除了由债权人组成的债权人会议对破产程序中涉及债权人利益的重大事项行使表决权外，债权人还应有权对破产程序中的有关事项进行监督。但因破产企业债权人往往人数较多，从节约破产费用、避免程序延误考虑，不宜也不可能经常召开债权人会议。为此，法律规定债权人会议可以决定设立债权人委员会，由债权人委员会作为债权人会议的代表对破产程序实施监督。要明确的是，债权人会议不是法定的必设机构，对破产财产数额较小，债权人人数较少的破产案件，可以不设债权人委员会。

依照企业破产法的规定，债权人委员会成员应由债权人会议按照法定的表决程序，从债权人中选任，并应当经人民法院书面决定认可。为维护破产企业职工的权益，债权人委员会成员中还必须有一名由债务人职工推荐的职工代表或者工会的代表。法律规定，债权人委员会成员人数不得超过 9 人。

债权人委员会有权监督债务人财产的管理和处分，监督破产财产分配，提议召开债权人会议以及行使债权人会议委托的其他职权。管理人实施对债权人利益有重大影响的处分债务人财产的行为，应当向债权人委员会报告。债权人委员会执行职务时，有权要求管理人、债务人的有关人员对其职权范围内的事务作出说明或者提供有关文件。债权人委员会认为管理人的行为违反债权人会议决议，损害债权人利益，或者管理人、债务人拒绝接受监督的，可以就监督事项请求人民法院作出决定，人民法院应当在 5 日内作出相应的决定。

第六节　重整制度与和解制度

重整制度与和解制度是破产预防制度的主要组成部分。通过重整与和解的实施，阻却对债务人进行破产清算，从而有利于实现更大的社会利益。

一、重整制度

（一）重整制度概述

1. 重整制度的概念和社会功能

重整是指经由利害关系人的申请，在法院的主持和利害关系人的参与下，对具有重整原因和重整能力的债务人进行生产经营上的整顿和债权债务上的清理，以使其摆脱财务困境，重获经营能力的特殊法律程序。

重整制度的目的是清理债务和拯救企业。由于其目的不在于公平分配债务人的财产，因而有别于破产清算程序；其手段为调整债权人、股东及其他利害关系人与重整企业的利益关系，并限制担保物权的行使，因此又不同于和解程序。重整制度不仅继承了和解制度的优点，而且弥补了和解制度的不足；不仅具有破产制度公平分配的优点，还能积极地避免债务人破产。它把企业置于中心地位，并不仅仅着眼于包含在企业中的各方当事人的利益，而是着眼于企业在社会经济生活中的地位以及企业的兴衰存亡对社会的影响。

与重整制度的目的相关，重整制度的功能体现如下：① 重整制度维持了企业的营业，避免了企业营运价值的落空，弥补了破产清算可能造成的社会资源的浪费；② 重整制度通过运用多种手段对困境企业进行清理，帮助企业复兴，以尽可能地减少债权人的损失以及投资于债务人的股东的损失；③ 通过重整，保留了企业职工的就业机会，使企业不因裁员而引起社会动荡，可以有效地维护社会稳定，实现现代社会所要求的秩序、效率与公平。

正因为重整制度能够平衡各方当事人的利益，特别是其追求的目标是使资不抵债的企业免于破产宣告，避免企业解体可能造成的社会动荡，因此受到了各国的普遍重视，并成为全球性破产改革的一大热点。现代破产法发展的一个重要趋势就是通过公司重整、债务重组等司法挽救手段，使处于困境中的债务人企业得以复苏。

2. 重整的特征

与破产程序中的其他制度相比，重整的基本特征主要体现在以下几方面：

（1）申请重整的条件较宽松。由于重整程序属于积极的破产预防程序，所以并不是消极地等待破产条件的出现才可以启动这一程序，只要债务人有丧失清偿能力的可能即可申请重整。提出重整申请的主体也较为宽泛。

（2）重整程序的优先适用性。重整程序不仅优先于一般民事执行程序，进入重整程序后，一般的民事执行程序将予以中止，而且也优先于和解程序和清算程序，如果破产清算、和解和重整三种申请同时出现时，人民法院应当优先受理重整申请。

（3）重整程序还可以限制担保物权的行使。破产清算程序以及和解程序都不能影响担保物权的债权人依法行使别除权。但进入重整程序后，重整的效力及于设定担保的债务人的财产，在重整期间，债务人的财产用于继续营业，对债务人的财产享有担保物权或者其他优先权的债权人，必须暂时停止其权利的行使。

（4）重整措施的多样性。

（二）重整程序的启动

1. 重整程序启动的条件

重整原因是重整程序开始的必备条件，债务人进行重整必须具备重整原因。重整原因是指债务人不能支付到期债务或者有不能支付之虞的事实。重整原因并不要求债务人一定要达到支付不能的状态。我国《破产法》第 2 条规定：债务人不能清偿到期债务，并且资产不足以清偿全部债务或者明显缺乏清偿能力，或者有明显丧失清偿能力的可能的，申请人都可以提出重整申请。

2. 重整申请的提出

与其他破产法律制度相比，重整程序的申请人范围广泛，不仅包括债务人、债权人，还包括被申请重整的企业的股东。我国破产法规定，重整申请人包括：债务人、债权人或者出资额占债务人注册资本 1/10 以上的出资人。允许出资人提出重整申请，这是重整制度与破产清算、和解制度的一个很大不同。在和解与清算制度下，出资人不能发挥积极作用。而在重整制度中，出资人可利用其法律地位，发挥其拯救企业的积极性。

重整程序，因法定重整人提出申请并经法院裁定而启动。据此，申请重整，应当向人民法院提交重整申请书以及有关证据材料。

商业银行、保险公司、证券公司等金融机构出现资不抵债等破产情形的，国务院金融监督管理机构可以向人民法院提出对该金融机构进行重整或者破产清算的申请。

3. 重整申请的审查和裁定

法院收到申请人提交的重整申请书和有关证据后，应当依法进行审查。经审查，认为重整申请符合破产法规定条件的，即应当作出准许债务人重整的裁定，并予以公告。

4. 重整期间的法律效力

自法院裁定债务人重整之日起至重整程序终止，为重整期间。重整程序开始后会产生一系列的法律效力，而且只在重整期间内有效。对债务人产生的效力主要包括：债务人对个别债权人实施的债务清偿无效；允许债务人继续营业等。债务人经法院批准可在管理人监督下自行管理财产和营业事务，管理人直接负责管理财产和营业事务的，可以聘任债务人的经营管理人员负责营业事务。对债权人的效力主要包括：债权暂时被冻结、对债权停止计算利息、执行中止等。

（三）重整计划

1. 重整计划的概念和特点

重整计划，也称重整方案，是指为了维持债务人继续营业，由管理人或者债务人提出、债权人会议认可并经法院批准，以通过重整挽救企业并清理债权债务关系的方案。重整计划是重整程序的核心内容之一。重整程序作为挽救债务人免于破产清算的一种特殊制度，需要一些特殊的措施予以支持，规划债务人在重整期间内外事务的重整计划，就是其中的一项主要措施。重整计划具有以下主要特点：

（1）重整计划是重整期间必须制定的法律文件。在重整期间，制定重整计划是一项主要的任务，没有制定重整计划，或者重整计划依法获得批准，都将导致重整期间的终止。

(2) 重整计划具有约束债务人和全体债权人的效力。重整计划法院批准以后，对债务人和全体债权人有约束力，债务人和全体债权人必须严格执行重整计划。

(3) 重整计划必须依照法定程序制定。制定程序有严格要求，必须依照法定程序制定，方为有效。如我国破产法规定，重整计划由债权人或者管理人拟定，经过债权人会议依法认可，最后经人民法院批准。

2. 重整计划的制定、表决和执行

重整计划草案应该由自行管理财产和营业事务的债务人或者人民法院指定的管理人，在人民法院裁定债务人重整之日起 6 个月内向人民法院和债务人会议提交。

人民法院应当自收到重整计划草案之日起 30 日内，召开债权人会议，对重整计划草案进行讨论和表决。出席会议的同一表决组的债权人过半数同意重整计划草案，并且其所代表的债权额占改组债权额 2/3 以上的，即为该组通过重整计划草案，各表决均通过重整计划草案时，重整计划即为通过。部分表决组未通过重整计划草案的，债务人或管理人可以同该组协商，在协商后再表决一次，未通过重整计划草案的表决组拒绝再次表决或者再次表决仍未通过，但符合一定法定条件的，人民法院可以裁定批准重整计划草案。

重整计划的执行，是重整程序的最终落脚点，也是重整目的能否实现的关键所在。重整计划经人民法院批准后，由债务人负责执行。债务人应当认真执行重整计划，严格按照重整计划规定的要求履行职责。管理人有权要求债务人向其报告重整计划执行情况和企业财务状况。

3. 重整计划的效力

经人民法院裁定批准的重整计划，具有法律效力，对债务人和全体债权人具有约束力。债务人和债权人必须遵守。重整计划的效力及于未经申报的债权，对于没有依法律规定申报的债权，在重整计划执行期间，该债权不得行使。在重整计划执行完毕后，可以按照重整计划规定的同类债权的清偿条件行使权利。重整计划的效力，不能及于债务人的保证人和其他连带债务人，即债权人对债务人的保证人和其他连带债务人所享有的权利，不受重整计划的影响。

二、和解制度

(一) 和解制度概述

和解是指债务人在进入破产程序以后，在法院的主持下，债权人与债务人依照法律规定的程序，就债务的减免和清偿达成协议以了结债权债务关系的制度。和解也是对破产清算可能引起的消极效应的一种预防。通过和解，由债权人作出一定的让步从而解决双方的债务纠纷，向债权人提供一种简便、高效的受偿手段，客观上也在一定程度上为债务人争取复苏的机会，使得企业免于破产。

和解制度与重整制度有许多相同或者交叉的地方，如都是为避免债务人进入破产清算程序而设置，依照法律规定具有强制性的特点（和解协议和重整计划对全体债权人均有约束力），都必须以法院的准许为成立条件，并必须在相关监督机构的监督下实施等。但是作为两种不同的程序，又各具特点，存在着差异，在目的、启动条件、申请人、适用对象以及采取的措施等方面两者不尽相同。

（二）和解的申请和审查

和解程序并非破产程序的必经阶段，和解也是依申请而开始的。根据我国破产法，债务人具有不能清偿到期债务，并且资产不足以清偿全部债务或明显缺乏清偿能力的情形时，可以向人民法院提出重整、和解或者破产清算申请。因此，债务人享有和解申请权。债务人提出和解的基本条件是应当具有法定情形，即具有“不能清偿到期债务，并且资产不足以清偿全部债务或者明显缺乏清偿能力”的情形。

至于债务人应当在什么时候提出和解申请，在不同国家有不同的做法。依照我国企业破产法的规定，申请人即可以直接向人民法院提出和解申请，也可以在法院受理破产申请后、宣告破产前申请和解，赋予债务人行使申请权的更大空间。债务人向人民提出和解申请，应当提交和解申请书和有关证据，并应当提交和解协议草案。

法院收到债务人提交的和解申请书以后，应当依法进行审查。审查的目的在于审核债务人是否符合法律规定的和解条件，审查一般包括实质审查和形式审查两方面，实质审查主要是审查债务人是否符合法律规定的可以申请和解的条件，形式审查主要是对申请人的资格、申请书的形式和内容、接受和解申请书的法院有无管辖权等事项进行审查。经审查，认为申请符合破产法规定条件的，即应当作出准许和解的裁定，并予以公告。

（三）和解协议的通过、认可与效力

和解协议是债权人会议与债务人就债务清偿的期限、方法及减免等事项达成协议，由债权人会议讨论通过并经人民法院认可的法律文件。依据法律，和解协议应具备以下内容：①清偿债务的财产来源；② 清偿债务的办法；③ 清偿债务的期限。

和解协议草案应当经过债权人会议的讨论和通过，债权人会议通过和解协议的决议，由出席会议的有表决权的债权人过半数通过，并且其所代表的债权额占无财产担保债权总额的2/3 以上。法院应当依照法律规定，对和解协议进行审查，认为和解协议符合法律规定的，应当裁定认可，同时终止和解程序，并予以公告。经法院认可的和解协议具有法律效力，自公告之日起生效。和解协议生效后，产生如下法律效果：

(1) 和解协议发生法律效力，普通债权人没有依照法律规定申报债权的，在和解协议执行期间，不得行使权利，在和解协议执行完毕后，可以按照和解协议规定的清偿条件行使权利。对债务人的特定财产享有担保权的权利人，自人民法院裁定和解之日起可以行使权利。

(2) 管理人移交财产和营业事务，并向人民法院提交执行职务的报告，完成管理人职责。

和解协议草案经债权人会议表决，没有获得通过的，人民法院应当裁定终止和解程序，并宣告债务人破产。

（四）和解协议的执行

和解协议生效后，债务人与和解债权人应当严格执行和解协议，履行和解协议规定的义务。债务人应当按照和解协议规定的时间、数额、方式等向和解债权人清偿债务；和解债权人应当在债务人按照和解协议规定的条件清偿时，及时接受债务人的清偿，并不得在和解协议规定以外向债务人提出清偿债务的要求。债务人不执行或者不能执行和解协议的，人民法院经和解债权人请求，应当裁定终止和解协议的执行，并宣告债务人破产。

人民法院裁定终止和解协议执行的，产生如下法律后果：① 和解债权人在和解协议中作出的债权调整的承诺失去效力；② 和解债权人因执行和解协议所受的清偿仍然有效，债权未受清偿的部分作为破产债权。接收了部分清偿的债权人，只有在其他同顺位债权人所受清偿达到同一比例时，才能继续接受分配。③ 为和解协议的执行提供的担保继续有效。

和解协议执行完毕是指和解协议得到了全部执行，即债务人按照和解协议规定的条件，清偿了全部的债务。自和解协议执行完毕时起，按照和解协议减免的债务，债务人不再承担清偿责任。

第七节　破产清算

一、破产宣告

破产宣告是指法院对符合破产条件的企业依法作出裁定并宣告其破产的司法行为。破产宣告程序是整个破产程序中特定的阶段，根据多数国家破产法的规定，破产程序的开始以破产宣告为标志。经破产宣告后，债务人称为破产人，债务人的财产称为破产财产，法院受理破产申请时对债务人享有的债权称为破产债权。

按照破产宣告作出的依据，破产立法上存在着申请主义与职权主义之分。所谓申请主义，是指法院必须依据债权人或债务人的申请，才能受理破产案件，作出破产宣告。无权在无人申请的情况下，自行受理破产案件，作出破产宣告。所谓职权主义，是指法院受理破产案件作出破产宣告，并不以存在当事人的申请为必备条件，只要债务人发生破产原因，在法律规定的情况下，法院可以依职权受理破产案件，作出破产宣告。

我国破产法在破产宣告问题上采取了申请主义的原则。债务人出现法律规定的破产原因，人民法院在受理债权人或者债务人的申请后，有下列情形的，应当裁定宣告债务人破产：

（1）债务人或者债权人直接提出对债务人进行破产清算的申请，或者作为国务院金融监督管理机构的银监会、证监会、保监会对出现经营风险的有关金融机构提出破产申请，人民法院经审查认定债务人具备企业破产法规定的破产宣告原因的。

（2）重整期间或重整计划执行期间出现的破产宣告。主要是指重整计划草案未获通过，以及重整期间，债务人的经营状况和财产状况继续恶化，缺乏挽救可能，或债务人有欺诈、恶意减少企业财产或者其他显著不利于债权人的行为，利害关系人向人民法院请求终止重整程序的。

（3）债务人提出和解申请后出现的破产宣告。主要指和解协议未获债权人会议通过，以及债务人有欺诈或其他不法行为，不按或不能按和解协议规定的条件清偿债务，和解债权人请求人民法院宣告债务人破产的。

依照企业破产法的规定，人民法院宣告债务人破产，应当作出裁定，自裁定作出之日起10日内通知已知债权人，并予以公告。但人民法院受理破产申请后，宣告债务人破产前，如果出现使债务人破产原因消除的情形的，人民法院应裁定终结破产程序，不予宣告破产。主要情形有两种：第一，第三人为债务人提供足额担保或者为债务人清偿全部到期债务的；第二，债务人已清偿全部到期债务的。

二、破产财产的变价和分配

（一）破产财产的变价

破产清算的目的，是为了使所有破产债权都能得到公平清偿。破产财产包括金钱财产与非金钱财产两大类，金钱财产本身就是货币形态，可直接用以破产分配。破产财产中的有形资产和无形财产，不经过恰当估价很难确定其实际价值，也就很难分配给债权人，因此需要转化为货币形态。将破产财产中的非货币形态的财产转为货币，即为破产财产的变价。破产财产的变价方案应由管理人适时提出。对应予变价的财产的范围、财产类别、财产的评估价值、变价方式和预计变价时间、费用等重要事项加以说明和规定，并经债权人会议讨论通过。

破产财产的变价方式应遵循以下原则：除国家规定不能拍卖的物品和债权人会议另有决议的以外，破产财产的变价应当采用拍卖方式；破产财产的变价，应当按照追求破产财产价值最大化的原则，视具体情况，可以整体出售的，应当整体出售，也可以将其中的无形资产和其他财产单独变价出售；对于国家规定不能拍卖或者限制转让的物品，应当按照国家有关规定的方式处理。

（二）破产财产的分配

1．破产费用和共益债务

破产费用主要指人民法院受理破产申请后发生的下列费用，具体包括：破产案件的诉讼费用；管理、变价和分配债务人财产的费用；管理人执行职务的费用、报酬和聘用工作人员的费用。

共益债务则包括人民法院受理破产申请后发生的下列债务：因管理人或者债务人请求对方当事人履行双方均未履行完毕的合同所产生的债务；债务人财产受无因管理、不当得利所产生的债务；为债务人继续营业而应支付的劳动报酬和社会保险费用以及由此产生的其他债务；管理人或者相关人员执行职务致人损害所产生的债务；债务人财产致人损害所产生的债务等。

破产费用和共益债务由债务人财产随时清偿。债务人财产不足以清偿所有破产费用和共益债务的，先行清偿破产费用。债务人财产不足以清偿所有破产费用或者共益债务的，按照比例清偿。债务人财产不足以清偿破产费用的，管理人应当提请人民法院终结破产程序。人民法院应当自收到请求之日起 15 日内裁定终结破产程序，并予以公告。

2. 破产财产的分配顺序

按照我国企业破产法的规定，破产财产在优先清偿破产费用和共益债务后，依照下列顺序清偿：① 破产人所欠职工的工资和医疗、伤残补助、抚恤费用，所欠的应当划入职工个人账户的基本养老保险、基本医疗保险费用，以及法律、行政法规规定应当支付给职工的补偿金；② 破产人欠缴的除前项规定以外的社会保险费用和破产人所欠税款；③ 普通破产债权。

破产财产不足以清偿同一顺序的清偿要求的，按照比例分配。

三、破产程序的终结

（一）破产程序终结的原因

破产程序的终结，就是指破产程序开始后，发生法律规定的使得破产程序继续进行已无必要的原因，由法院裁定终结破产程序，结束破产案件。

在破产清算程序中，破产程序终结可分为两种情况：

1. 破产程序因破产分配完毕而终结

债务人被依法宣告破产后，应由管理人依法对破产财产进行清理、变价，按照经债权人会议讨论通过并经法院裁定认可的破产财产分配方案向各破产债权人进行分配。以清偿债务。破产财产分配完毕后，即应终结破产程序。管理人在最后分配完结后，应当及时向人民法院提交破产财产分配报告，并提请人民法院裁定终结破产程序。人民法院应当自收到管理人终结破产程序的请求之日起 15 日内作出是否终结破产程序的裁定。裁定终结的，应当予以公告。

2. 破产程序因无可供分配的财产而终结

破产程序因破产财产不足而终结，是各国破产立法的通例。根据我国破产法，破产程序中，债务人的财产由管理人接管，如果管理人发现债务人的财产数量很少，尚不足以清偿破产费用和共益债务，已无财产可用来进行破产分配以清偿破产债权的，在进行破产程序已无实际意义时，应当提请法院裁定终结破产程序。

（二）破产程序终结的效力

破产程序终结后，对破产人、破产债权人和管理人均发生法律效力。

1. 对破产人的效力

依照我国民法通则的规定，企业法人因依法被宣告破产而终止，因此，在破产程序终结后，管理人应当向法人登记机关办理企业法人注销登记，该企业法人归于消灭。

2. 对破产债权人的效力

破产程序终结后，破产债权人对其债权依破产程序未得清偿的部分消灭。但破产债权人对其在破产程序中未得清偿的债权，可以请求破产人的保证人或其他连带债务人予以清偿。

3. 对管理人的效力

破产程序终结后，管理人的任务即告结束，无继续存在的必要。管理人应当自破产程序终结之日起 10 日内，负责向破产企业的原登记机关办理注销登记手续，自办完注销登记的次日终止执行职务。但存在诉讼未结或仲裁未决情况的除外。

第八章　反不正当竞争法

第一节　反不正当竞争法概述

一、反不正当竞争法的概念和法律特征

竞争是不同经济利益的两个以上经营者，为争取收益最大化，以其他利害关系人为对手，采用能够争取交易机会的商业策略，争取市场的行为。竞争是人类文明赖以发展的动力源泉，也是市场机制发挥其“看不见的手”的功能的基本要件。但是，竞争对于市场经济的发展并非无懈可击。其消极面表现为一方面竞争将会引致排斥、限制竞争的垄断产生，另一方面竞争将会诱发经营者采用不正当的手段来谋求竞争优势。因而法律便将竞争纳入其调控范围，借以充分发挥竞争之积极功效，抑制其消极作用。作为国家协调经济运行中调整市场竞争关系和市场竞争管理关系法律规范总称的竞争法，由反不正当竞争法和反垄断法构成。

反不正当竞争的概念起源于19世纪50年代的法国，当时，反不正当竞争行为仅在知识产权领域中使用。随着社会的发展，很多国家立法对反不正当竞争行为规范的范围越来越广，其规制的出发点在于恰当地平衡市场竞争中的各方利益，尤其突出保护工业产权法所难以延及的消费者利益。我国反不正当竞争的概念最早出现在1985年的《广告管理条例》中，后来的《中华人民共和国民法通则》（以下简称《民法通则》）虽有诚实信用、意思自治、社会公共利益等反不正当竞争的原则，却并未出现反不正当竞争的概念。但在立法和司法实践中，《民法通则》中反不正当竞争的原则却得到广泛地运用。1993年9月，我国正式颁布了《中华人民共和国反不正当竞争法》（以下简称《反不正当竞争法》）。

反不正当竞争法是指调整在反对不正当竞争行为过程中产生的社会关系的法律规范的总称。在反不正当竞争行为过程中产生的社会关系以不正当竞争行为为核心，具体包括国家对不正当竞争行为的管理监督关系；因不正当竞争行为而产生的经营者之间、经营者与消费者之间的关系；制裁不正当竞争行为产生的关系等。

我国《反不正当竞争法》反映了我国的具体国情及立法现状，具有如下法律特征：

（1）反不正当竞争法是一部行为法。反不正当竞争法是调整经营者经营行为的规则。在我国，调整经营者行为的其他法律主要有《中华人民共和国产品质量法》（以下简称《产品质量法》）、《反不正当竞争法》和《中华人民共和国消费者权益保护法》（以下简称《消费者

权益保护法》)。这三部法的立法内容互有交叉，但却分别从标的、行为、主体等不同的角度来调整经营行为，形成了一个调整手段相像的多种规范并存但侧重点不同的市场主体的行为规则体系。《产品质量法》是从保证交易标的质量的角度进行调整的规则；《消费者权益保护法》是从保护消费主体的基本权益的角度立法；而《反不正当竞争法》则是从禁止不正当竞争行为的角度来规范经营者的行为。

(2) 反不正当竞争法具有较强的行政干预性。作为国家对市场进行管理的重要法律，《反不正当竞争法》的行政干预色彩浓厚，这表现为在反不正当竞争法中采取了行政执法机关与司法机关共同执法的执法双轨制，而且强调行政部门执法职能的发挥。这是因为在现代社会中，竞争关系日益错综复杂，维护市场竞争秩序是一项极为艰巨复杂的任务，而行政权力具有简便、主动、及时、高效等优势，对社会关系调整的能力较强。可以说，反不正当竞争法强化了行政权的作用。

(3) 反不正当竞争法具有对知识产权法的补充性。从概念的起源来看，反不正当竞争同西方的商标同源，由此可见，反不正当竞争与知识产权有着紧密关系。虽然多部关于知识产权的国际公约都明文规定“对反不正当竞争活动给予保护”是“知识产权”的一项内容，甚至还列出反不正当竞争的范围，但随着反不正当竞争范围的不断扩大，反不正当竞争已不能仅限定于知识产权领域，但对知识产权的保护却仍然是反不正当竞争法的重点之一。

根据我国目前的立法模式，反不正当竞争法在对知识产权的保护方面是作为著作权法、专利法、商标法的补充而存在的。凡是著作权法、专利法和商标法能够规范的领域，就由这三部法规范；凡是这三部法规范不到的领域，都由反不正当竞争法来做兜底规范。有人曾形象地把传统知识产权的三项法律比喻为三座浮在海面的冰山，而反不正当竞争法就是托住冰山的海水。例如，专利法之于商业秘密，商标法之于域名，著作权法之于同名书刊，三项法律可谓鞭长莫及，如果反不正当竞争法对此也不规范，对于这些不正当行为就真的无法可依了。在反不正当竞争法与上述三项法律的内容重合时，三项法律优先适用；在三项法律无规定时，反不正当竞争法拾遗补缺，体现其补充性。

(4) 反不正当竞争法具有不确定性。传统知识产权法律对权利人的权利范围的认定就有一定的不确定性，例如商标法的“相同或近似”的模糊标准，著作权依法自动产生等规定都使权利出现了一定程度的不确定性。反不正当竞争法的不确定性则更加突出。这是因为，在经济活动中，不正当竞争行为的类型、手段层出不穷，而相对稳定的法律不可能一一列举，只能划出原则而且抽象的禁止实施的行为标准，或者列举一些比较典型的行为。正因如此，在立法体例的选择上，我国采用了概括加列举并用的模式。在这种模式中，侧重列举性的规定，然后再补以概括性条款。

二、反不正当竞争法的行为主体

反不正当竞争法的适用对象就是不正当竞争行为的行为人，即经营者。反不正当竞争法中的经营者，是指从事商品经营或者营利性服务的法人、其他经济组织和个人。值得注意的是，这里的经营者无须具有法定的经营资格，只要从事或参与经济活动，都可认定为反不正当竞争法上的经营者。例如未取得营业执照而经营的人；非经营性的事业单位。往往那些无经营资格的人所为的不正当竞争行为危害更为严重。如果仅将取得营业执照经营者实施的不正当竞争行为认定为不正当竞争行为，而否认无合法经营资格者的类似行为的经营性，从而不适用反不正当竞争法，显然有违反不正当竞争法保护公正、公平竞争秩序的原则。因此，应从行为的性质来认定经营者，无论是职业从事经营行为还是一次性地从事经营行为，无论有经营资格还是没有经营资格，只要进行了经营行为，就是经营者。这里所讲的“经营”不仅指流通领域的经济活动，而且涵盖了生产领域的经济活动。

第二节　不正当竞争行为

一、不正当竞争行为的概念

不正当竞争行为是经营者以不正当手段争取交易机会的行为，也就是经营者损害其他经营者的合法利益，扰乱社会经济秩序的行为。我国的反不正当竞争法具体列举了 6 种不正当竞争行为，这 6 种不正当竞争行为又可以分为两种：给予行政处罚的和未规定给予行政处罚的。从这样的立法模式来看，对于行政执法机关在给予不正当竞争行为以行政处罚时采取“类型法定主义”，须依法裁判的不正当竞争行为只限于法律列明的各项行为，即反不正当竞争法未明文规定为不正当竞争行为的，或者反不正当竞争法虽然规定其为不正当竞争行为，但未规定处罚条款的，一律不能给予行政处罚，除非另有法律规定。

值得注意的是，在追究不正当竞争行为的民事责任时，不应限于反不正当竞争法所列举的具体行为，即使未列举的，若在市场竞争中违反诚实信用原则和商业道德的行为可以认为是不正当竞争行为的，即可按不正当竞争行为来追究民事责任。

二、不正当竞争行为的法定类型

（一）市场混淆行为

市场混淆行为也称为市场混同行为，它是指经营者采用假冒或模仿之类的不正当竞争手段，使其商品与他人的商品相混淆，从而导致或足以导致购买者误认的行为。换言之，行为人通过使用与他人相同或相似的标识，使人将其商品或服务误认为是他人的商品或服务的行为。在实践中人们也将这种行为称为仿冒行为。

在市场经济条件下，为了使交换的商品被人们认同和购买，经营者除了保证商品具有信誉外，还要使其特定化，以便争取更有利的竞争机会。而商标、商品名称、包装和装潢以及企业的名称等都是使特定经营者的商品或服务特定化的标志，是其劳动和经营投入的一种凝结，是竞争者为保障自己能够获取有利的竞争机会而付出的智慧投入，经营者也借此在竞争中保持优势。若其他经营者采取假冒、仿冒之类手段破坏、妨碍其竞争者的商品或服务的特定化而使自己的商品或服务畅销，显然是一种妨害交易的不正当竞争行为。

1. 市场混淆行为的构成

市场混淆行为由以下3个方面构成：①行为主体。市场混淆行为的主体包括：混淆行为人，又称仿冒人；被混淆人，即因仿冒行为使其商品或服务的特定化标志被侵犯的人。另外，还有仿冒行为的受害者，即购买人。②行为客体。市场混淆行为直接指向他人商品标识，包括：商标、商号、姓名、名称、商品容器、包装、装潢以及企业的标章和其他表示营业或服务的标识。③行为目的。市场混淆行为的目的就是造成与他人企业、企业活动或企业的商品相混淆，以假乱真，鱼目混珠，投机取巧，最后从中获利。只要在客观上有造成市场混淆的可能，不管是否已经达到混淆的目的，都构成市场混淆行为。

2. 市场混淆行为的类型

依据反不正当竞争法，市场混淆行为可以分为以下几种：

(1) 假冒他人注册商标行为。该行为是指因直接使用他人注册商标而使人对于商品来源产生误解的行为。假冒他人注册商标行为也是《中华人民共和国商标法》(以下简称《商标法》) 第38条第一款规定的行为，即："未经注册商标所有人许可，在同一种商品或类似商品上使用与其注册商标相同或近似的商标的行为。"可见，假冒他人注册商标行为不但侵犯了他人注册商标专用权，而且也是不正当竞争行为。虽然出现法条竞合，但《商标法》和《反不正当竞争法》的立法目的并不相同，前者是一般性保护私权的法律，侧重对他人注册商标专用权的保护，而《反不正当竞争法》作为竞争法，它的规范目的是遏制假冒行为，因而侧重对竞争秩序的维护。同时，《反不正当竞争法》规定，假冒他人注册商标行为依据《商标法》的规定予以处罚，使两部法律相互衔接。

(2) 仿冒知名商品特有的名称、包装和装潢的行为。该行为是指擅自使用知名商品特有的名称、包装和装潢，或者使用与知名商品近似的名称、包装和装潢，造成与他人的知名商品相混淆，使购买者误认是该知名商品的行为。这类不正当竞争行为必须具备如下法律要件：

1) 仿冒客体必须是知名商品的标识。所谓"知名"是指在相关公众中有一定的被知晓程度，即有一定的知名度。知名度的高低则须参考很多因素加以考察，如广告量的大小、销售时间的长短、销售量的大小、市场占有率、商品的声誉等。由于商品的消费地域、消费人群不同，所以其知名度只能在一定地域范围和"相关公众"范围内衡量。仿冒不知名商品不构成不正当竞争行为。

2) 仿冒行为必须是作"相同使用或近似使用"。仿冒商品的名称、包装、装潢与被仿冒的商品一模一样，或者仿制了主要部分，通体观察足以使购买者发生误认，这才构成不正当竞争行为。

3) 行为结果必须是已经或可能引起误认。只要可能引起市场混淆的，就可构成不正当竞争行为。是否能引起误认应根据商品标志以及该标志所标识的商品的特点、性能差异大小、价格高低等因素综合考察。

有些商品标识虽然相同，但也不会引起误认，因为“有一定知名度”的并非单纯指该商品的标识，而且还包括由该标识能联想到的商品的主体来源，所以，使用与他人标识相同或近似的标识，并非必然引起误认，若两种商品风马牛不相及，则不可能引起误认。在实践中，这种不会引起误认的行为虽不构成不正当竞争行为，但是却淡化了他人商品或服务标识的显著特征或独特风格，使消费者可能不再将该标识与特定的商品或服务联想到一起，这是值得注意的。

另外，误认不仅应该包括将某种商品或服务误认为是某知名商品或服务，而且还应该包括将某种商品或服务与某知名商品或服务具有加盟、关联或赞助关系，从而认为两种商品或服务属于系列产品而具有相同品质。

4）侵害客体必须是商品或服务的名称、包装和装潢。名称是知名商品所特有的名称，不是商品的通用名称，也不应是已注册为商标的商品名称。包装是为识别商品以及方便携带、储运而使用在商品上的辅助物和容器。不具有识别意义的包装如内包装不是此处所讲的包装。装潢是为识别与美化商品而在商品或其包装上附加的文字、图案、色彩及其排列组合。装潢可以附加于商品，也可以附加于商品包装。无论是名称、包装，还是装潢，都必须具有显著的识别性，无区别性就无仿冒的问题。值得注意的是，如果知名商品的包装构成实用新型、知名商品的装潢属于美术作品，那么它们同时还可以获得专利法和著作权法的保护。

5）行为人主观上必须有故意。行为人主观上的故意表现为明知与他人的商品或服务标识相同或相似，仍然使用的。如行为人主观上为过失或无过失，即没有不正当竞争的主观意图，但是客观上仍形成混淆的后果，则不构成不正当竞争。参考国外立法例，大都未将行为人具有混淆主观故意作为行为构成要件，而以行为人过失而无视或放任混同发生即可构成不正当竞争。同时，以行为人停止其不正当行为但不负损害赔偿责任区别于故意行为。

（3）使用他人的企业名称或姓名的行为。该行为是指未经他人许可而使用他人的企业名称或他人姓名，使人将其商品或服务误认为是他人企业的商品或服务的行为。企业名称或姓名一经登记，所有者就具有专用权，未经许可不得擅自使用，无论该企业是否知名。不但如此，擅自使用的行为还会引起市场的混淆，因而擅自使用他人的企业名称或姓名的行为不但是民事侵权行为，而且构成不正当竞争行为。从条文含义看，该类行为不包括“类似使用”，规制范围稍嫌狭窄。

（二）虚假表示与虚假宣传行为

虚假表示与虚假宣传行为，是指在商品上，或利用广告及其他宣传方式对商品或服务作引人误解的虚假宣传。生产经营者对自己的商品或服务做适度的夸张宣传，如适当突出其优点、设计一个夸张的说明语或一个夸张的标志，都是正当合理的。但是这种夸张不能超过一个度，否则可能造成竞争对手的交易机会减少或一定程度的排挤，更为重要的是它直接侵害到消费者的利益，因此过度夸张的宣传应该得到规制。具体来说，虚假宣传行为的特点有以下几个方面：

首先，宣传方式的多样化，包括在商品上的宣传、广告宣传及其他方式宣传。在商品上宣传是指在商品及其包装上对商品进行宣传，包括用文字、图形进行标注和粘贴于商品上的标签。宣传内容主要是商品的认证标志与名优标志等质量标志、产地、质量说明等。商品的质量标志是依法证明经营者的商品质量达到一定水平的特殊符号，尤其是认证标志、名优标志只有经法定程序批准后才可使用。商品的产地往往与商品的质量、价格、信誉等密切相关，尤其是那些质量、特色等取决于特定的气候等天然条件或传统工艺的商品，如宜兴的紫砂、瑞士的手表、法国的香水、英国的威士忌酒等。另外，在商品附着的说明中，还有对商品生产日期、保质期、商品的性能、用途、制作成分、包装、数量的表述，都与商品的质量有关，是消费者选择商品的主要依据。广告宣传是指经营者利用广告或其他方法对商品的质量、制作成分、性能、用途、生产者、有效期限、产地等进行的宣传。除此之外，还有一些常见的宣传方式，例如雇佣或伙同他人进行销售诱导即“托儿”，利用大众传媒对商品进行宣传报道，在经营场所对商品进行演示、解释等。

其次，宣传内容的虚假性。无论用何种方法进行宣传，其内容必须是引人误解的虚假表示，才构成不正当竞争行为。例如伪造名优质量标志、伪造产地、质量说明等。应注意，有些宣传虽然引人误解，但由于其客观表述内容是真实的，因此，并不构成宣传内容的虚假性。另外，有些宣传内容虽然虚假，但并不引人误解，例如宣称“天下第一”、“独一无二”等过度吹嘘行为，虽然不构成不正当竞争行为，但是仍然违反《中华人民共和国广告法》的规定；如果是借用神化故事做广告宣传，也不构成虚假宣传。

判断是否“引人误解”要根据宣传的具体情况综合多种因素加以考察。例如，购买者的注意程度、宣传整体观察的效果、是否不正当地隐匿重要事实或对重要事实保持沉默等。

（三）商业贿赂行为

贿赂是为达到某种目的而用财物或其他手段买通他人的行为。商业贿赂行为是指经营者为销售或者购买商品而采用财物或者其他手段贿赂对方单位或个人的行为。商业贿赂行为的特征如下：

（1）行贿人是特定的。依据法律，行贿人是经营者。经营者的职工采用商业贿赂手段为经营者销售或购买商品的行为，应认定是经营者的行为。承包人的商业贿赂行为仍由单位承担责任，是经营者的行为。非经营者的贿赂行为不是商业贿赂。受贿人则比较广泛，可以是交易对方单位或个人，也可以是交易对方以外的其他单位或个人。

（2）行为目的具有商业性。商业贿赂行为区别于一般贿赂的特点就是进行贿赂是为了获取优于其他竞争对手的竞争地位，不是为了这一目的而进行的贿赂不是商业贿赂。

（3）行为手段具有多样性。经营者的行贿手段主要是给付现金和实物，包括假借促销费、宣传费、赞助费、科研费、劳务费、咨询费、佣金等名义，或者以报销各种费用等方式，给付对方单位或个人财物。除此之外，不直接转移财物，而以其他形式之名，行贿赂之实的行为也应认定为商业贿赂。例如，资助出国旅游、提供色情服务等。

在认定商业贿赂行为时，关键是要区分合法与非法的界限。依据法律，经营者销售或购买商品时，可以以明示的方式给对方折扣，也可以给居间人佣金。因此，必须将折扣、佣金与回扣区别开来。

反不正当竞争法规定："经营者销售商品时在账外暗中以现金、实物或其他方式退给对方单位或个人的一定比例的商品价款是回扣"。不按法定的财务制度如实入账，将商品价款的一部分返还给对方单位或个人是回扣的基本特征。而折扣是经营者在所成交的价款中给对方一定比例的减让，是一种优惠手段。折扣必须如实入账，且是给对方单位的，不能给对方单位的经办人或其他人。佣金是具有独立地位的中间人提供牵线搭桥、撮合交易等服务，而由买方或者卖方支付的报酬。不管由哪方支付，都必须明示入账。可见，是否在"账外暗中"给付，是区别回扣与折扣、佣金的关键。

反不正当竞争法还规定："经营者在商品交易中不得向对方单位或个人附赠现金或物品。但按商业惯例赠送小额广告礼品的除外"。本来，附赠是一种正当的促销手段，但因其具有一定的诱惑力，可能因此获得竞争优势而排挤竞争对手，故认为其在一定条件下构成不正当竞争行为。

（四）侵犯商业秘密行为

商业秘密是指不为公众所知悉，能为权利人带来经济利益，具有实用性并经权利人采取保密措施的技术信息和经营信息。商业秘密一般包括设计、程序、产品配方、制作工艺、制作方法、管理诀窍、客户名单、产销策略等。商业秘密的价值就在于因保密而获得竞争优势，一旦泄密，信息本身并非毫无价值，而是丧失竞争优势，即失去作为商业秘密的价值，其权利也就难以维系了。商业秘密与专利相比较，其优势是只要能够有效保密，权利就可以长期存续，而且对不符合专利要求的信息比如诀窍等也可以据为专有。持有人对所持有的商业秘密的适用获得经济利益，从而拥有比不知道或不使用该商业秘密的同行业竞争者更有利的地位。因而侵犯商业秘密的行为不仅是侵权行为，而且构成不正当竞争行为。侵犯商业秘密的行为包括以下几种：

1. 以不正当手段获取商业秘密的行为

不正当手段主要是盗窃、利诱、胁迫或其他方法。获取后是否披露，不影响构成侵犯商业秘密行为。这是最常见的侵犯商业秘密的行为。

2. 对以不正当手段获取的商业秘密加以披露的行为

披露行为包括披露、使用或允许他人使用以不正当手段获取的商业秘密。披露是指未经允许而通过一定渠道故意泄露权利人的商业秘密。非法获取并且向外扩散商业秘密，对市场竞争危害更大。

3. 合法取得但违反约定义务的行为

违反约定或者违反权利人有关保守商业秘密的要求，披露、使用或者允许他人使用其所掌握的商业秘密的，构成侵犯商业秘密行为。合法取得商业秘密的人，有权使用或有权许可他人使用，但有依法和依约定使用以及保守秘密的义务，违反这一义务，就是侵权行为和不正当竞争行为。权利人以外的第三人合法知悉商业秘密，也负有保密义务，违反该义务披露、使用或允许他人使用的，也构成不正当竞争行为。

4. 第三人的侵犯商业秘密的行为

第三人明知或者应知上述违法行为，获取、使用或披露他人的商业秘密的行为，视为侵犯商业秘密的行为。这种行为具体表现为，第三人明知转让的是以不正当手段获取的商业秘密仍然与其签订转让合同等。

（五）不正当有奖销售行为

有奖销售是指经营者销售商品时，附带性地向购买者提供物品、金钱或其他经济上利益的行为。有奖销售主要包括附赠式有奖销售和抽奖式有奖销售两种。附赠式有奖销售是向所有购买者一视同仁地提供赠品的方式；抽奖式有奖销售是以抽签、摇奖等带有偶然性的方法决定购买者是否中奖，只向中奖的购买者提供赠品的方式。有奖销售常被经营者用来招揽顾客，提高销售量。一方面，它有助于活跃市场，促进公平竞争；另一方面，它有碍经营者改善经营管理、提高产品质量和服务质量，还可能诱使消费者不必要的消费。因此，我国法律允许一定范围的有奖销售活动。

《反不正当竞争法》禁止以下三种违反规定的有奖销售：①采用谎称有奖或者内定人员中奖的欺骗方式进行有奖销售。例如，对所设奖的种类、中奖概率、最高奖项等作虚假不实的宣传；采用不正当手段让内定人员中奖；故意将设有中奖标志的商品不投放市场或不与其他商品同时投放市场等。②利用有奖销售的手段推销质次价高的商品。③抽奖式有奖销售，最高奖的金额超过 5 000 元的。最高奖金额超过 5 000 元的抽奖式有奖销售是巨奖销售。巨奖销售客观上损害了竞争对手尤其是中小企业的利益；而且，利用购买者的侥幸心理诱其购物，使其可能在购买时忽略商品的质量、性能等，从而损害购买者的利益。但是，最高限额为5 000元的规定似嫌太过僵化，其实对有些商品销售5 000元的奖额并不太高，例如商品房等。所以按照交易额分档确定不同的比例限制应该更为恰当。

（六）商业诋毁行为

商业诋毁也称为商业诽谤，它是指经营者捏造、散布虚伪事实，损害竞争对手的商业信誉、商品声誉的行为。不公正的诋毁言辞包括两种表现方式，一是虚假说法，即无中生有、凭空捏造；二是不适当的说法，即言说尽管是建立在一定客观事实的基础上，但是，要么真实但不全面，要么陈述方式不当，如断章取义、夸大其词、以偏概全等。我国《反不正当竞争法》定义的商业诋毁仅限于第一种。

在连续经营的过程中，经营者良好的商业信誉和商品声誉，通常需要经过大量的市场调查、技术开发、广告宣传、公关活动和优质服务等一系列活动才能形成。信誉和声誉高的经营者，在经营活动中能赚取更多的利益，从而取得竞争优势。因此，经营者商业信誉和商品声誉不仅是经营者的人身权，而且也是一种无形财产权。损害竞争对手的商业信誉和商品声誉，会给竞争对手正常的经营活动造成影响，损害其应有的竞争地位，故构成不正当竞争行为。商业抵毁行为在主观上，行为人必须有故意和过失；在客观上，表现为行为人无中生有或对真实情况的歪曲，或者是对捏造的事实加以传播等。

七、传销行为

传销是指以给予回扣或提成为许诺，要求接受要约的相对人以同样的许诺再去发展下线人员，形成网络，网络中各行为人的主要收入来自发展下线人员而非销售商品的多层次销售行为。传销的本义是“多层次销售”，带有直销的特点，如都是通过销售员而不是通过店面来销售产品，即以人际传播为基本形式的一种营销方式。但是传销和直销又有根本区别。直销是指生产者不通过中间商直接把产品销售给最终使用者。直销员的收入只能来自于其本人直接向最终消费者销售产品的提成，不允许任何直接或间接的从下线直销员的销售收入中提成，而且提成比例有严格限制。而传销的营销则成金字塔形，具有无限扩张的趋势，而某种商品的市场和消费群总是有限的，多数参加传销者不可能赢利，传销网络发展到一定程度也必然会破灭。传销和直销最根本的区别就是是否按照本人的销售业绩计酬，而传销者的收入主要来自于发展下线人员的“人头”提成，发展的下线人员越多，收入也就越多，跟本人的销售业绩没有关系。所以各国都通过立法对传销加以严格限制和禁止。我国《反不正当竞争法》没有将传销列为不正当竞争行为。2005 年国务院先后颁布《禁止传销条例》和《直销管理条例》，对传销和直销同时加以规定，明令禁止传销，允许合法直销。《禁止传销条例》规定，传销是指组织者或经营者发展人员，通过对被发展人员以其直接或间接发展的人员数量或销售业绩为依据计算和给付报酬，或者要求被发展人员以交纳一定费用为条件取得加入资格等方式牟取非法利益，扰乱经济秩序，影响社会稳定的行为。

第三节　不正当竞争行为的法律责任

不正当竞争行为的法律责任包括民事责任、行政责任和刑事责任。根据反不正当竞争法和有关法律的规定，不正当竞争行为应承担的具体的法律责任有以下几方面：

(1) 给被侵害的经营者造成损害的，应当承担损害赔偿责任。被侵害的经营者的损失难以计算的，赔偿额为侵权人在侵权期间因侵权所获得的利润；并应当承担被侵害的经营者因调查该经营者侵害其合法权益的不正当竞争行为所支付的合理费用。

(2) 经营者假冒他人的注册商标，擅自使用他人的企业名称或者姓名，伪造或者冒用认证标志、名优标志等质量标志，伪造产地，对商品质量作引人误解的虚假表示的，依照《商标法》和《产品质量法》的规定处罚。

经营者擅自使用知名商品特有的名称、包装、装潢，或者使用与知名商品近似的名称、包装、装潢，造成和他人的知名商品相混淆，使购买者误认为是该知名商品的，监督检查部门应当责令停止违法行为，没收违法所得，可以根据情节处以违法所得 1 倍以上 3 倍以下的罚款；情节严重的，可以吊销营业执照；销售伪劣商品，构成犯罪的，依法追究刑事责任。这里的监督检查部门是我国县级以上工商行政管理部门和法律、行政法规规定的其他部门。

(3) 经营者利用广告或者其他方法，对商品作虚假宣传，监督检查部门应当责令停止违法行为，消除影响，可以根据情节处以 1 万元以上 20 万元以下的罚款。广告的经营者，在明知或者应知的情况下，代理、设计、制作、发布虚假广告的，监督检查部门应当责令停止违法行为，没收违法所得，并依法处以罚款。

（4）经营者采用财物或者其他手段进行贿赂以销售或购买商品，构成犯罪的，依法追究刑事责任；不构成犯罪的，监督检查部门可以根据情节处以 1 万元以上 20 万元以下的罚款，有违法所得的，予以没收。

（5）侵犯商业秘密的，监督检查部门应当责令停止违法行为，可以根据情节处以 1 万元以上 20 万元以下的罚款。

（6）经营者违法进行有奖销售，监督检查部门应当责令停止违法行为，可以根据情节处以 1 万元以上 10 万元以下的罚款。

（7）经营者有违反被责令暂停销售、不得转移、隐匿、销毁与不正当竞争行为有关的财物的行为，监督检查部门可以根据情节处以被销售、转移、隐匿、销毁财物的价款的 1 倍以上 3 倍以下的罚款。

（8）组织策划传销的，由工商行政管理部门没收非法财物，没收违法所得，处以 50 万元以上 200 万元以下的罚款；构成犯罪的，依法追究刑事责任。介绍、诱骗、胁迫他人参加传销的，由工商行政管理部门责令停止违法行为，没收非法财物，没收违法所得，处以 10 万元以上 50 万元以下的罚款；构成犯罪的，依法追究刑事责任。参加传销的，由工商行政管理部门责令停止违法行为，可以处以2 000元以下的罚款。同时可以依照有关法律、行政法规的规定，责令停业整顿或者吊销营业执照。

第九章 反垄断法

第一节 反垄断法概述

一、垄断的一般界定与反垄断法所规制的垄断

垄断一词虽然在现代的日常生活、学术研究以及官方文件等方面经常被使用，但其所指的具体含义往往并不一致。垄断的语文词义是“排他性控制”和“独占”。固然，“排他性控制”行为可能产生许多影响经济增长和经济效率的负面效果，但是，“排他性控制”也是经济秩序的支撑点。比如产权的基本特征就是排他性专有，而行政权在所有文明国家都由一个政府独占。经济学上的垄断概念，比语文意义上的垄断定义复杂。

垄断理论的研究表明，完全竞争的市场经济是无法自我长期持续的，竞争本身包含垄断的趋向，竞争中获胜的企业具有自我加强的力量，随着竞争过程的持续，有竞争实力的企业最终会获得影响市场价格的力量，从而形成大企业。大企业利用其优势占有一定市场份额时，便具有了排斥其他企业竞争、操纵和控制市场的能力，形成垄断。从最一般的意义上来说，垄断是作为竞争的对立面存在，表现为对竞争的限制或阻碍。因此，经济学上的垄断，是指在市场交易中，一个大企业或少数几个大企业，凭借自身的经济优势或超经济势力，对相应部门产品生产和销售实行排他性控制，以牟取长期稳定超额利润的经济行为。垄断是市场经济发展的必然产物，是从竞争中产生，又反过来否定、限制、阻止市场竞争的异化力量，是对公平竞争市场秩序的极大威胁。

经济学角度对垄断的一般界定，对我们全面把握垄断的基本含义有着重要意义，也是我们认识反垄断法的重要基础。但是，对于学习反垄断法来说，这只是第一步，仅仅停留在这个层面上还是远远不够的，因为反垄断法所规制的垄断与经济学中的垄断虽然有着密切的联系，但又有着重要的区别。

反垄断法中的垄断概念与经济学中的垄断定义有所不同，它更注重垄断之负面影响的界定。它是指特定主体在经济活动中限制和阻碍竞争的状态或行为，具体是指企业或其他组织单独或者联合地采取经济的或者非经济的手段，在特定市场实行排他性控制，从而限制或阻碍竞争的状态或行为。它不仅表现为实质性限制竞争的状态，而且更多地或甚至完全表现为各种实质性限制竞争的行为；它可以是单个企业的单独行为，也可以是两个或者两个以上企

业之间的联合或者默契行为；它可以是企业或者其他市场经营主体以经济手段追求或滥用垄断地位的行为，即所谓的经济性垄断，也可以是非市场经营主体以非经济手段从事的垄断行为，即所谓的行政性垄断。

垄断行为与不正当竞争行为是不一样的。不正当竞争行为是以违反商业道德的手段从事市场竞争的行为。两者的基本区别是，垄断行为旨在消除或者限制竞争，故又称为限制竞争行为，如协议限制竞争的卡特尔行为、滥用独占地位的排斥竞争行为、谋求垄断的并购行为；不正当竞争行为则是在竞争非常充分的情况下，经营者采取不道德的手段进行“过火”的竞争，如仿冒他人商品标识、商业贿赂、侵犯商业秘密等。

二、反垄断法的基本特征

反垄断法是禁止行为人排除或者限制市场竞争的行为的法律部门或者法律规范的总称。世界上第一部反垄断法是1890年美国的《谢尔曼法》。现代国家大都根据本国情况颁行了相关的反垄断法。我国要建立社会主义市场经济体制，也必须建立反垄断法。

反垄断法被公认为属于作为独立部门法的现代经济法的范畴，而且一般还被认为是经济法中最典型的部分，在一些西方国家往往被认为是经济法的核心和龙头，被称为“经济宪法”、“市场经济的基石”、“自由企业大宪章”等。从反垄断法的基本性质、内容和各国的反垄断立法、执法情况出发，反垄断法的基本特征具体地、典型地体现了经济法的特征，并可概括为以下3个方面：

(1) 国家干预性。如果说用国家干预可能难以完全概括现代经济法丰富而深刻的内涵，那么用它概括作为经济法的典型部分的反垄断法还是比较适当的。反垄断法在本质上就是现代国家为适应弥补民法调整的不足而自觉地干预市场，以维护自由、公平的竞争秩序和经济活力而产生的。反垄断法反对非法垄断、保护有效竞争，是促进和保证国家适度干预的重要力量。

(2) 社会本位性。经济法的社会本位，是指它对经济关系的调整是立足于社会整体，在任何情况下都以大多数人的意志和利益为重。在经济法的社会本位方面，反垄断法表现得尤为明显，它保护的既不是单纯的国家利益，也不是完全的社会个体的利益，而是同这两者既有密切联系又有明显区别的社会公共利益，即广大人民群众所享受的利益。反垄断法对社会公共利益的维护是通过对自由和公平的市场竞争秩序的维护来实现的。它对垄断行为的规制是以社会公共利益为出发点和目的的，其实际效果亦应如此。从严格意义上说，竞争法乃至整个经济法的着眼点，并不在于对单个竞争者利益的保护，而在于实现社会公平正义。

(3) 经济政策性。相对于其他部门法来说，经济法具有较强的政策性，而其中反垄断法的政策性更加明显。这不仅表现在反垄断法的制定、修改本身与国家的经济政策密切相关，而且其执法和司法活动也带有很强的政策性，从而具有较大的灵活性，同样的法条在不同的国家以及不同国家的不同时期的执行情况可能有很大的差异。

二、我国反垄断立法的必要性

（一）我国反垄断法的现状

我国还没有法典意义上的反垄断法，但是现行法律体系中已有一些反垄断方面的法律规范，主要是：①《反不正当竞争法》，该法第二章规定了 11 种行为，6 种为不正当竞争行为，5 种为垄断行为，包括公用企业等强制交易行为、行政垄断行为、低于成本价销售行为、搭售行为和串通招投标行为；②《中华人民共和国价格法》，该法第 14 条规定的不正当价格行为中，相互串通操纵市场价格行为、低价倾销行为及价格歧视行为属于垄断行为；③《中华人民共和国招标投标法》，该法规定的串通招标投标行为、禁止招标人对潜在的投标人的歧视待遇和其他限制投标人竞争的行为属于垄断行为；④地方性法规。此外，国务院及其相关部委也发布过一些涉及反垄断的行政法规、规章等。

（二）我国反垄断立法的必要性

1. 垄断的危害

（1）垄断将导致较低的产量和较高的价格。垄断行为最典型之处，是人为控制产品生产的供给数量，制造有利于自己的“卖方市场”状态，维持大大高于竞争性市场的产品垄断价格，以攫取垄断利润。垄断导致的产量减少、价格提高，是经济学家们强烈反对垄断的原因之一。

（2）管理松懈。每一个企业都想使其生产成本最小，获取尽可能高的利润。而在现实中，垄断厂商不必经过激烈竞争就能获取高额利润，常常缺乏尽可能实施有效管理降低成本的动力，导致管理松懈。

（3）寻租行为。某些垄断权是通过政府的帮助获得的，为获得和维持其垄断地位或阻止竞争者进入市场，垄断者可能会将资源花费在获取政府授予的特许经营权等一些非生产性活动上，造成资源的浪费。垄断者所获得的利润称为垄断租金，那些通过在某一行业来获得和保持现在租金的行动称为寻租。这种寻租活动所造成的资源浪费可能远远高于产量减少所造成的损失。

（4）由于缺乏竞争压力，垄断还会导致研究开发动力缺乏和技术停滞。

总之，垄断的巨大危害在于，通过排他性控制，阻止竞争对手或潜在竞争对手的进入，限制公平竞争，损害消费进权益，阻碍技术进步，降低经济效率，导致经济停滞。因而，垄断势力历来被视为市场经济社会的头号公敌。正是在这个意义上，市场经济国家对反垄断都可谓不遗余力。因此，国家需要建立保护竞争反对垄断的法律制度。

2. 我国现行反垄断法的不足

我国虽然在反垄断方面已经有一系列反垄断法律规范，而且通过执法已经取得了一定成效，但其不足也是非常明显的。

（1）尚未形成一个系统和完整的反垄断法律体系。反垄断法的三大支柱是禁止垄断协议、禁止滥用市场支配地位和控制企业合并。但是，我国现行反垄断法在这三个方面都没有完善的规定。除了禁止公用企业滥用行为的规定外，我国还没有关于禁止滥用市场支配地位的普遍性规定。因此，尽管微软公司的捆绑销售行为和价格歧视行为在很多国家被视为滥用市场支配地位，从而被提起反垄断诉讼，但是中国的用户和消费者则不得不在微软公司垄断的阴影下叫苦连天。此外，中国也没有关于控制企业合并的规定。

（2）对行政垄断行为制裁不力。行政垄断，是指政府或其所属部门凭藉行政权力所实施的使某些企业得以垄断和限制竞争，而排除、限制或干涉其他企业合法竞争的行为。行政垄断的主体不是一般的市场经营主体，而是地方政府和中央与地方政府部门；其行为不是经营市场主体自身的经济行为，而是行政权力的滥用行为，并导致市场竞争的实质限制。

行政垄断表现形式多种多样，主要有行业垄断、地区垄断和其他利用行政权力实施的垄断。其中行业垄断是指经济行业部门的政府主管机关运用其合法拥有投资权、资源管理权、财政权、企业管理权等，限制或阻止其他行业部门的经营者或本行业部门内其他经营者从事某种经营活动，使其所支持的企业实现垄断和限制竞争。地区垄断是指地方政府行政机关滥用行政权力，搞地区封锁、地方保护主义，限制和阻止本地区以外的经营者进入本地区市场，参与公平竞争。其手段包括对外地的经营者或其商品拒办经营执照，或随意没收、罚款，限制或禁止本地或外地的原材料和商品出入本辖区，对外地经营者采取其他各种歧视措施等。

行政垄断有着多方面的危害后果。从经济方面说，它凭借行政强制力严重限制竞争，扭曲价值规律，使市场机制作用无法与之抗衡；形成条块分割，壁垒森严，妨害全国统一市场的发育；限制或剥夺了其他经营者的经营自由；损害消费者权益；也助长了这些垄断企业的懈怠精神。从政治和社会方面说，它坚持政府行政机关对于企业的直接干扰，阻挠政企分离，妨害国家经济体制和政治体制改革；助长社会不公平、腐败和违法现象。由于中国处于经济转轨的过程中，因此中国在旧经济体制下的行政垄断行为目前仍然很严重。

（3）缺乏独立和权威的反垄断执法机关。反垄断法与其他法律制度不同，它的任务不仅是要同大企业集团或者垄断企业限制竞争的行为作斗争，而且还要同政府滥用行政权力限制竞争的行为作斗争，这就要求执法机关具有相当大的独立性和足够大的权威性。特别是行政性限制竞争的案件，往往有着盘根错节的复杂关系，调查难度大，如果反垄断法的主管机关没有相当大的独立性和权威性，它的审案工作就会受到其他行政部门的干扰和影响，不利于依法作出裁决。而就中国现行反垄断法的执法机关来说，即便是工商行政管理部门，它们也不具有足够大的独立性和权威性。例如，在中国当前各地的地方保护主义中，有些工商行政管理部门就不能处于超脱的态度，秉公执法。

第二节　禁止限制竞争协议行为和控制企业合并

一、禁止限制竞争协议行为

（一）限制竞争协议的概念

限制竞争协议包括限制竞争横向协议和垂直协议。

横向协议也被称为卡特尔，它是指在法律上各自独立的企业之间为了共同的目的，相互达成的限制竞争或者进行某种协调的协议，它在一定程度上限制了企业的自主权。很明显，这种限制竞争是协调性的限制竞争，其典型表现是企业间相互限制产品价格、限制生产数量和分割销售市场。价格卡特尔是危害竞争最甚的卡特尔。价格一旦被固定，其激励并合理调节生产、沟通生产者和消费者的作用便消失殆尽。而且，如果被固定的价格是垄断价格，它就会在人为的推动下大幅度上涨，从而严重损害消费者利益。因此，固定价格的做法无疑应由反垄断法予以禁止。

垂直协议是指在处于上下生产阶段并具有买卖关系的企业之间所订立的排他性协议（如拒绝为第三方供货或者销售）。因为这种限制竞争有妨碍其他竞争者开展经营活动的特点，所以也被称为妨碍性的限制竞争。在很多情况下，垂直协议对经济发展有着积极的作用。通过这种协议，企业可以保证原材料购买渠道和产品销售渠道的畅通，从而降低生产成本和价格，提高竞争力。但是，如果协议对市场的影响过大，特别是当签订垂直协议的一方取得了市场优势时，它就会导致严重的反竞争效果。这种限制竞争的行为应纳入反垄断法的禁止之列。在我国现阶段，这种限制竞争的典型表现是一些取得了市场优势地位的企业强迫收购或强迫对方购买由其指定的产品。

（二）限制竞争协议行为的具体表现

1. 联合操纵市场价格行为

联合操纵市场价格行为，又称价格卡特尔，是指经营者之间共同决定本应由市场决定的价格，并以此回避价格竞争的行为。由于价格卡特尔直接危害价格机制，通过共同行为形成对价格的支配，因此其危害性更大。无论价格卡特尔决定的价格是否合理，哪怕这种行为对物价起到抑制作用，都视为违法。

理解联合操纵市场价格行为，应注意以下几点：① 行为主体是经营者，不是行政机关；② 行为主体须两个以上；③ 损害其他经营者和消费者合法权益。

2. 串通招标投标行为

串通招标投标行为，一般是在竞标前，事先决定中标者，限制他人参加竞标。根据《反不正当竞争法》第 15 条规定，串通招标、投标行为是按照主体可分为以下两种行为：

（1）投标者之间的串通投标行为。串通投标行为是指投标者之间相互串通、以抬高或压低标价的行为。这种行为具有下列要件：①行为人是投标人，即投标人之间相互通气、形成一致意见；②主观上具有故意，即有明确的意思联络，希望达到串通的目的；③目的或后果是抬高或者压低标价。

(2) 招标人与投标人之间串通招投标行为。这是指投标者和招标者相互勾结，以排挤竞争对手的公平竞争的行为。这种行为的要件是：①行为人是投标人与招标人，而投标人只能是所有投标人中的特定投标人，招标人与其串通；②相互勾结，即投标人与招标人相互串通一气所实施的行为；③目的或后果是排除了竞争对手的公平竞争。在串通行为中，招标人有意选中某个投标人中标，从而使其他投标人成为陪衬和摆设，使招标、投标成为形式。

(二) 控制企业合并

各国反垄断立法一般把企业合并造成的经济力量过度集中也纳入反垄断法的调整范围。根据美国的《克莱顿法》以及各国以后的立法，反垄断法中的企业合并除了企业法意义上的公司合并，还包括各种形式的组合或联合，如对其他企业的股份或资产的收购等。一般包括横向合并、纵向合并以及所谓混合合并 3 种形式。

控制企业合并，是因为企业合并造成了经济力量的过度集中。由于经济力量的过度集中，市场上往往只存在几个甚至一个经营者，因此大大增加了滥用支配地位行为和垄断协议行为发生的危险性，使其他竞争者的处境更为不利，同时潜在竞争者进入市场的难度也大大提高。

为此，有关国家规定，达到一定规模合并要申报。其目的是为了让国家主管机关了解企业情况以及市场竞争情况，以便作出批准或不批准的决定。合并申报要求企业达到一定规模，而这个规模是按照企业市场销售额来确定的。在进行合并申报未获得批准前，企业不能进行合并。企业合并会影响市场竞争，因此国家进行规定，尽管合并会导致市场支配地位，但有些时候，国家也会批准下列合并：① 破产合并，通过合并可以保持企业的经济力；② 考虑生产合理化，要求合并能提高企业经济效益，并且考虑该经济效益能使消费者受益。否则，国家不会批准这样合并；③ 潜在竞争，如果一个国家是开放的，在允许国际自由贸易条件下，考虑是否存在外国竞争者。

第三节　禁止滥用独占地位行为

一、滥用独占地位行为

(一) 独占地位的认定

独占地位，又称优势地位或垄断地位，是指企业支配市场的地位，或者具有市场支配力的企业的一种地位。所谓市场支配力，又称垄断力或市场权力，其主要是指企业在特定市场上所具有的某种程度的支配或者控制力量，一般表现为决定产品质量、价格或销售方面的控制能力。独占地位的获取有两种途径，一是市场竞争；二是政府有关部门依法赋予。

对于靠竞争获取独占地位的，对市场支配的判断主要是依据市场份额的指标来进行。在美国，50％以上的市场份额被认为具有市场支配力。这种垄断是经济性垄断，其垄断地位的是通过自由竞争形成的，因而也是合法的。

而政府有关部门依法赋予相关行业独占地位的原因在于：① 自然垄断。即一个企业能够以低于两个或者更多的企业的成本向整个市场供给一种物品或者劳务而产生的垄断。自然垄断行业具有下列特点：一是独占性，即一般是独家经营更有效率；二是公益性，即一般为社会公众提供基本服务，涉及到社会公共利益；三是不可选择性，即由于经营者的独占性，消费者对其提供的服务没有选择性，处于不利的地位，因而消费者保护问题在这些行业尤其突出；四是国有国营的情况较多。② 国家特许垄断。这是指除自然垄断以外，国家出于对社会或经济等方面的政策性考虑，特许某些企业对某些行业或产品实行垄断经营，限制或排除竞争。例如金融业，由于其是为国民经济提供基础性条件，因此法律既赋予其特别的行业权利，又对其进行特别的管制。又如农业及其主要产品的购销也不适宜无限制的自由竞争，一则它们对自然条件依赖性强，生产者不便适应市场供求和价格的变化而迅速转产；二则会影响人民基本生活需求。在农业领域，许多国家不仅允许生产经营者订立限制竞争的协议，而且国家往往还规定最低保护价格，或由国家给予补贴，或由国家直接参与购销活动。我国农业还比较落后，基础薄弱，而人民生活和工业发展对农业需求很大，国家更应采取多种保护措施。

反垄断法并不反对所有的垄断行为，反垄断法规范禁止的是经营者滥用独占地位的行为。

（二）滥用独占地位行为的概念和特征

滥用独占地位行为，又称滥用经济优势行为，是指在市场竞争中处于优势地位的企业限制市场竞争，应受反垄断法规制的不当行为。滥用经济优势行为的特征如下：

（1）滥用独占地位行为是单个企业实施的行为。这种行为区别于联合限制竞争行为和企业合并行为，也区别于行政垄断的行为。联合限制竞争行为和企业合并是两个或者两个以上企业实施的行为，而行政垄断虽然可能是单个主体实施的，但实施主体是地方政府或所属部门而非企业。

（2）滥用独占地位行为是具有经济优势地位的企业实施的行为。这种优势地位可能来自于市场独占或支配地位，也可能来自于交易中的特殊情况。从这个意义上讲，对滥用经济优势行为的规制，体现了限制以强凌弱的法律思想。

（3）滥用独占地位行为是具有经济优势地位的企业实施的不当行为。具有经济优势地位本身并不违法，只有当具有经济优势地位的企业不当利用其优势地位，即滥用其独占地位、损害竞争秩序时才受法律制裁。在这个意义上讲，对滥用经济优势行为的规制，体现了权利不得滥用的法律思想。

（4）滥用独占地位行为是具有经济优势地位的企业实施的应受反垄断法制裁的行为。这里所指的滥用经济优势行为有其特定的内涵，是指应受反垄断法制裁的不正当行为，应当符合反垄断法规定的构成要件。

（三）滥用独占地位行为的违法构成

一般性不合理使用独占地位，只能视为违反商业道德的行为，稍微严重的可用民法的诚实信用原则来调整，滥用独占地位行为只有具备特定的要件才受到反垄断法的追究。滥用独占地位行为的违法构成一般包括3个要件：

（1）违法者具有特定的身份。行为人只能是占据市场支配地位的企业或在倾斜的市场供求关系中被交易方依赖的企业，不具有此种身份，不得使用反垄断法的相应条款。

（2）违法者必须有“滥用”行为。只要依照商业道德判断为不合理，即可视做“滥用”行为，反之，行为人没有利用其独占地位，或者虽利用其经济优势地位但并非不合理，就不能视为是滥用行为。

（3）违法者必须造成较大的损害后果。维护自由公平的市场竞争机制是反垄断法的根本目的，应受反垄断法制裁的滥用经济优势行为必然是损害自由公平的市场竞争机制的行为，这种损害必须是一种根本的、严重的损害。

二、滥用独占地位行为的具体表现

（一）公用企业等限制竞争行为

公用企业是指涉及公用事业的企业，包括供水、供电、供热、邮政、电信、交通运输等行业的企业。我国的公用企业具有市场经营和行业管理的双重身份。在现实生活中，公用企业滥用市场优势侵害消费者的合法权益，损害公平竞争的现象较为普遍，这使得公用企业领域开展反垄断具有了必要性。

《反不正当竞争法》第6条规定：“公用企业或者其他依法具有独占地位的经营者，不得限定他人购买其指定的经营者的商品，以排挤其他经营者的公平竞争”。该法第23条规定：“公用企业或者其他依法具有独占地位的经营者，限定他人购买其指定的经营者的商品，以排挤其他经营者的公平竞争的，省级或者设区的市的监督检查部门应当责令停止违法行为，可以根据情节处以5万元以上20万元以下的罚款。被指定的经营者借此销售质次价高商品或者滥收费用的，监督检查部门应当没收违法所得，可以根据情节处以违法所得1倍以上3倍以下的罚款。”

（二）低于成本价销售行为

1. 我国法律对低于成本价销售行为的规范

低于成本价销售行为，又称低价倾销行为，是指经营者在依法降价处理商品之外，为排挤竞争对手或独占市场，以低于成本的价格倾销商品，扰乱正常的生产经营秩序，损害国家利益或者其他经营者合法权益的行为。我国规范市场主体低于成本价销售行为的法律，主要是1993年的《反不正当竞争法》和2003年国家发展改革委员会制定的《制止价格垄断行为的暂行规定》。

《反不正当竞争法》第11条规定：“经营者不得以排挤竞争对手为目的，以低于成本的价格销售商品。有下列情形之一的，不属于不正当竞争行为：① 销售鲜活商品；② 处理有效期即将到期的商品或者其他积压的商品；③ 季节性降价；④ 因清偿债务、转产、歇业降价销售商品”。

《制止价格垄断行为的暂行规定》第 7 条规定：“经营者不得凭借市场支配地位，以排挤、损害竞争对手为目的，以低于成本的价格倾销，或者采取回扣、补贴、赠送等手段变相降价，使商品市场销售价低于商品自身成本。”该条规范低于成本价销售行为的目的不是为了规范价格行为而是为了维护竞争，而是从禁止滥用市场支配地位的角度来规范低于成本价销售行为的。

2. 理解低于成本价销售行为应注意的问题

（1）企业自主定价权与反垄断法的关系。自主定价权是法律赋予市场主体的经营自主权，市场主体将商品或服务的价格确定在成本之下的定价行为本身是其自主定价权的表现。反垄断法规范市场主体低于成本价销售行为，在一定程度上是对企业经营自主权的限制。这种公权力对企业经营自主权的限制如果没有充分的法律依据，就会构成对企业经营自主权的不当干预和侵害。准确来讲，市场主体的自主定价活动是市场经济中的微观经济活动，距离政府的宏观调控行为是比较远的，但如果市场主体的微观经济活动影响了竞争机制的运行，这种对竞争构成伤害的行为又无法依靠市场机制本身来解决时，就有了政府干预和参与的必要。

（2）反垄断法禁止部分不是全部的市场主体从事的低于成本价销售行为。不是所有市场主体的低于成本价销售行为都是反垄断法禁止的。反垄断法不关注不具有优势地位的企业从事的低于成本价销售行为。因为不具有经济优势的市场主体其本身没有能力影响和控制市场，所以即使其从事了低于成本价销售的行为，也会因其本身力量的弱小而无法对市场竞争构成限制和影响。反垄断法必须规范具有市场支配地位或经济优势地位的企业从事的低于成本价销售行为。具有市场支配地位和经济优势的企业实施的低于成本价销售的行为，由于企业本身对市场的控制力，所以该行为对竞争会产生极大的影响：当具有市场支配地位或经济优势的企业从事低于成本价销售行为时，实际上市场障碍已经形成；其他主体因为该市场的价格无利可图已经不会进入该市场；而该市场原有的竞争者则由于低于成本价销售行为的存在而进退维谷，如果也同样从事低于成本价销售行为，会因其资本不如具有市场支配地位或经济优势的企业实力雄厚而无法承担亏损的风险，如果不同样从事低于成本价销售行为，则原本拥有的市场份额会不断丧失直至没有立足之地。正因如此，当具有市场支配地位或经济优势的企业从事低于成本价销售行为时，市场正常的竞争无法充分、有效地展开，对竞争进行维护的反垄断法才必须对这种行为进行规范。

（3）成本价的界定。市场主体的销售行为是不是低于成本价涉及到成本价界定的问题。自由而公平的竞争本身是允许或鼓励市场主体进行成本竞争的，能够以小的成本提供同质量的商品或服务一定是经营者本身采用了更先进的技术、更科学的管理制度，成本的竞争优势代表了社会生产力发展的方向，是反垄断法应该鼓励的行为。因此，规范低于成本价销售行为最关键的问题是成本价的界定标准。这里的成本价不仅是非常难以举证证明的，因为每个经营者的成本价是多少属于经营者的商业秘密，而且在确定这个标准时要注意因为标准的确定太过宽松而保护落后，打击先进。在我国，关于成本价的界定缺乏一个具有可操作性的相对准确的标准。

（三）搭售行为

搭售是指经营者利用其在经济和技术等方面的优势地位，在销售某种产品时强迫交易相对人购买其不需要、不愿购买的商品，或者接受其他不合理的条件。

从《反不正当竞争法》第 12 条“经营者销售商品不得违背购买者的意愿搭售商品或者附加其他不合理的条件”的规定来看，搭售本身需要以“违背购买者的意愿”为条件，而且，之所以能够使购买者违背意愿，必然是因为销售者具有经济上的或者技术上的优势，否则，购买者何以受其摆布？

《反不正当竞争法》对搭售行为没有规定行政处罚条款。正因如此，搭售行为只能产生民事后果，即法院可以宣布搭售行为（合同）无效。

（四）价格歧视行为

价格歧视行为，是指卖方对购买相同等级、相同质量货物的买方要求支付不同的价格，或者买方对于提供相同等级、相同质量货物的卖方支付不同的价格，从而使处于相同地位的经营者不能享有平等的交易机会。而且，同一产品的不同批发价会直接影响到零售价，因此，价格歧视行为还会损害消费者的利益。《中华人民共和国电力法》（以下简称《电力法》）第 41 条规定，“对同一电网内的同一电压等级、同一用电类别的用户，执行相同的电价标准。”这就是一个禁止歧视的条款。

在反垄断法上，价格歧视行为被作为具有市场独占地位的经营者滥用市场支配地位行为的一种形式。因为，在市场竞争充分的情况下，没有市场力量的经营者对交易对方进行价格歧视时，交易对手选择其他的经营者不会受到损害；只有在实施歧视行为的经营者具有市场力量时，才会损害交易对方的交易选择和破坏竞争机制，才具有干预的必要。因此，对价格歧视行为的认定也应该慎重对待。

（五）拒绝交易行为

依合同自由的原则，企业完全有权利决定与某个企业进行交易，或者与某个企业不进行交易。但是，如果企业拒绝交易是为了加强其市场支配地位，这种行为是违法的。如果有正当理由拒绝交易，该行为可以得到认可。我国《电力法》第 26 条规定，“供电营业区内的供电营业机构，对本营业区内的用户有按国家规定供电的义务；不得违反国家规定对其营业区内申请用电的单位和个人拒绝供电。”这就是一个禁止拒绝交易行为的法律条款。

第十章 产品质量法

第一节 产品质量法概述

一、产品质量法的概念

产品质量法是调整产品在生产、流通和消费领域因质量问题而产生的社会关系的法律规范的总称。

产品的范围非常广泛，但并非是产品质量法所指的“产品”。产品质量法中所讲的产品，是指经过加工、制作、用于销售的产品。虽经过加工、制作，但不用于销售的产品以及天然物品不包括在内。另外，我国的产品质量法也将建筑工程排除在“产品”之外。

产品质量法调整的社会关系包括两个方面：一是产品质量监督管理关系。它是指国家为提高产品质量，在确定产品质量监督管理体制和产品标准的过程中发生的经济关系；二是产品质量责任关系。它是指因产品质量而引起的产品生产者、经营者与消费者之间的责任关系。产品质量法与这两方面社会关系调整的紧密结合是我国产品质量立法的一大特点。

产品质量是一个企业的声誉、信誉以及经济效益高低的决定因素。另外，企业也有义务生产经营质量合格的产品，如果生产经营质量不合格的产品，并给消费者造成损害的，企业就必须承担由此引起的赔偿责任和其他相应的法律责任。因而，有些国家的产品质量法就是产品责任法。我国在强调生产者、经营者责任的同时，也确定了通过建立健全产品质量监督管理体制、确立先进科学的质量标准，来促进产品质量提高。因此，我国的产品质量法是国家宏观质量管理体制与产品生产者和经营者的产品质量责任体制的紧密结合。

二、产品质量立法概况

产品质量立法虽然在世界范围内有上百年的历史，但在我国却只有二十年左右的发展历程。我国产品质量立法采取全国统一立法和区别管理监督的原则。由国家统一制定在全国具有效力的产品质量法，建立全国统一的质量管理体制。在此基础上，根据产品的自身特点和要求，实行不同的质量管理政策和目标，同时，还对可能危及人体健康和生命、财产安全的产品实行强制管理。据此，我国在颁布《中华人民共和国产品质量法》(1993 年，以下简称《产品质量法》) 前后，制定了一系列产品质量的法律规范。主要有《中华人民共和国工业产品质量责任条例》(1986 年)、《中华人民共和国计量法》(1985 年)、《中华人民共和国进出口商品检验法》(1989 年)、《中华人民共和国标准化法》(1988 年)、《产品质量认证管理条例》(1991 年)、《产品质量申诉处理办法》(1998 年)、《产品标识标注规定》(1997 年)、《监控化学品管理条例》(1995 年)、《流通领域进口商品质量监督管理办法》(1997 年)等。2000 年 7 月 12 日全国人民代表大会常务委员会第十六次会议通过了产品质量法修正案,对《产品质量法》作了重大修正,进一步完善了我国的产品质量法体系。

三、产品质量的监督管理

(一)产品质量监督管理机构

我国依照统筹规划、分级管理的原则,确立了较为完善的质量监督管理体系。国家质量监督检验检疫总局(简称国家质检总局)是国务院主管全国质量的专门机构,负责全国质量、计量、出入境商品检验、出入境卫生检疫、出入境动植物检疫和认证认可、标准化等工作。

县级以上地方人民政府管理产品质量监督工作的部门负责本行政区域内的产品质量监督管理工作。县级以上地方人民政府有关部门在各自的职责范围内负责产品质量监督管理工作。国家和地方技术监督局是政府内专门管理产品质量的职能机构。为了破除地方部门保护主义,修订的产品质量法明确了各级政府在产品质量工作中的责任,规定各级政府工作人员不得包庇本地区、本系统发生的违反产品质量法行为,任何单位和个人不得排除非本地区或者非本单位生产的质量合格的产品进入本地区。

除专门的质量监督机构外,其他机构或部门依照法定职权可以对特定的产品或服务质量进行监督检查,如文化部门对音像制品的检查、建筑部门对工程质量的检查、卫生部门对餐饮业的检查等。

(二)产品质量监督管理制度

1. 产品质量检验制度

检验是产品质量的重要保障,产品质量检验制度是检验机构根据特定标准对产品品质进行检测,并判定合格与否的方法、程序和要求。产品质量应当检验合格,任何单位和个人不得以不合格产品冒充合格产品。

根据检验的主体不同,质量检验可以分为自我检验和专门机构的检验。自我检验如出厂检验、入库检验、依据合同的检验等;专门机构的检验是专门的检验机构对特定商品或在特定的情况下对商品进行的检验。无论是自我检验还是专门机构的检验,产品质量检验机构必须具备相应的检测条件,经省级以上人民政府产品质量监督管理部门或者其授权的部门考核合格后,方可承担产品质量检验工作。

我国专门机构的检验分工如下:①国家商检机构对进出口商品进行检验;②药品检验机构对药品进行监督检验;③锅炉及压力容器安全监督检验机构对锅炉和压力容器质量进行检验,④船舶检验机构对船舶、船用设备及材料质量进行检验;⑤食品卫生检验机构对食品卫生进行检验。

2. 标准化管理制度

标准化是指对科学、技术、经济领域内重复应用的问题给出解决办法的活动，其目的在于获得最佳秩序和社会效益。产品质量的标准化管理制度是指有关制定、实施和监督产品质量标准的程序和要求。

（1）产品质量标准的制定。依据有关法律，对下列工业产品的技术要求必须制定标准：①工业产品的品种、规格、质量、等级或者安全要求、卫生要求；②工业产品的设计、生产、检验、包装、储存、运输、使用的方法，或者生产、储存、运输过程中的安全、卫生要求；③有关环境保护的各项技术和检验方法；④有关工业生产的技术术语、符号、代号和制图方法。

标准有不同分类。按照标准制定机关不同，标准可以分为国家标准、行业标准、地方标准和企业标准。按照标准执行的自主程度，标准可分为强制性标准和推荐性标准。国家标准是由国务院标准化行政主管部门制定的，对全国经济、技术有重大意义而必须在全国范围内实施的标准。行业标准是在没有国家标准的情况下由国务院标准化行政主管部门制定的，在全国某个行业范围内统一实施的标准。它是对国家标准的补充，不得和国家标准相抵触。行业标准业分为强制性标准和推荐性标准。地方标准是由省、自治区、直辖市政府标准化行政主管部门制定的，在本辖区内统一实施的标准。凡是没有国家标准和行业标准的，可以制定地方标准。企业标准是由企业制定的在本企业内部实施的标准。企业生产的产品没有国家标准和行业标准的，应当制定企业标准，作为组织生产的依据。已有国家标准或者行业标准的，国家鼓励企业制定严于国家标准或者行业标准的企业标准。

采用国际标准是将国际标准的内容经过分析研究和试验验证，等同或修改转化为我国标准（包括国家标准、行业标准、地方标准和企业标准），并按照我国标准审批发布程序审批发布。

（2）产品质量标准的实施和监督。国家标准、行业标准分为强制性标准和推荐性标准。不符合强制性标准的产品，禁止生产、销售和进口。推荐性标准国家鼓励企业自愿采用。保障人体健康、人身财产安全的标准和法律规定强制执行的标准是强制性标准，例如药品标准、食品卫生标准、兽药标准、产品在生产和储运及使用中的安全卫生标准等；地方标准中关于工业产品的安全、卫生要求的标准，在本行政区域内是强制性标准。除此之外的其他标准是推荐性标准。强制性标准必须执行，不符合强制性标准的产品，禁止生产、销售和进口。推荐性标准由企业自主选择采用，国家鼓励企业自愿采用推荐性标准。

企业生产执行国家标准、行业标准、地方标准或企业标准，应当在产品或者其说明书、包装物上标注所执行标准的代号、编号、名称。

县级以上人民政府标准化行政主管部门负责对标准的实施进行监督检查。县级以上人民政府标准化行政主管部门，可以根据需要设置检验机构，或者授权其他单位的检验机构，对产品是否符合标准进行检验。

国家机关、社会团体、企业事业单位及全体公民均有权检举、揭发违反强制性标准的行为。

（3）企业质量体系认证制度。企业质量体系又称企业质量保证体系，它是指企业为保证产品质量符合标准，将产品质量形成过程中各环节的质量职能组织起来而形成的一个相互协调、相互促进的有机整体。完善的质量体系是产品高质量的保证。通常产品的需方将企业的产品质量体系作为衡量产品质量的重要依据；而企业是否具备合格的质量体系则需专门机构的认证。

企业质量体系认证制度是指专门的认证机构根据企业的申请，依据国际通用的质量管理标准，对企业的质量体系进行审查和鉴定，并确定是否发给质量体系认证证书的制度。该制度的目的在于加强企业内部质量管理，向需方提供质量担保。

企业质量体系认证机构是具备认证条件并经国务院产品质量监督管理部门或其授权的部门认可的对企业质量体系进行认证的技术机构。我国的企业质量体系认证不实行强制认证，企业根据自愿原则向认证机构提出申请，经认证合格的，由认证机构发给企业质量体系认证证书。

企业质量体系认证标准，是采用国际标准化组织系列国际质量管理和质量认证系列标准。当现行标准不能满足需要时，认证机构可以依法组织制定补充要求，经国务院质量监督管理部门确认后实施。

（4）产品质量认证制度。产品质量认证是指依据产品标准和相应技术要求，经认证机构确认并通过颁发认证证书和认证标志来证明某一产品符合相应标准和相应技术要求的活动。

产品质量认证分为安全认证和合格认证。安全认证是对属于执行国家强制性标准的产品进行的认证，目的在于保障人身和财产的安全。合格认证是对产品质量是否符合特定的国家标准或者行业标准的产品进行的认证，目的在于证明某产品符合特定的标准。

产品质量认证机构是由国务院标准化行政主管部门或者其授权的部门设立的行业认证委员会，负责认证工作的具体实施。我国对产品质量的认证也不实行强制认证，企业根据自愿原则可以向认证机构提出认证申请。

提出申请的企业应当具备以下条件：①产品符合国家标准或者行业标准的要求；②产品质量稳定，能正常批量生产；③生产企业的质量体系符合国家质量管理和质量保证标准及补充要求。

经认证委员会审查，认证合格的，授予产品质量认证证书，准许在产品或者其包装上使用产品质量认证标志。获准认证的产品，除接受国家法律和行政法规规定的检查外，免于其他检查，并享有实行优质优价、优先推荐评为国优产品等国家规定的优惠。已取得认证证书的企业，应当接受认证委员会对其产品进行的监督检查。

（5）产品召回制度。产品召回制度是指产品进入流通领域后，如果发现存在可能危害消费者健康、安全的缺陷时，产品的制造者或经销者应当及时采取有效措施，在政府监督下收回流通中的缺陷产品，以避免危害发生的制度。产品召回体现了产品质量管理防患于未然的方针，是一种事先救济措施，也是质量担保的补充形式，体现了企业的社会责任。我国1993年《消费者权益保护法》第18条第2款要求经营者发现其提供的商品或服务存在严重缺陷，即使正确使用商品或者接受服务仍然可能对人身、财产安全造成危害的，应当立即向有关政府部门报告和告知消费者，并采取防止危害发生的措施。这一条款对产品召回做了原则性规定。2004年国家质检总局、发改委、商务部和海关总署发布了《缺陷汽车产品召回管理规定》，初步建立了汽车召回制度。

(6) 产品质量的监督检查制度。产品质量的监督检查制度是国家以抽查为主要方式，对特定范围产品进行检查，以促进企业提高产品质量的制度。抽查的对象主要是以下范围的产品：①可能危及人体健康和人身、财产安全的产品；②影响国计民生的重要工业产品；③用户、消费者、有关组织反映有质量问题的产品。

监督抽查工作由国务院产品质量监督部门规划和组织。县级以上地方人民政府管理产品质量监督工作的部门在本行政区域内也可以组织监督抽查，但要防止重复抽查。产品质量抽查的结果应当公布。根据抽查的需要，可以对产品进行检验。

(7) 用户、消费者和中介机构对产品质量的监督制度。用户、消费者对产品质量的监督是通过行使查询权和申诉权来实现的。查询权是用户和消费者享有的向产品的生产者和销售者就产品的质量问题进行调查和咨询的权利。生产者和销售者有义务回答用户和消费者的有关问题。申诉权是用户和消费者发现产品有质量问题时向产品质量监督管理部门、工商行政管理部门以及有关部门提出申诉的权利。国家技术监督管理部门应当设置专门的工作机构或者专职人员，负责处理产品质量申诉。

保护消费者权益的社会组织可以就消费者反映的产品质量问题建议有关部门负责处理，支持消费者对因产品质量造成的损害向人民法院起诉。

另外，修正了的《产品质量法》建立了产品质量的社会监督机制。凡社会中介机构推荐的产品，如果证实产品质量没有达到要求的，中介机构要承担连带责任。

第二节　生产者、销售者的产品质量义务和责任

一、产品质量义务

产品质量义务是要求生产者和销售者为保证产品质量，必须依法对其生产和经营的行为进行约束，表现为法律准许为一定行为或者不为一定行为。

(一) 生产者的产品质量义务

1. 保证产品质量的义务

生产者应当对其生产的产品质量负责，产品质量应当符合下列要求：①不危及人身、财产的安全；②具备产品应当具备的使用性能，但是，对产品存在使用性能的瑕疵作出说明的除外；③产品质量与说明、样品相符。

2. 依法表示产品的义务

生产者用文字、图形及其组合说明产品质量、使用性能和使用方式的行为就是产品的表示行为。产品应当具有标识，裸装的食品和其他根据产品的特点难以附加标识的产品，可以不附加产品标识。产品或者产品包装上的标识必须真实、准确、清晰、牢固，且易于识别。具体来说，标识必须符合以下要求：①有产品质量检验合格证明；②有中文表明的产品名称、生产厂厂名、厂址；③根据产品的特点和使用要求，需要标明产品规格、等级、数量、净含量、所含主要成份的名称和含量以及其他技术要求的，应予以标明；④限期使用的产品，应当标明生产日期和安全使用期或者失效日期；⑤若使用不当容易造成产品本身损坏或者可能危及人身、财产安全的产品，应有警示标志或者中文警示说明；⑥性能、结构及使用方法复杂和不易安装使用的产品，应当根据该产品的国家标准、行业标准、地方标准的规定，有详细的安装、维护及使用说明；⑦生产者标注产地应当真实，不得伪造产地；⑧不得伪造或者冒用认证标志、名优标志等质量标志。

3. 依法生产产品的义务

生产者不得生产国家明令淘汰的产品，不得掺杂、掺假，不得以假充真、以次充好，不得以不合格产品冒充合格产品。

（二）销售者的产品质量义务

销售者应承担的产品质量义务如下：①应当执行进货检查验收制度，验明产品合格证明和其他标识；②采取措施，保证销售产品的质量；③不得销售失效、变质的产品；④销售产品的标识应当符合法律规定的要求；⑤不得伪造产地，不得伪造或者冒用他人的厂名、厂址，不得伪造或者冒用认证标志、名优标志等质量标志；⑥销售产品，不得掺杂、掺假，不得以假充真、以次充好，不得以不合格产品冒充合格产品。

二、产品质量责任

我国《产品质量法》中的“产品质量责任”和严格意义上的“产品责任”的含义并不完全相同。一般来讲，产品责任是指由于产品存在缺陷造成他人人身、财产损害而产生的赔偿责任。我国的产品质量责任是指产品的生产者、销售者违反法律规定，不履行法定义务，应当承担的法律后果。这一责任包括相应的行政责任、民事责任和刑事责任，其中民事责任又包括产品的合同责任（瑕疵担保责任）和产品侵权损害赔偿责任。

（一）产品责任

产品责任在19世纪产生之时一般被认为是合同责任，即当事人之间合同关系的有效成立是承担产品责任的前提，合同条款是承担产品责任的依据，即所谓“无合同则无责任”。而到了20世纪20～30年代，首先由英美两国在司法判例中，将产品责任认定为侵权责任，后来各国形成共识，用侵权行为法来调整产品责任关系。之所以有这种转变主要是因为随着生产的高度发展，分工日益细密，一件产品从设计、生产、组装、包装、运输、批发、零售到消费，中间要经过一系列复杂环节，一旦发生责任事故，很难找到相应的合同条款，无法有效地保护消费者的利益。随着保护消费者利益的运动深入发展，产品责任立法也从侧重保护生产者和销售者转向了侧重保护消费者，产品责任的合同责任性质也变为侵权责任的性质。

1．产品责任的归责原则

产品责任的归责原则是确立产品生产者、销售者承担对消费者损害赔偿责任的根据和标准。归责原则是司法人员处理侵权纠纷所应遵循的基本准则，是产品责任的核心问题。责任的构成要件、举证责任的负担、免责条件、损害赔偿的原则和方法、减轻责任的根据等等规范，都是建立在归责原则之上的。

产品责任的归责原则经历了从过错原则到过错推定原则的发展过程。早期的产品责任法采用过错责任，即以过错作为确定行为人责任的构成要件和责任范围的重要依据。也就是说，在确定生产者和销售者责任时，实行“谁主张谁举证”的原则，被害人必须能够证明对于产品质量责任事故的发生，生产者或者销售者有故意或者过失，否则，生产者和销售者将不负损害赔偿责任。但是，随着现代工业和科技的发展，新产品不断出现，产品使用性能的技术性因素日益加强，在因这种产品的制造缺陷而造成人身或财产损失时，要求受害人证明缺陷存在的原因就非常困难，这等于完全封闭了以民事审判方式救济被害人的途径。因此，现在各国都转而运用过错推定原则来确定产品责任的承担。

所谓过错推定原则是指若原告能证明其所受的损害是由被告引起的，而被告不能证明自己没有过错，法律就推定被告有过错并应负民事责任。按照这一原则，生产者和销售者的过错是其承担责任的前提，但是过错存在的证明责任由生产者和销售者承担，若其不能证明自己无过错，就推定其有过错，从而必须承担损害赔偿责任。我国有关产品质量责任的法律确立了过错推定原则。我国《民法通则》第 122 条规定：“因产品不合格造成他人财产、人身损害的，产品制造者、销售者应当承担民事责任。”在此基础上，我国的产品质量法具体确定了产品责任的过错推定原则。

依据法律，因产品存在缺陷造成人身、缺陷产品以外的其他财产损害的，生产者应当承担赔偿责任。生产者能够证明有下列情形之一的，不承担赔偿责任：①未将产品投入流通的；②产品投入流通时，引起损害的缺陷尚不存在的；③将产品投入流通时的科学技术水平尚不能发现缺陷的存在。

值得注意的是，我国销售者的损害赔偿责任的归责仍然依据过错原则。《产品质量法》第 42 条明确规定，由于销售者的过错使产品存在缺陷，造成人身、他人财产损害的，销售者应当承担赔偿责任。销售者既不能指明缺陷产品的生产者，也不能指明缺陷产品的供货者的，销售者应当承担赔偿责任。

2．产品责任的构成要件

以过错推定原则为基础和前提，产品质量责任只有在符合一定的构成要件时才能够成立。产品质量责任的构成要件一般包括损害事实、过错和因果关系。

（1）损害事实。产品责任的损害事实是指在正常使用产品时给消费者造成的人身和财产损失。只有当消费者受到实际的损害时，才能请求法律的补救，而生产者和销售者才有可能承担责任。

（2）过错。过错是支配行为人从事在法律和道德上应受非难行为的故意和过失的状态。过错虽然是法律对某人从事某种行为时的主观状态的评价，但这种状态可以通过客观的标准予以确定。依据过错推定原则，受害人无须对生产者和销售者的过错举证，只要确定因果关系存在，而生产者和销售者无法举出反证证明自己无过错即要承担产品责任。相反，在有确定的因果关系时，只要生产者和销售者能够提出反证证明自己无过错即可免责。这种反证是受到法律严格限制的，主要如下：①不可抗力。加害人只要证明损害是由不可抗力因素引起的，即可免责；②受害人的过错。如不按规定的方式使用、故意造成自己的损害等；③法律规定的其他情形。如生产者未将产品投入流通，产品投入流通时缺陷并不存在，或者将产品投入流通时的科学技术水平尚不能发现缺陷的存在等。

（3）因果关系。产品责任中的因果关系是产品缺陷与损害事实之间有前因后果的关系，产品缺陷是造成消费者人身、财产损害的原因，消费者的损害是产品缺陷的结果。根据过错推定原则，受害人无须就生产者或销售者的过错负举证责任，但是，要就产品缺陷与损害事实之间的因果关系举证，即受害人要证明引起其所受损害的主要或者基本原因是产品缺陷。

产品缺陷是指产品存在危及人身或财产安全的不合理危险。一般来讲，产品缺陷包括三类：一是制造缺陷，指产品离开制造者支配之前产品在制作、装配、铸成或包装等生产过程中产生的缺陷；二是设计缺陷，指因设计失误而使产品存在不合理危险；三是通知瑕疵，指生产者应当将产品中存在的无法避免的、消费者根据常识又不知晓的危险，通过产品说明等方式预先通知消费者，否则产品有通知瑕疵缺陷。我国《产品质量法》中虽然没有明确规定产品缺陷的类型，但其第 34 条包含了缺陷的两个方面的内容，即产品存在危及人身或财产安全的不合理危险和产品有保障人体健康，人身、财产安全的国家标准、行业标准的，不符合该标准。

3. 产品责任的形式、范围和期间

对有缺陷的产品本身，销售者应当负责修理、更换、退货。缺陷产品给购买产品的用户、消费者造成损失的，销售者应当赔偿损失。销售者负责修理、更换、退货、赔偿损失后，属于生产者的责任或者属于向销售者提供产品的其他销售者责任的，销售者有权向生产者、供货者追偿。生产者之间、销售者之间、生产者与销售者之间订立的产品购销合同、加工承揽合同有不同约定的，合同当事人按照合同约定执行。

因产品存在缺陷造成受害人人身伤害的，侵害人应当赔偿医疗费、因误工减少的收入、残废者生活补助费等费用；造成受害人死亡的，并应当支付丧葬费、抚恤费、死者生前抚养人必要的生活费等费用。因产品存在缺陷造成受害人财产损失的，侵害人应当恢复原状或者折价赔偿。受害人因此遭受其他重大损失的，侵害人应当赔偿损失。

产品质量责任有法定的存在期间，这一期间是自造成损害的缺陷产品交付最初用户、消费者之日起 10 年；超过期间的，责任人免除责任。但是，尚未超过明示的使用期的除外。

（二）产品质量行政责任

产品生产者、销售者、产品质量监督管理部门以及其他机构和个人违反《产品质量法》从事不法行为的，有关行政机关依法予以行政处罚，包括没收违法产品、没收违法所得、罚款、吊销营业执照、取消检验（或认证）资格等。

（三）产品质量刑事责任

《产品质量法》规定的犯罪行为有：① 生产、销售不符合保障人体健康、人身安全的国家标准、行业标准的产品。② 在产品中掺杂、掺假，以假充真、以次充好，或者以不合格产品冒充合格产品的。③ 销售时效、变质产品。④ 产品质量检验机构、认证机构伪造检验结果或者出具虚假证明。⑤ 知道或应当知道属于法律禁止生产、销售的产品而为其提供运输、保管、仓储等便利条件，或者为以假充真的产品提供制假生产技术。⑥ 各级人民政府工作人员和其他国家机关工作人员包庇、放纵产品生产、销售中违反法律规定行为的；或者向从事违反本法规定的生产、销售活动的当事人通风报信，帮助其逃避查处的；或者阻挠、干预产品质量监督部门或者工商行政管理部门依法对产品生产、销售中违反法律规定的行为进行查处，造成严重后果的。⑦ 以暴力、威胁等方法阻碍产品质量监督部门或者工商行政管理部门的工作人员依法执行职务。相应的罪名和刑事责任规定在《刑法》第三章第一节“生产销售伪劣商品罪”、第九章“渎职罪”和第六章第一节“扰乱公共秩序罪”中。

第十一章　消费者权益保护法

第一节　消费者权益保护法概述

一、消费者与消费者权益

当人类社会还未脱离自给自足的自然经济状态时，消费和生产还没有分离，生产者同时消费自己的产品，在这种情况下不发生消费者问题。在商品经济初期，生产者和消费者的关系经常表现为一种平等关系，而且在经济生活中的地位经常相互交换，因此，交易当事人之间的经济实力的差别并不明显，在这种情况下消费者问题也并不十分突出。19 世纪末以来，随着工业化步伐的加快和科技发展所带来的商品技术含量的日益提高，生产者在商品交换中逐渐取得优越地位。消费者对商品品质的判断几乎完全依赖于生产者，消费行为听任生产者广告宣传的摆布。在现代高度发达的市场经济条件下，在有些领域生产者与消费者之间的平等关系瓦解，经营者与消费者之间在经济实力、信息能力、谈判能力和诉讼能力等方面的差距越来越大，最终演变成一种支配和被支配关系，形成强弱、优劣明显的两个群体。第二次世界大战以后，为保护消费者在经济生活中的利益，西方国家爆发了大规模的“消费者运动”，从而正式形成了“消费者”与“消费者权益”的概念。

消费者有广义和狭义之分。广义的消费者是指有偿取得商品或者服务来满足生产消费或者物质、文化消费的单位和个人。狭义的消费者是特指为生活需要而购买、使用商品或者接受服务的公民个体。根据国际惯例，在消费者权益保护法中常采用狭义的消费者概念。我国消费者的范围包括购买商品者、使用商品者和接受服务者三类。如果是在经营者之间进行交易，因为其经济实力及信息能力具有平等性和互换性，所以以营利为目的而不是以生活消费为目的的购买者不是消费者。另外，在我国，农民购买、使用直接用于农业生产的生产资料，亦受到消费者权益保护法的保护。

消费者权益是指以改变经营者与消费者不平等地位为目的而由处于弱势一方的消费者享有的基本权利以及由此获得的利益。消费者权益的核心是消费者权利。消费者权利是从作为消费个体的个人的生存权引申而来的。这是因为只有调整经营者与消费者在消费关系中的强弱状态，使之趋于公平、平衡，才能更好地实现人的生存权。现在，世界各国都非常重视对消费者权利的保护，通过立法确认消费者权利，并据此制定消费者政策，完善消费者法律保护，其目的就是协调生产者与消费者之间的利益冲突，保证社会稳定发展。

二、消费者权益保护法

消费者权益保护法也称为消费者法，是指调整国家保护消费者权益的过程中产生的社会关系的法律规范的总称。消费者法调整的社会关系主要包括3个方面：国家机关与经营者之间因消费行为而产生的经济关系、国家机关与消费者之间因消费行为而产生的经济关系、经营者与消费者之间因消费行为而产生的各种经济关系。

法律是保护消费者权益较为有效的手段。20世纪初，许多国家就已经开始进行消费者权益的单行立法，到了20世纪60年代，各国相继颁布了保护消费者权益的基本法。我国也于1993年10月31日第八届人大常委会第四次会议通过了《消费者权益保护法》，自1994年1月1日起实施。消费者权益保护法的实施，标志着国家、社会形成了现代市场经济所要求的消费者保护观念和法律调整宗旨，并把既有和现存的具有维护、促进消费者权益的各种法律制度聚拢起来。任何一项消费都涉及具体的一个或多个领域，要对消费者权益进行全面具体的保护，还必须依据相关领域的其他法律，如产品质量、计量、标准化、广告、反不正当竞争、价格管理、进出口商检、食品卫生等。消费者权益保护法作为保护消费者的基本法，综合反映各种保护消费者权益的部门法的要求，并与其他相关法律的内容交叉和重合。

作为专门保护消费者的法律，《消费者权益保护法》在确认经济主体地位平等的基础上，体现了侧重保护弱者的原则。这是因为，在消费关系中消费者客观上处于弱者地位，只有对其加以特别的保护，强调其地位，改变不平等状态，才能实现法律的实质平等。因此，在消费者权益保护法中侧重确认消费者的权利，对经营者则侧重强调其义务。

第二节　消费者基本权利

从1962年美国总统肯尼迪提出的“消费者四大权利”开始，消费者权利的内容不断丰富。1983年，国际消费者组织总结了消费者八大权利和相应的义务，形成了国际公认准则。这八大权利包括：满足基本需求权、安全权、知情权、选择权、表达申诉权、求偿权、教育权、健康环境权。

消费者权利与传统民法上的权利在性质上不同。一般民事权利基于平等关系产生，而消费者权利基于不平等关系产生，其目的在于对消费者弱者地位的补救，其功能在于协调生产者与消费者的利益冲突，确保社会经济的发展和社会稳定。

消费者所享有的基本权利也就是经营者应承担的基本义务。这些权利和义务贯穿于整个对消费者保护的法律法规中，而相关法律法规则从不同的角度具体实现这些权利和义务。根据权利义务相一致原则，一方的权利就是他方的义务，因而本节侧重介绍消费者的基本权利。我国《消费者权益保护法》所确认的消费者权利主要为以下九个方面：

一、安全权

无论消费者权利的具体内容是八项还是九项，都以安全权为核心，其他权利都可以在安全权中求得根据。安全权是指消费者在消费商品和接受服务时，享有要求经营者提供的商品和服务符合保障人身、财产安全要求的权利。生命安全、身体健康是最基本的物质性人格要素，要求获得生命、身体健康的安全保障，是人最基本的物质性人格权。将其作为消费者首要的权利，体现出法律对人权的保障精神。消费者在取得商品时，有权要求其符合国家的安全、卫生标准，不致因此受伤害；在有偿取得服务时，有权要求设施、用品、用料等安全、卫生，并有相应保护措施，不致危及人身、财产安全。

为确保消费者的人身、财产不受损害，要求经营者保证其提供的商品和服务不危害消费者的生命健康和财产安全。具体来说，经营者不得生产或销售国家明令淘汰的产品，不得生产或销售失效、变质的产品；对可能危及消费者人身和财产的商品和服务，经营者应当向消费者作出真实的说明和明确的警示，并说明和标明正确使用商品或者接受服务的方法以及防止危害发生的方法；经营者发现其提供的商品或者服务存在严重缺陷，即使正确使用商品或者接受服务仍然可能对人身、财产安全造成危害的，应当立即向有关部门报告和告知消费者，并采取防止危害发生的措施。

二、知情权

知情权是指消费者享有知悉其购买、使用的商品或者接受的服务真实情况的权利。对商品或者服务真实情况的了解是消费者进行消费选择的前提。只有充分了解才能正确消费。因此，消费者有权根据商品和服务的不同情况，要求经营者提供真实可靠的关于商品与服务的所有信息。

为确保消费者全面了解情况，要求经营者提供商品应当明码标价。经营者对消费者就其提供的商品或者服务的质量和使用方法等具体问题提出询问时，应当作出真实、明确的答复，不得拒绝消费者的了解要求，或者对了解要求采取消极的态度，如对重要事实保持沉默等。租赁他人柜台或场地的经营者，也应当标明其真实名称和标记，不得隐瞒。而且，经营者应当向消费者提供真实信息，不得作引人误解的虚假宣传，否则，这不仅构成了不正当竞争行为，而且侵害了消费者权益。

三、选择权

选择权是指消费者享有可以根据自己的经验、爱好和判断，自主选择商品和服务的权利。消费行为具有强烈的个体色彩，只有使消费者享有选择消费对象的权利，才能保障消费自由。选择权包括：有权选择生产者、销售者或者服务者；有权选择商品的品种或服务方式；有权对不同质量或价格进行比较、鉴别和挑选后选择；有权自主决定购买或者不购买任何一种商品、接受或不接受任何一项服务。

相应地，经营者应当保证消费者有充分的选择空间，不得单方面制订有利于自己的标准合同，这实际上剥夺了消费者的选择权；也不得用强行的方式向消费者提供商品和服务，或垄断价格和销售、服务条件。

四、公平交易权

公平交易权是指消费者在购买或者接受服务时，获得质量保障、价格合理、计量正确等公平交易条件的权利。这项权利保证了消费者的收益与支出价值相当，即物有所值。由于生产者、销售者的优势地位，因此，法律特别强调消费者应获得公平交易的权利。

为保障消费者获得公平的交易，要求经营者提供商品或服务必须符合《反不正当竞争法》和《产品质量法》的规定。经营者不得以格式合同、通知、声明、店堂告示等方式作出对消费者不公平、不合理的规定，或者减轻、免除其损害消费者合法权益应当承担的民事责任。

五、求偿权

求偿权是指消费者在购买、使用商品或者接受服务受到人身、财产损害时，享有依法获得赔偿的权利。求偿权属于救济权，是消费者的其他权利被侵害或者有被侵害的危险时产生的援助权。在消费行为中，消费者权益难免遭遇危险，因此就有加以保护的必要，法律在赋予消费者其他权利的同时，也配套地赋予求偿权。不过在一般情况下，求偿权是一种潜在的权利，只有当经营者提供的商品或者服务不符合国家有关质量标准，不能实现应有的使用价值或计价、计量不符合法定要求，侵害消费者权益时，消费者才有权要求消除或采取补救措施，遭受损害的，有权获得赔偿。在这种情况下，经营者应负赔偿责任。

六、获得知识权

获得知识权是指消费者享有接受有关消费和消费者权益保护的教育，获得与商品和服务密切相关的知识和信息，更好地实现期待的消费目标，增强自我保护能力的权利。在科技日益渗入生产活动的情况下，消费行为也越来越复杂，消费行为的社会性日益明显，因此，要获得正确、高质量的消费，就应以获得正确、充分的消费信息为前提。这里的消费信息包括相关的消费观念、消费知识、消费法律保护意识等等。

为保证消费者获得相关的信息，国家和经营者都有义务向消费者提供消费常识和咨询，指导消费行为；有义务让消费者了解获得赔偿的途径和方法；有义务告知消费者商品或服务的性质、质量、特点、正确使用方法、标签和使用说明书的阅读方法、意外事故的处理方法等。

七、人格尊严权

人格尊严权是指消费者在购买、使用商品或者接受服务时，享有其人格尊严、民族风俗习惯得到尊重的权利。消费者的人格尊严权是人格权的具体化，是在消费行为中表现出来的人格尊严神圣不可侵犯的权利。

经营者不得对消费者进行侮辱、诽谤，不得搜查消费者的身体及其携带的物品，不得侵犯消费者的人身自由。消费者的正常消费活动或正当交涉不受驱赶，经营者不得以野蛮服务方式侵犯消费者的人身权利。

八、结社权

结社权是指消费者享有依法成立维护自身合法权益的社会团体的权利。结社权是消费者通过集体力量来改变自己弱者地位的法律保障。这是宪法上的结社权在消费者法中的表现。消费者通过结社改变其弱小、分散的局面，可以加强其与经营者抗衡的能力，在消费者运动和消费者法发展中起了关键性作用。

九、监督权

监督权是消费者享有的对商品和服务以及保护消费者权益工作进行监督的权利。消费者有权检举、控告侵害消费者权益的行为和国家机关及其工作人员在保护消费者权益工作中的违法失职行为，有权对保护消费者权益工作提出批评和建议。监督权有利于促进商品和服务质量的提高，有利于抑制违法行为。

第三节　消费者权利救济

一、消费者权益保护机构

（一）行政管理部门

对消费者权益有保护职能的行政管理部门呈现为一种多层次的结构。

首先是各级人民政府。各级人民政府应加强领导、组织、协调、督促有关行政部门做好保护消费者合法权益的工作。各级政府应加强监督，预防危害消费者人身、财产安全的行为发生，及时制止危害消费者人身、财产安全的行为。

其次是工商行政管理机关。国家和地方工商行政管理机关分别是国务院和地方人民政府实施消费者权益保护的基本职能机构，其主要职责如下：①拟订和组织实施有关法律、法规、规章和政策，协调各部门共同做好保护消费者权益工作；②在对企业、市场、个体户和商标、广告管理中监督商品和服务质量，在工商行政管理机关职权范围内查处侵犯消费者权益的行为。

另外，各级物价、技术监督、卫生、食品检验、商检等行政管理机关和行业主管部门、企业主管部门，应在各自的职责范围内，依法对经营者进行监督，保护消费者利益。

（二）公安、司法机关

公安机关对涉及暴力侵权、殴斗的消费纠纷，应及时查处，防止矛盾激化。公安、检察机关对侵犯消费者利益构成犯罪的案件，应按各自权限，积极立案侦查、起诉。人民法院对消费者纠纷案件和侵犯消费者利益构成犯罪的案件，应积极受理，依法及时作出裁判；应当采取措施，方便消费者诉讼。

（三）消费者组织

消费者根据结社权可以组织消费者团体，参与社会监督，维护自身利益。消费者协会就是依法成立的对商品和服务进行社会监督的保护消费者合法权益的自治组织。消费者协会是不以营利为目的的社会团体，其主要职责如下：①向消费者提供信息和咨询服务；②参与有关行政部门对商品和服务的监督、检查；③就有关消费者合法权益问题，向有关行政部门反映、查询、提出建议；④受理消费者的投诉，并就投诉事项进行调查、调解；⑤投诉事项涉及商品和服务的，可提请鉴定部门鉴定，鉴定部门应告知鉴定结论；⑥就损害消费者权益的行为，支持受损害的消费者提起诉讼；⑦对损害消费者合法权益的行为，通过大众媒介予以揭露、批评。

各级政府应支持消费者协会的工作并酌情予以资助，以保持其独立性和公正性。消费者组织不得从事商品经营和营利性服务，不得以牟利为目的向社会推荐商品和服务。

二、消费者权益争议的解决

（一）消费者权益争议的解决方式

消费者权益争议也称为消费争议，它是指在消费领域中，消费者与提供商品或服务的生产者及经营者之间因购买商品或提供服务而产生的争议。消费争议一般是由消费者主动提出，但是由于当事人双方之间的经济实力差异，拥有的商品知识与信息差距，因此消费者往往是在衡量了受损程度与要求赔偿的花费程度之后，才作出是否提出的决定。

发生消费争议，解决的方式如下：第一，当事人可以协商解决，即直接向经营者交涉、索赔。这种方式容易显露出消费者的弱者地位。第二，向消费者协会投诉，由消费者协会解决。由于第三者的参与，可以改善消费者的脆弱状况，但消费者协会不具备强制经营者参与解决的权力，只能通过告知其为此蒙受的不利或公布名单方式给经营者施加影响。第三，向有关行政部门申诉，由有关行政部门查处。利用行政权解决争议快速、灵活。第四，消费者与经营者事先订有仲裁条款或者仲裁协议，不愿协商、投诉、申诉解决的，消费者可以向仲裁机构申请仲裁。仲裁能够迅速解决纠纷，而且可避免公开审判对企业形象及商业秘密价值造成影响，因而仲裁的方式被广泛采用。第五，凡当事人之间没有仲裁条款或者仲裁协议的，无论是否经过协商、投诉、申诉，消费者都可以直接向人民法院起诉。法院解决具有权威性和强制执行力，但耗时耗资。

消费者就消费争议提出交涉、投诉或者提交仲裁，一般应从其知道或者应当知道其权益受到侵害之日起 1 年内提出，但法律另有规定或当事人另有约定的除外。行政管理部门或者消费者协会接到消费者投诉的，应尽快查处或调解，限期由经营者执行。

（二）经营者损害赔偿责任的承担

消费者合法权益受到侵害，有权要求经营者赔偿损失。经营者对损害承担赔偿责任主要有以下几种情形：

（1）消费者在购买和使用商品时受到侵害的，可向销售者要求赔偿；若确属生产者或向销售者提供商品的其他销售者的责任的，销售者在承担责任后有权向生产者或其他销售者追偿。

（2）消费者或其他受害人因商品缺陷造成人身、财产损害的，可以向销售者要求赔偿，也可以向生产者要求赔偿。属于生产者责任的，销售者赔偿后有权向生产者追偿，属于销售者责任的，生产者赔偿后有权向销售者追偿。

（3）消费者在接受服务时，其合法权益受到损害的，可以向服务者要求赔偿。

（4）使用他人营业执照的违法经营者提供商品或服务，损害消费者合法权益的，消费者可以向其要求赔偿，也可以向营业执照提供者要求赔偿。

（5）消费者在展销会、租赁柜台购买商品或者接受服务，其合法权益受到损害的，可以向销售者或服务者要求赔偿。展销会结束或者租赁柜台租赁期满后，也可以向展销会举办者、柜台出租者要求赔偿。展销会举办者、柜台出租者赔偿后，有权向销售者或者服务者追偿。

（6）消费者因经营者利用虚假广告提供商品或服务，其合法权益受到损害的，可以向经营者要求赔偿。广告经营者发布虚假广告的，消费者可以请求行政主管部门予以惩处。广告经营者不能提供经营者的真实名称、地址的，应当承担赔偿责任。

三、侵犯消费者权益的法律责任

经营者侵犯消费者合法权益，应分别或者同时承担民事责任、行政责任和刑事责任。

（一）民事责任

经营者提供商品或服务有下列情形之一的，应依法承担民事责任：①商品存在缺陷的；②不具备商品应当具备的使用性能而在出售时未作说明的；③不符合商品或者其包装上注明采用的商品标准的；④不符合商品说明、实物样品等方式表示的质量状况的；⑤生产国家明令淘汰的商品或者销售失效、变质的商品的；⑥销售的商品数量不足的；⑦服务的内容和费用违反约定的；⑧对消费者提出的维修、重做、更换、退货、补足商品数量、退还货款和服务费用或者赔偿损失的要求，故意拖延或者无理拒绝的；⑨法律、法规规定的其他损害消费者权益的情形。

《消费者权益保护法》第49条规定，经营者提供商品或者服务有欺诈行为的，应当按照消费者的要求增加赔偿其受到的损失，增加赔偿的金额为消费者购买商品的价款或者接受服务的费用的1倍。这是我国在法律上首次认可惩罚性赔偿，旨在更充分地保护消费者的利益。一方面，通过加重经营者的责任可以督促其诚实经营；另一方面，可以鼓励消费者积极维权，追究不诚实、不法经营者的责任。适用惩罚性赔偿的前提条件是经营者提供商品或者服务时有欺诈行为，国家工商行政管理局在 1996 年发布的《欺诈消费者行为处罚办法》中将“欺诈消费者行为”定义为“经营者在提供商品或者服务中，采取虚假或者其他不正当手段欺骗、误导消费者，使消费者的合法权益受到损害的行为。”

（二）行政责任

经营者有下列情形之一，若《产品质量法》和其他有关法律法规对行政处罚有规定的，则依其执行；若上述法律法规未作规定，则由工商行政管理部门责令改正，可以根据情节单处或者并处警告、没收违法所得、处以违法所得 1 倍以上 5 倍以下的罚款，没收违法所得的，处以 1 万元以下的罚款；情节严重的，责令停业整顿、吊销营业执照：①生产、销售的商品不符合保障人身、财产安全要求的；②在商品中掺杂、掺假，以假充真、以次充好，或者以不合格商品冒充合格商品的；③生产国家明令淘汰的商品或者销售失效、变质的商品的；④伪造商品的产地，伪造或者冒用认证标志、名优标志等质量标志的；⑤销售的商品应当检验、检疫而未检验、检疫或者伪造检验、检疫结果的；⑥对商品或者服务作引人误解的、虚假宣传的；⑦对消费者提出的修理、重做、更换、退货、补足商品数量、退还货款或者服务费用或者赔偿损失的要求，故意拖延或者无理拒绝的；⑧侵害消费者人格尊严或者侵犯消费者人身自由的；⑨法律、法规规定的对损害消费者权益应当予以处罚的其他情形。

经营者对上述处罚不服的，可以自收到处罚决定之日起 15 日内向上一级机关申请复议，对复议决定不服的，可以自收到复议决定书之日起 15 日内向人民法院提起诉讼，也可以直接向人民法院起诉。

（三）刑事责任

经营者提供商品或者服务，造成消费者或者其他受害人人身伤害，构成犯罪的；经营者提供商品或者服务，造成消费者或者其他受害人死亡，构成犯罪的；以暴力、威胁等方法阻碍有关行政部门工作人员依法执行职务的；国家机关工作人员玩忽职守或者包庇经营者侵害消费者合法权益的行为，情节严重，构成犯罪的，依法追究刑事责任。

第十二章 反倾销法与反补贴法

第一节 反倾销法

一、倾销及其特征

倾销一词最早见于美国著名经济学家亚当·斯密的《国富论》，但其所述的“倾销”远非现代意义上使用的倾销概念。经济学家对倾销具有代表性的表述是在一国市场上以低于另一国市场的价格销售商品。今天各国反倾销法对倾销的认定是在上述经济学意义的基础上不断演进而成的。

倾销的存在是客观的，它具有两面性。一方面，倾销的存在具有合理性：① 倾销是为适应不同市场的需求弹性不同而产生的。从理论上讲，市场的需求弹性不同将导致不同市场对同一产品的依赖程度不同，从而产生价格的差异。在现今国际市场仍由各国的国内市场组成的情况下，企业针对不同国家市场的需求弹性来制定价格是必然的。企业对需求弹性小的市场实行高价位策略，对需求弹性大的市场采用低价策略，这些都是其出于长期生存的战略需要，因此而造成价格差异等都是正常的行为，也是客观存在的。只要不同市场的需求弹性不一致，这种价格歧视就不会消失。② 倾销有助于企业形成规模经济。企业在实现规模经济的过程中，为了达到总体获利，在某些市场上会采取低价销售的行为，甚至低于其成本价格。但这种倾销是稳步持续的，不具有掠夺性，也并不违背“比较成本”原理。它只能促使企业不断地降低成本，减少投入，实现企业效益的最大化，最终实现整个社会效益的最大化；同时还可降低市场售价，使消费者受益。③ 倾销可以冲破一定的贸易壁垒。在进口配额制度下，企业可以通过倾销策略在国外尽可能地争取到更多的市场份额，以便在较高的基础上获得稳定的出口及其增长。此时，倾销的意义就在于企业将在未来的数量限制中争取到更多的利益，而倾销的损失则相当于获得未来利益的成本。因此，倾销不仅会给进口国的消费者带来好处，而且如果进口国对受害工业的产业结构和市场份额进行调整，符合自由贸易的原则和优胜劣汰的规律，则有利于打破进口国长期形成的垄断，促进企业之间的竞争，从而提高经济效益。

另一方面，倾销又有其违背公平竞争原则和他国利益的不合理之处。正因如此，法律才从抑制其不合理的负面影响这个角度，对倾销进行界定规范。

关于倾销法律上的定义，以世界贸易组织的《关税和贸易总协定》（GATT）第6条的规定较具代表意义。该条就倾销作了这样的规定："将一国产品以低于正常价值的方法进入另一国市场，如因此对某一缔约国领土内已建立的某项工业造成实质性损害或产生实质性损害威胁，或者对某一国内产业的兴建产生实质性阻碍，这种倾销应该受到谴责"。

因此，所谓倾销是指一国（地区）的生产商或出口商以低于其国内市场的价格或低于成本的价格将其商品销往另一国（地区）市场，从而对被倾销的国家（地区）造成损害的行为。倾销被公认是国际贸易中违背公平竞争与公平贸易的不正当商业竞争行为。

一般来说，理解反倾销法中的倾销，应注意其所具有以下面5个方面的特征：

（1）倾销的方式通常表现为一国（地区）的出口商以不正当的低价向另一国（地区）出售其商品。这种不正常的低价是相对其他市场而言的。此时，出口商的这种出口价格低于在正常贸易中出口国供消费的同类产品的可比价格，即以低于正常价值的价格进入另一国（地区）。

（2）倾销形成的原因往往是人为的。如一国的出口商为了特定商业目的自行压低其商品在另一国市场的销售价格或者由于出口国政府的补贴从而降低出口国的出口国产品在另一国市场的销售价格等。

（3）倾销往往是以争夺国外市场、扩大出口为其主要目的。在有些情况下，一国的出口商为了占领国外市场，击败竞争对手而暂时压低其产品在一国的销售价格，一旦目的达到再提高价格。这种情形通常被称为掠夺性倾销。单纯以扩大出口为目的无限期持续地以低价向另一国出售商品通常被称为持续性倾销。

（4）倾销就其本质而言属于一种不公平贸易及竞争行为。它往往是出口商凭借自己在国内市场上的垄断地位或者接受某种出口补贴而获得在另一国市场的竞争优势。它不仅破坏了正常的竞争秩序，破坏了他国的经济，也使得本国的消费者受到不应有的损失。因为，出口商在国外低价销售的损失要通过抬高在本国市场上产品的价格来弥补。

（5）倾销给进口国产业造成损害。这里的损害包括实质性损害、实质性损害威胁和实质性阻碍，是指对进口国相同产品的整个产业所造成的损害，而不是指对进口国的某个或几个生产厂商的不利影响。

二、反倾销法的概念及特征

由于在正常的贸易和竞争中存在着倾销的危害，因此，许多国家和地区的国内立法和有关的国际条约都规定对倾销进行抵制和限制，反倾销法应运而生。所谓反倾销法，是指进口国（地区）为了保护本国的经济和本国生产厂家的利益，维护正常的国际贸易秩序而对倾销这种不公平贸易和竞争行为进行限制和调整的法律规范的总称。它具有以下几个方面的特征：

（1）反倾销法的目的在于保护进口国的经济和进口国生产厂家的利益，维护正常的国际贸易和国内竞争秩序。它是进口国为了抵制倾销和消除倾销危害的一种合法手段。由于倾销属于一种不公平贸易和竞争的行为，它对进口国的经济和进口国生产厂家的利益构成极大的危害和威胁。所以，进口国往往通过制定反倾销法对倾销行为及其危害后果进行限制。然而，这种限制必须是在合理的范围之内，一旦超出这个范围，便成为一种保护贸易措施，成为国际贸易中的非关税壁垒。

（2）反倾销法具有较强的行政法特性。它通常由国家的行政机关实施，适用一般的行政程序；反倾销法所采取的救济方法也主要是以征收反倾销税来抵消倾销差价的行政救济方法；对反倾销措施的救济方式也是采取复审等行政救济程序。

（3）反倾销法一般来说属于进口国的国内立法。然而，由于各国都在不同程度上将反倾销法作为一种保护贸易的措施，加上反倾销法受一国的外交和经济政策影响极大，在实施过程中有很大的灵活性和主观随意性，从而使各国的反倾销立法在很大程度上对国际贸易产生消极影响。为了尽可能减少这种消极影响，许多国家谋求达成协议，使各国的反倾销法趋于统一。产生了反倾销法的国际协定，特别是在WTO框架下的协定。因此，就目前反倾销法所包含的法律规范而言，它既包括国内法规范，也包括国际法规范。

应注意的是，反倾销法，不论是国际协议，还是各国国内法的规定，有许许多多似是而非之处。纵观欧美等国反倾销法的发展过程，可以清楚地看到，反倾销的立法正在一步步地深化，反倾销措施正在不断地加强。由于反倾销是一种单方面的制裁措施，受到制裁的一方不得采取其他的手段进行报复，因而，欧美等国长期使用反倾销来限制进口的做法，被人们戏称为“乔装打扮”的贸易保护主义。由前面的论述中可以看出，倾销和反倾销是一对难解的矛盾。倾销从其出现之日起就为人们所不许。由于滥用，反倾销措施已经从新贸易保护主义的最有利武器，演化成为国际贸易中最顽固的贸易壁垒。同时，反倾销法保护的是国内生产者，而非消费者。为了国内生产者的利益，消费者得付出巨大的代价。倾销产品由于具有竞争性，消费者本来可以获得该产品降价的好处，但因为反倾销税的征收，而被迫支付较高的价格，享受不到竞争所带来的利益。征收反倾销税，能够刺激国内生产商继续进行低效率的生产，迫使消费者承受进一步的损失。消费者无权过问反倾销调查，无权取得有关资料，但是其受反倾销措施的影响却是直接的，甚至有时是长期的。

我国1997年3月25日国务院发布第214号令，颁布了《中华人民共和国反倾销和反补贴条例》，该条例是我国颁布的第一部专门的反倾销立法，也是我国在改革开放中按照WTO原则建立自我保护体系的重要措施，在我国立法史上填补了反倾销专门立法的空白。为适应我国加入WTO后反倾销形势的需要，经过一段时间的酝酿，国务院于2001年11月26日公布了《中华人民共和国反倾销条例》（以下简称《反倾销条例》），该条例较从前的《中华人民共和国反倾销和反补贴条例》有了显著的改善，构成了目前我国较为完备的反倾销法律体系。

三、倾销的成立

如何确定倾销的成立，各国标准不一。根据《反倾销条例》的规定，确定一国商品在我国的销售是否构成倾销必须满足两个条件：一是该产品以低于其正常的出口价格进入我国市场，即有倾销价格；二是这种低价销售的行为对我国已建立的国内产业造成了实质损害或者产生实质威胁，或对建立国内产业的造成实质阻碍。这里就以我国的规定进行分析。

（一）倾销价格的确定

倾销价格的确定通常以所谓正常价格或者“公平价格”为参照系数，凡低于正常价格的销售即有可能构成倾销。因此，倾销价格的确定关键在于正常价格（或公平价格）的确定。根据有关国家的国内立法，正常价格通常指以下 3 种价格：① 国内价格。即在出口国国内市场上供消费用的同类商品的正常销售价格。② 第三国价格。即同类产品经正常交易到第三国的价格，这种方法通常在国内价格不存在或者不能作为依据时采用。③ 构成价格。即由销售产品在原产地的生产成本、费用及利润所构成的价格。构成价格是在前两种价格无法确定时所采用的一种确定价格的方法。

从世界各国立法来看，上述 3 种价格，最常用的首先是国内价格，其次是构成价格，各国一般不愿意采用第三国价格。我国《反倾销条例》强调首先使用国内销售价格，将构成价格和第三国出口价格并列，最终选择其中一种方法。

根据《反倾销条例》的规定，我国确定进口产品的正常价值（正常价格），按照下列方法确定：① 进口产品的同类产品，在出口国（地区）国内市场的正常贸易过程中有可比价格的，该可比价格为正常价值（即国内价格）；② 进口产品的同类产品，在出口国（地区）国内市场的正常贸易过程中没有销售的，或者该同类产品的价格、数量不能据以进行公平比较的，以该同类产品出口到一个适当的第三国（地区）的可比价格或者以该同类产品在原产国（地区）的生产成本加合理费用、利润，为正常价值。进口产品不直接来自于原产国（地区）的，按照第①种方法规定确定正常价值；但是，在该产品仅通过出口国（地区）转运、产品在出口国（地区）无生产或者出口国（地区）中不存在可比价格的情形下，可以以该同类产品在原产国（地区）的价格为正常价值。

应指出的是，我国《反倾销条例》对何谓“正常贸易过程”和“可比价格”没有作出具体规定。另外，《反倾销条例》对确定正常价值的国内市场价格没有明确是批发或转售价格，还是市场消费价格。这在实践中很可能会使反倾销执法者无所适从，造成执法畸轻畸重。这是因为，在实际销售中前者的价格往往要比后者低得多。而对此，无论是欧美法还是 WTO《反倾销协议》都明确规定作为正常价值的国内市场价格，应为有利于确定倾销成立的消费价格。

同时，根据《反倾销条例》的规定，进口产品的出口价格，按照下列方法确定：① 进口产品有实际支付或者应当支付的价格的，以该价格为出口价格。② 进口产品没有出口价格或其价格不可靠的，以根据该进口产品首次转售给独立购买人的价格推定的价格为出口价格；但是，该进口产品未转售给独立购买人或者未按进口时的状态转售的，可以以对外贸易主管机关根据合理基础推定的价格为出口价格。

进口产品的出口价格低于其正常价值的，该出口价格为倾销价格，进口产品的出口价格低于其正常价值的幅度，为倾销幅度。

（二）损害的确定

对一项倾销产品是否采取反倾销措施，还需要确定该项产品的倾销是否对进口国的国内产业造成了损害，以及损害与倾销之间是否存在因果关系。这里的“损害”是指因倾销行为对一国国内产业造成实质损害或实质损害的威胁，或是对这种国内产业的建立构成严重阻碍。

根据《反倾销条例》的规定，国内产业，是指中华人民共和国国内同类产品的全部生产者，或者其总产量占国内同类产品全部总产量的主要部分的生产者。但是，国内生产者与出口经营者或者进口经营者有关联的，或者其本身为倾销进口产品的经营者的，可以排除在国内产业之外。上述“关联”一词的含义，根据乌拉圭回合制定的《1994 年反倾销守则》第 4 条的注释，只有在下列情况下，生产者才可被视为与出口商或者进口商有关联：① 他们中的一方直接或间接控制另一方；② 他们直接或间接被一第三者控制；③ 他们直接或间接共同控制一第三者，但应有理由相信或怀疑此种关系的后果是使有关生产者的行为不同无关联的生产者。如一方在法律上或经营上处于限制或指导另一方的地位，则前者应被视为控制后者。

在特殊情况下，国内一个区域市场中的生产者，在该市场中销售其全部或者几乎全部的同类产品，并且该市场中同类产品的需求主要不是由国内其他地方的生产者供给的，可以视为一个单独产业。

同类产品，是指与倾销进口产品相同的产品，没有相同产品的，以与倾销进口产品的特性最相似的产品为同类产品。

在我国，对倾销损害的调查和确定，有国家商务部负责，其中，涉及农产品的反倾销国内产业损害调查，由国家商务部会同农业部进行。

在确定倾销对国内产业造成的损害时，应当审查下列事项：① 倾销进口产品的数量，包括倾销进口产品的绝对数量或者相对于国内同类产品生产或者消费是否大量增加，或者倾销进口产品大量增加的可能性；② 倾销进口产品的价格，包括倾销进口产品的价格削减或者对国内同类产品的价格产生大幅度抑制、压低等影响；③ 倾销进口产品对国内产业相关经济因素和指标的影响；④ 倾销进口产品的出口国（地区）、原产国（地区）的生产能力、出口能力，被调查产品的库存情况；⑤ 造成国内产业损害的其他因素。

《反倾销条例》主要集中于对损害进行认定的规定，而对于实质阻碍和实质损害威胁产业的认定则没有具体规定。只是笼统的规定“对实质损害威胁的确定，应当依据事实，不能仅依据指控、推测或者极小的可能性。在确定倾销对国内产业的建立造成损害时，应当依据肯定性证据，不得将造成损害的非倾销性因素归因于倾销。”

这里，需要特别提出的是，我国是发展中国家，发达国家已建立起来的许多产业在我国尚未建立或正在建立中，因此，对新建产业的保护十分重要。《反倾销条例》虽然将“实质上的阻碍国内产业的新建”作为判断损害是否存的标准，但是没有评估这种损害的具体标准，这不利于我国新兴产业的发展和经济结构的调整。从当前国际贸易总的趋势看，各国为了保护自己的产业，在确立“实质阻碍”标准上掌握都比较宽泛，在确定进口产品是否实质阻碍了自己某一产业建立时，大体上主要考虑进口国国内产业在计划、筹备及新建过程中所处的阶段。只要在进口国处于计划筹建的高级阶段，或者虽未开始生产，但能够证明已为开始生产进行了大量投入，或已经开始生产，但经营尚不稳定的产业，由于大量同类产品涌入而无法开工生产，或已开工生产后被迫停产或产品产量大幅下跌严重超出合理预算，就可裁定倾销实质性地阻碍了产业的新建。在这种情况下，进口国就可以倾销产品阻碍产业的新建为由征收反倾销税。美国国际贸易委员会于 1985 年在审理加拿大鳍鱼干倾销案中对“实质阻碍产业的建立”标准曾作如下解释：①此标准不限于尚未开始的生产产业，还包括已经开始的生产但经营尚不稳定的产业；②未开始生产的产业必须有充分证据证明该产业的投入有相当的约束和保证；③鉴于建立一种产业的努力都有其特殊性，因而对新建产业是否有严格阻碍的认定应据具体案件作出。

此外，《反倾销条例》对倾销和损害之间因果关系的确定不明确。确立因果关系需要考虑哪些因素，是否倾销是造成损害的原因之一就可确认因果关系成立，这种因果在多大程度上成立，是直接因果还是间接因果等问题都没有规定，这就导致在实际操作中存在困难。

值得肯定的是，我国在对损害的确定上，引进了累积评估制度。《反倾销条例》规定，倾销进口产品来自两个以上的国家（地区），并且满足下列条件的，可以就倾销进口产品对国内产业造成的影响进行累积评估：① 来自每一国家（地区）的倾销进口产品的倾销幅度不小于 2%，并且其进口量不属于可忽略不计的；② 根据倾销进口产品之间以及倾销进口产品与国内同类产品之间的竞争条件，进行累计评估是适当的。可忽略不计，是指来自一个国家（地区）的倾销进口产品的数量占同类产品总进口量的比例低于 3%；但是，低于 3%的若干国家（地区）的总进口量超过同类产品的 7%除外。

四、反倾销调查程序

反倾销调查程序，是指一国负责反倾销调查的有关行政主管部门根据其国内受到倾销损害的相关产业的申请或依职权，对被投诉的倾销产品进行立案调查时所应遵循的具体步骤。反倾销调查程序有时也称为反倾销诉讼程序，但反倾销调查程序实际上是一种行政行为，而不是司法行为。所以，从严格意义上说，将反倾销调查程序称为反倾销诉讼程序，在法律上是不准确的。不过，反倾销调查不是一般的行政行为，而是具有准司法性质的特殊的行政行为。这是因为反倾销调查及其相应的程序，是由专门的反倾销法律规定的，比一般的行政司法要严格得多。为了强调反倾销调查程序的权威性和严肃性，我们也在一般意义上将反倾销调查程序称为反倾销诉讼程序，特别是将参与或配合反倾销调查的活动称为应诉，目的也在于此。

在我国，对倾销的调查和确定，由中华人民共和国商务部负责。反倾销调查的程序如下。

（一）申请

国内产业或者代表国内产业的自然人、法人或者有关组织，可以依照《反倾销条例》的规定向商务部提出反倾销的书面申请。申请书应当包括下列内容：①申请人的名称、地址及有关情况；②对申请调查的进口产品的完整说明，包括产品名称、所涉及的出口国（地区）或者原产国（地区）、已知的出口经营商或者生产者、产品在出口国（地区）或者原产国（地区）国内市场消费时的价格信息、出口价格信息等；③对国内同类产品生产的数量和价值的说明；④申请调查进口产品的数量和价格对国内产业的影响；⑤申请人认为需要说明的其他内容。申请书应当附具有关证据。

同时，根据《反倾销条例》，在表示支持申请或者反对申请的国内产业中，支持者的产量占到支持者和反对者的总产量的50%以上的，应当认定申请是由国内产业或者代表国内产业提出，可以启动反倾销调查程序。但是，表示支持申请的国内产业的产量不足国内同类产品总产量的25%的，不得启动反倾销调查程序。

在特殊情况下，商务部没有收到反倾销调查的书面申请，但有充分证据认为存在倾销和损害以及两者之间存在因果关系的，可以决定立案调查。

（二）立案

商务部应当自收到申请人提交的申请书以及有关证据之日起60天内，对申请是否由国内产业或者代表国内产业提出、申请书内容及所附具的证据等进行审查，决定立案调查或者不立案调查。在决定调查前，应当通知有关出口国（地区）政府。

立案调查的决定，由商务部予以公告，并通知申请人、已知的出口经营者和进口经营者、出口国（地区）政府以及其他有利害关系的组织、个人（以下统称利害关系方）。立案调查的决定一经公告，商务部应当将申请书文本提供给已知的出口经营者和出口国（地区）政府。

（三）调查

调查机关可以采取问卷、抽样、听证会、现场核查等方式向利害关系方了解情况，进行调查。调查机关认为必要时，可以派工作人员赴有关国家（地区）进行调查。但是，有关国家（地区）提出异议的除外。

调查机关应当为有利害关系方提供陈述意见和论据的机会。调查机关进行调查时，利害关系方不如实反映情况、提供有关资料的，或者没有在合理的时间内提供必要信息的，或者以其他方式严重妨碍调查的，调查机关可以根据自己已经获得的事实和可获得的最佳信息作出裁定。

利害关系方认为其提供的资料泄露后将产生严重不利影响的，可以向调查机关申请对该资料按保密资料处理。调查机关认为保密申请理由正当的，应当对利害关系方提供的资料按保密资料处理，同时要求利害关系方提供一份非保密的该资料概要。按保密资料处理的资料，未经提供资料的利害关系方同意，不得泄露。

调查机关应当允许申请人和利害关系方查阅本案有关资料。但是，属于按保密资料处理的除外。

调查机关根据调查结果，分别就倾销、损害作出初步决定，并就两者之间的因果关系是否成立作出初裁决定，并由调查机关予以公告。初裁决定确定倾销、损害以及两者之间的因果关系成立的，调查机关应当对倾销及倾销幅度、损害以及损害程度继续进行调查，并根据调查结果分别作出终裁决定，由调查机关予以公告。在作出终裁决定之前，应当由调查机关将终裁决定所依据的基本事实通知所有已知的利害关系方。

反倾销调查，应当自立案调查决定公告之日起 12 个月内结束，特殊情况下可以延长，但延长期不得超过 6 个月。

有下列情形之一的，反倾销调查应当终止，并由调查机关公告：① 申请人撤销申请的；② 没有足够证据证明存在倾销、损害或者两者之间有因果关系的；③ 倾销幅度低于 2%的；④ 倾销进口产品实际或者潜在的进口量或者损害属于可忽略不计的；⑤ 调查机关认为不适宜继续进行反倾销调查的。

五、反倾销措施

（一）临时措施

进口国当局在初步裁决认为存在倾销和损害事实后，为了防止国内产业进一步受到损害，可以采取反倾销临时措施。实施临时措施的条件是：①已开始进行反倾销调查，并已给与所有利害关系的当事人以提供证据和发表意见的充分机会；②已作出肯定性的存在倾销的初步裁决，并且倾销已经对国内产业造成伤害；③采取临时措施对防止在调查期间发生损害是必要的。

临时反倾销措施主要有两种形式，一是征收临时税；二是采取担保的方式和支付现金或者其他保证金，其数额相当于临时预计的反倾销税，但不得高于临时预计的反倾销幅度。

征收临时反倾销税，由商务部提出建议，国务院关税税则委员会根据商务部的建议作出决定，由商务部予以公告。要求提供现金保证金、保函或者其他形式的担保，由商务部作出决定并予以公告。海关自公告规定实施之日起执行。

临时反倾销税实施的期限，自临时反倾销措施公告规定实施之日起，不得超过 4 个月；在特殊情况下，可以延长至 9 个月。自反倾销立案调查决定公告之日起 60 天内，不得采取临时反倾销措施。

（二）价格承诺

根据我国《反倾销条例》的规定，倾销进口产品的出口经营者在反倾销调查期间，可以向商务部作出改变价格或者停止以倾销价格出口的价格承诺。商务部也可以向出口经营者提出价格承诺的建议，但是不得强迫出口经营者作出价格承诺。

出口经营者不作出价格承诺或者不接受价格承诺的建议的，不妨碍对反倾销案件的调查和确定。出口经营者继续倾销进口产品的，调查机关有权确定损害威胁更有可能出现。

如果商务部认为出口经营者作出的价格承诺能够接受的，可以决定中止或者终止反倾销调查，不采取临时反倾销措施或者征收反倾销税。中止或者终止反倾销调查的决定由商务部公告。在中止或者终止反倾销调查后，应出口经营者请求或者调查机关认为有必要，调查机关可以对倾销和损害继续进行调查。并根据调查结果，作出倾销或者损害的否定裁定的，价格承诺自动失效，作出倾销或者损害的肯定裁定的，价格承诺继续有效。

商务部可以要求出口经营者定期提供履行其价格承诺的有关情况、资料，并予以核实。出口经营者违反其价格承诺的，商务部可以立即决定恢复反倾销调查，并根据可获得的最佳信息，可以决定采取临时反倾销措施，并可以对实施临时反倾销措施前 90 天内进口的产品追溯征收反倾销税，但违反价格承诺前进口的产品除外。

与反倾销税方式相比，价格承诺无论对出口商还是进口国都是一个双赢方案。就出口商而言：① 在出口数量不受影响的情况下，承诺提价可以增加销售收入，或补偿因提价可能导致的出口数量减少而造成的损失；② 取消承诺比较容易；③ 承诺的具体内容一般作为商业秘密不公开，可以保全出口商的名誉；④ 反倾销税涉及进口国整个领域，而承诺可以针对进口国某一地区作出，所付出的代价较小。就进口国而言，一方面可以缩短反倾销调查的时间和避免启动复杂的反倾销调查程序，及时抵消损害影响；另一方面利于保持消费市场的稳定和维持国内企业的适度竞争。

（三）反倾销税

反倾销税是指进口国反倾销调查当局对倾销产品征收的一种特殊关税。说它特殊，是因为反倾销税并不是对所有进口产品普遍征收的关税种类，而是在正常的海关税和费用之外的一种关税或附加关税。

按照我国《反倾销条例》的规定，反倾销调查终裁决定确定倾销成立，并由此对国内产业造成损害的，可以征收反倾销税。征收反倾销税，由商务部提出建议，国务院关税税则委员会根据商务部的建议作出决定，由商务部予以公告，海关自公告规定实施之日起执行。

反倾销税的纳税人为倾销进口产品的进口经营者。反倾销税应当根据不同的出口经营者的倾销幅度，分别确定。对未包括在审查范围内的出口经营者的倾销进口产品，需要征收反倾销税的，应当按照合理的方式确定对其适用的反倾销税。反倾销税税额不得超过终裁决定确定的倾销幅度。

终裁决定确定存在实质损害，并在此前已经采取临时反倾销措施的，反倾销税可以对已经实施临时反倾销措施的期间追溯征收。终裁决定确定存在实质损害威胁，在先前不采取临时反倾销措施将会导致后来作出实质损害裁定的情况下已经采取临时反倾销措施的，反倾销税可以对已经实施临时反倾销措施的期间追溯征收。终裁决定确定的反倾销税，高于已付或者应付的临时反倾销税或者为担保目的而估计的金额的，差额部分不予收取，低于已付或者应付的临时反倾销税或者为担保目的而估计的金额的，差额部分应当根据具体情况予以退还或者重新计算税额。

《反倾销条例》同时规定，下列两种情形并存的，可以对实施临时反倾销措施之日前 90 天内进口的产品追溯征收反倾销税，但是立案调查前进口的产品除外：①倾销进口产品有对国内产业造成损害的倾销历史，或者该产品的进口经营者知道或者应当知道出口经营者实施倾销并且倾销对国内产业将造成危害的；②倾销进口产品在短期内大量出口，并且可能会严重破坏即将实施的反倾销税的补救效果的。

如果终裁决定确定不征收反倾销税的，或者终裁决定未确定追溯征收反倾销税的，已征收的反倾销税、已收到的现金保证金应当予以退还，保函或者其他形式的担保应当予以解除。

倾销进口产品的进口经营者有证据证明已经缴纳的反倾销税税额超过倾销幅度的，可以向商务部提出退税申请。经商务部审查、核实并提出建议，国务院关税税则委员会根据商务部的建议可以作出退税决定，由海关执行。

六、期限、复审及救济

根据《反倾销条例》的规定，反倾销税的征收期限和价格承诺的履行期限不得超过5年。但是，经复审确定终止征收反倾销税有可能导致倾销和损害的继续或者再度发生的，反倾销税的征收期限可以适当延长。

反倾销税生效后，商务部可以在有正当理由的情况下，决定对继续征收反倾销税的必要性进行复审，也可以在经过一段合理时间，应利害关系方的请求并对利害关系方提供的相应证据进行审查后，决定对继续征收反倾销税的必要性进行复审。

价格承诺生效后，商务部可以在有正当理由的情况下，决定对继续履行价格承诺的必要性进行复审，也可以在经过一段合理时间，应利害关系方的请求并对利害关系方提供的相应证据进行审查后，决定对继续履行价格承诺的必要性进行复审。

根据复审的结果，由商务部依法提出保留、修改或者取消反倾销税的建议，国务院关税税则委员会根据商务部的建议作出决定，由商务部予以公告。依法由商务部决定的，由商务部依法直接作出决定并公告。

复审程序参照反倾销调查的有关规定执行。复审期限自决定复审开始之日起，不超过12个月。在复审期间，复审程序不妨碍反倾销措施的实施。

对商务部反倾销调查作出的终裁决定不服的，对是否征收反倾销税的决定以及追溯征收、退税、对新出口经营者征税决定不服的，或者对反倾销税和价格承诺的复审决定不服的，可以依法申请行政诉讼，也可以依法向人民法院起诉。

根据最高人民法院《关于审理反倾销行政案件应用法律若干问题的规定》（以下简称《审理规定》），第一审反倾销行政案件的管辖法院为被告所在地高级人民法院指定的中级人民法院或者被告所在地高级人民法院。在我国，反倾销行政案件的被告主要有商务部、海关总署和国务院关税税则委员会。商务部属于国务院部委级行政机关，后两者属于国务院直属机构，地位与前者几乎相同。据此，确定我国反倾销司法审查受案法院的方案有3：① 由北京市中级人民法院一审，北京市高级人民法院二审；② 由北京市高级人民法院一审，最高人民法院二审；③ 由最高人民法院直接受理。

依据《审理规定》，可向人民法院提起行政诉讼的倾销行为主要包括：① 有关倾销及倾销幅度、损害及损害程度的终裁决定；② 有关是否征收反倾销税的决定以及追溯征收、退税、对新出口经营者征税的决定；③ 有关保留、修改或者取消反倾销税以及价格承诺的复审决定；④ 依照法、行政法规规定可以起诉的其他反倾销行政行为。

第二节　反补贴法

一、补贴的含义和特征

在法律上补贴是一个含义十分广泛的概念。根据 GATT《补贴与反补贴措施协议》，补贴是指“由一缔约方境内的政府或任何公共机构（下称政府）提供并由此而授予各种利益的财政资助”或其他 GATT 第 16 条所称的“任何形式的收入支持或价格支持措施”。

自 1948 年被纳入 GATT 多边贸易体制以来，反补贴措施已经成为当今各国防止或制止补贴行为、保护国内产业的重要的非关税措施。随着乌拉圭回合谈判的结束与 WTO 的成立，已经制定反补贴法律的发达国家纷纷修订了各自的反补贴法，尚未建立相关制度的广大发展中国家也先后加入反补贴立法和司法实践的行列。

我国反补贴法所规制的补贴，是指出口国（地区）政府或者其任何公共机构提供的并为接受者带来利益的财政资助以及任何形式的收入或者价格支持。补贴有下列 4 个特点：

（1）补贴是一种政府行为。政府是一种广义的概念，它不仅仅指一般意义上的中央政府及其相关机构，而且包括中央政府下属的各级政府机构。同时政府行为还包括政府干预下的私人行为。如政府资助的基金拨款、政府授权下私人机构实施的补贴均为政府行为。

（2）补贴是一种政府财政性干预行为，即政府公共帐户存在开支。其措施多种多样，如直接资金转移（如赠与、贷款、资产投入）、潜在的资金或债务直接转移（如贷款担保）、政府预定税收的扣除或者不征收（即税收优惠）、以优惠的价格提供或购买商品或劳务等。

（3）补贴须授予受补贴方某种利益，即受补贴方从某种政府资助计划中取得某些其从市场上无法得到的价值。没有利益的授予不构成补贴。

（4）补贴是指生产者或销售者获得的资助，针对消费者而提供的消费资助并不构成国际贸易的障碍，不能认定为补贴。

从表面来看，倾销和补贴似乎有很多共同之处，例如，倾销与补贴一样，两者都是以低于正常价格在进口国市场销售，都属于“不公平竞争”一类。然而，两者从本质上说是性质不同的两个范畴的概念。首先，倾销对应的是私人企业（出口人）的行为，而补贴所面对的几乎全是政府行为，因而它所涉及的大量的是政府政策问题。其次，倾销是一种市场竞争中的经济概念和国际贸易行为，而补贴所涉及的问题既有经济因素又有政治的、社会的乃至文化的因素，而且大量的是一国国内问题，有些与贸易没有瓜葛。

二、补贴的分类

（一）出口补贴与生产补贴

出口补贴，即基于出口行为而给予的补贴。接受这种补贴的产品常以低于其国内市场价格出口，在国际市场上与别国产品竞争。生产补贴是指一国政府仅对某一产品的生产给予国内生产企业的补贴，而该产品出口与否在所不论。

出口补贴和生产补贴的分类方式是在 GATT 中提出来的。出口补贴会扭曲国际贸易，因此，GATT 要求发达国家缔约方禁止对非初级产品（工业制成品）给予出口补贴；在初级产品方面，虽然未直接禁止对初级产品给予出口补贴，但是敦促各国避免对此类产品实行直接或间接的出口补贴，如果某缔约方对初级产品给予出口补贴，则要求该国不得造成如下后果：① 造成该国拥有超过该项产品在世界贸易中的合理份额；② 造成价格大大低于其他供应商向同一市场出售的价格。对于生产补贴，GATT 指出生产补贴是国家用于促进其一系列社会及经济政策目标的措施，因此 GATT 无意限制使用此类补贴，但是要求缔约方避免通过此类补贴对另一缔约方的国内工业造成严重损害。

（二）专项性补贴和普遍性补贴

这是根据补贴行为的对象和范围进行的分类。专项性补贴是指一国政府针对特定企业或特定产业而提供的补贴。反之为普遍性补贴。普遍性补贴通常被认为对国际贸易没有扭曲性影响的，因此不能对其采取反补贴措施。

（三）被禁止的补贴、可诉补贴以及不可诉补贴

这是根据补贴对国际贸易的扭曲效应差异进行划分的。禁止性补贴对国际贸易具有扭曲作用，各国可以直接采取反补贴措施，这类补贴又称“红灯类”。限制性补贴的目的在于实现国内经济、政治或社会目标，对国际贸易有较大影响，如果对进口国工业造成重大损害，应受到反补贴措施的制裁，这类补贴又称“黄灯类”。不可诉补贴对国际贸易只有十分轻微的影响，所以对这类补贴不能采取反补贴措施，这类补贴又称“绿灯类”。

三、反补贴法的概念与特征

补贴作为公共经济政策的重要组成部分，是各国采用的一种发展本国经济的方法。GATT 与 WTO 并不否定补贴的作用，但在国际贸易中对外国同类产品的生产者而言，补贴是一种变相的不正当竞争手段，会对进口方或第三方相关产业或者其他合法利益造成损害，会对贸易产生扭曲作用。因此，自关贸总协定开始，国际社会及各国努力将其纳入法律调整的范畴，以便对补贴和反补贴措施进行规范。我国也于 2001 年 10 月 31 日，由国务院发布了《中华人民共和国反补贴条例》（以下简称《反补贴条例》），用于保护我国的经济和同类产品生产商的利益，维护正常的国内市场秩序和国际贸易秩序。

所谓反补贴法，是指进口国（地区）为了保护本国的经济和本国生产厂家的利益，维护正常的国际贸易秩序而对补贴这种不公平贸易和竞争行为进行限制和调整的法律规范的总

称。反补贴法有以下特征：

（1）从调整对象看，反补贴法调整的是补贴与反补贴关系。尽管这种补贴与反补贴关系发生在国际贸易过程中，但由于这种补贴与反补贴关系不是发生在特定的买卖双方当事人之间，而是发生在出口商与进口国有关生产商之间，因此，这种关系已经超越了货物买卖双方的权利义务关系，超出货物买卖法调整的范围，而成为反补贴法调整的对象。

（2）从法律渊源看，反补贴法表现为国内规范和国际规范两种形式。反补贴法的国内渊源，指各国制定的有关反补贴的各种法律规范。在英美法系国家还包括具有约束力的反补贴判例。反补贴法的国际规范，主要包括国际双边条约和国际多边条约。反补贴国际规范较多的表现为国际多边条约，其中最具影响的就是GATT以及GATT下的《补贴与反补贴措施协议》。

四、补贴的成立

根据我国反补贴法的规定，确定一国商品在我国的销售是否构成补贴必须满足两个条件：一是该产品以获得出口国（地区）财政资助进入我国市场；二是受财政资助的行为对我国已建立的国内产业造成实质损害或者产生实质威胁，或对建立国内产业的造成实质阻碍。

（一）财政资助

根据《反补贴条例》，财政资助包括：①出口国（地区）政府以拨款、贷款、资本注入等形式直接提供资金，或者以贷款担保等形式潜在地直接转让资金或者债务；②出口国（地区）政府放弃或者不收缴应收收入；③出口国（地区）政府提供一般基础设施以外的货物、服务、或者由出口国（地区）政府购买货物；④出口国（地区）政府通过向筹资机构付款，或者委托、指令私营机构履行上述职能。

同时，《反补贴条例》还规定，补贴必须具有专向性。专向性，是指补贴仅提供给特定企业或产业或一组企业或产业。具有下列情形之一的补贴，具有专向性：①由出口国（地区）政府明确确定的某些企业、产业获得的补贴；②由出口国（地区）法律、法规明确规定的某些企业、产业获得的补贴；③指定特定区域内的企业、产业获得的补贴；④以出口实绩为条件获得的补贴，包括本条例所附出口补贴清单列举的各项补贴；⑤以使用本国（地区）产品替代进口产品为条件获得的补贴。

（二）国内产业

《反补贴条例》规定，国内产业，是指中华人民共和国国内同类产品的全部生产者，或者其总产量占国内同类产品全部总产量的主要部分的生产者。但是，国内生产者与出口经营者或者进口经营者有关联的，或者其本身为补贴产品或者同类产品的进口经营者的，应当除外。在特殊情况下，国内一个区域市场中的生产者，在该市场中销售其全部或者几乎全部的同类产品，并且该市场中同类产品的需求主要不是由国内其他地方的生产者攻击的，可以视为一个单独产业。

同类产品，是指与补贴进口产品相同的产品。没有相同产品的，以与补贴进口产品的特性最相似的产品为同类产品。

（三）损害的确定

在确定补贴对国内产业造成的损害时，应当审查下列事项：①补贴可能对贸易造成的影响；②补贴进口产品的数量，包括补贴进口产品的绝对数量或者相对于国内用类产品生产或者消费的数量是否大量增加，或者补贴进口产品大量增加的可能性；③补贴进口产品的价格，包括补贴进口产品的价格削减或者对国内同类产品的价格产生大幅度抑制、压低等影响；④补贴进口产品对国内产业的相关经济因素和指标的影响；⑤补贴进口产品的出口国（地区）、原产国（地区）的生产能力、出口能力，被调查产品的库存情况；⑥造成国内产业损害的其他因素。

和《反倾销条例》一样，《反补贴条例》主要集中于对损害进行认定的规定，而对于实质阻碍和实质损害威胁产业的认定则没有具体规定。

应特别指出的是，由于我国产业还比较脆弱，更有产业还在调整或兴建之中，如果待进口产品给我国产业造成实质损害后再实施反补贴措施，则不利于产业结构的调整和新兴产业的培植。因此我国反补贴立法应重视对“实质性损害威胁”和“实质阻碍新兴工业建立”的界定：一是要制定出系列具体评估标准，使有关产业在遭到“实质性损害威胁”或“实质阻碍”时能依法提起申诉，尽早维护自身的合法权益，避免企业因标准不明而不敢贸然起诉的情况发生；二是赋予主管当局主动发起调查的权利，由于企业往往对潜在的损害不够敏感，主管当局尤应特别注意进口货物对我国产业是否造成“实质损害威胁”或“实质阻碍其建立”，一旦发现，即应发起调查，保护有关产业的权益。

（四）补贴的计算

进口产品的补贴金额，应当区别不同情况，按照下列方式计算：①以无偿拨款形式提供补贴的，补贴金额以企业实际接受的金额计算；②以贷款形式提供补贴的，补贴金额以接受贷款的企业在正常商业贷款条件下应支付的利息与该项贷款的利息的差额计算；③以贷款形式提供担保的，补贴金额以在没有担保情况下企业应支付的利息与有担保情况下企业实际支付的利息差额计算；④以注入资本形式提供补贴的，补贴金额以企业实际接受的资本总额计算；⑤以提供货物或者服务形式提供补贴的，补贴金额以该项货物或者服务的正常市场价格与企业实际支付的价格之差计算；⑥以购买货物形式提供补贴的，补贴金额以政府实际支付价格与该项货物的正常市场价格之差计算；⑦以放弃或者不收缴应收收入形式提供补贴的，补贴金额以依法应当缴纳的金额与企业实际缴纳金额之差计算。

补贴进口产品来自于两个以上国家（地区），并且满足下列条件时，可以就补贴进口产品对国内产业造成的影响进行累积评估：①来自每一国家（地区）补贴进口产品的补贴金额不属于微量补贴，并且其进口量不属于可忽略不计的；②根据补贴进口产品之间的竞争条件以及补贴出口产品与国内同类产品之间的竞争条件，进行累积评估是适当的。

微量补贴，是指补贴金额不足产品价值1%的补贴，但是，来自发展中国家（地区）的补贴进口产品的微量补贴，是指补贴金额不足产品价值2%的补贴。

五、反补贴调查程序

反补贴调查程序，是指一国负责反补贴调查的有关行政主管部门根据其国内受到补贴损害的相关产业的申请或依职权，对被投诉的补贴产品进行立案调查时所应遵循的具体步骤。反补贴调查程序实际上是一种行政行为，而不是司法行为。在我国，对补贴的调查和确定由商务部负责。其中，涉及农产品的反补贴国内产业损害调查由商务部会同农业部进行。根据《反补贴条例》规定，反补贴调查的程序如下。

（一）申请

国内产业或者代表国内产业的自然人、法人或者有关组织，可以依照《反补贴条例》的规定向商务部提出反补贴的书面申请。申请书应当包括下列内容：①申请人的名称、地址及有关情况；②对申请调查的进口产品的完整说明，包括产品名称、所涉及的出口国（地区）或者原产国（地区）、已知的出口经营商或者生产者等；③对国内同类产品生产的数量和价值的说明；④申请调查进口产品的数量和价格对国内产业的影响；⑤申请人认为需要说明的其他内容。申请书应当附具证据。

同时，根据《反补贴条例》，在表示支持申请或者反对申请的国内产业中，支持者的产量占到支持者和反对者的总产量的50%以上的，应当认定申请是由国内产业或者代表国内产业提出，可以启动反补贴调查程序。但是，表示支持申请的国内产业的产量不足国内同类产品总产量的25%的，不得启动反补贴调查程序。

在特殊情况下，商务部没有收到反补贴调查的书面申请，但有充分证据认为存在补贴和损害以及两者之间存在因果关系的，可以决定立案调查。

（二）立案

商务部应当自收到申请人提交的申请书以及有关证据之日起60天内，对申请是否由国内产业或者代表国内产业提出、申请书内容及所附具的证据等进行审查，决定立案调查或者不立案调查。在特殊情况下，可以适当延长审查期限。在决定调查前，应当就有关补贴事项向产品可能被调查的国家（地区）政府发出进行磋商的邀请。

立案调查的决定，由商务部予以公告，并通知申请人、已知的出口经营者、进口经营者以及其他有利害关系的组织、个人（以下统称利害关系方）和出口国（地区）政府。立案调查的决定一经公告，商务部应当将申请书文本提供给已知的出口经营者和出口国（地区）政府。

（三）调查

调查机关可以采取问卷、抽样、听证会、现场核查等方式向利害关系方了解情况，进行调查。调查机关认为必要时，可以派工作人员赴有关国家（地区）进行调查。但是，有关国家（地区）提出异议的除外。

调查机关应当为有关有利害关系方、利害关系国（地区）政府提供陈述意见和论据的机会。调查机关进行调查时，利害关系方、利害关系国（地区）政府应当如实反映情况，提供有关资料。利害关系方、利害关系国（地区）政府不如实反映情况、提供有关资料的，或者没有在合理的时间内提供必要信息的，或者以其他方式严重妨碍调查的，调查机关可以根据自己已经获得的事实作出裁定。

利害关系方、利害关系国（地区）政府认为其提供的资料泄露后将产生严重不利影响的，可以向调查机关申请对该资料按保密资料处理。

调查机关应当允许申请人、利害关系方和利害关系国（地区）政府查阅本案有关资料。但是，属于按保密资料处理的除外。

调查机关根据调查结果，分别就补贴、损害作出初步决定，并就两者之间的因果关系是否成立作初裁决定，并由调查机关予以公告。初裁决定确定补贴、损害以及两者之间的因果关系成立的，调查机关应当对补贴及补贴金额、损害以及损害程度继续进行调查，并根据调查结果分别作出终裁决定，由调查机关予以公告。在作出终裁决定之前，应当由调查机关将终裁决定所依据的基本事实通知所有已知的利害关系方、利害关系国（地区）政府。

反补贴调查，应当自立案调查决定公告之日起 12 个月内结束，特殊情况下可以延长，但延长期不得超过 6 个月。

有下列情形之一的，反补贴调查应当终止，并由调查机关公告：① 申请人撤销申请的；② 没有足够证据证明存在补贴、损害或者两者之间有因果关系的；③ 补贴金额为微量补贴的；④ 补贴进口产品实际或者潜在的进口量或者损害属于可忽略不计的；⑤ 通过与有关国家（地区）政府磋商达成协议，不需要继续进行反补贴调查的；⑥ 调查机关认为不适宜继续进行反补贴调查的。

六、反补贴措施

（一）临时措施

根据《反补贴条例》，调查机关在初步裁决认为补贴成立，并由此对国内产业造成损害的，可以采取反补贴临时措施。临时反补贴措施采取以现金保证金或者保函作为担保的征收临时反补贴税的形式。

采取临时反补贴措施，由商务部提出建议，国务院关税税则委员会根据商务部的建议作出决定，由商务部予以公告。海关自公告规定实施之日起执行。

临时反补贴措施实施的期限，自临时反补贴措施公告规定实施之日起，不得超过 4 个月。自反补贴立案调查决定公告之日起 60 天内，不得采取临时反补贴措施。

（二）承诺

反补贴中的承诺有两种形式：一种是出口商承诺同意修改价格，从而使调查主管机关确信补贴的损害性影响已经消除；另一种使出口成员政府同意取消或限制补贴，或采取其他能消除补贴影响的措施。这是与反倾销中的承诺方式最大不同，在反倾销的承诺中，没有政府承诺的问题。

根据《反补贴条例》，在反补贴调查期间，出口国（地区）政府提出取消、限制补贴或者其他有关措施的承诺，或者出口经营者提出修改价格承诺的，商务部应当予以充分考虑。商务部可以依职权向出口经营者或者出口国（地区）政府提出有关价格承诺的建议。但是不得强迫出口经营者作出承诺。

出口经营者、出口国（地区）政府不作出价格承诺或者不接受价格承诺的建议的，不妨碍对反补贴案件的调查和确定。出口经营者继续补贴进口产品的，调查机关有权确定损害威胁更有可能出现。

如果商务部认为出口经营者、出口国（地区）政府作出的价格承诺能够接受的，可以决定中止或者终止反补贴调查，不采取临时反补贴措施或者征收反补贴税。中止或者终止反补贴调查的决定由商务部公告。在中止或者终止反补贴调查后，应出口国（地区）政府请求或者调查机关认为有必要，调查机关可以对补贴和损害继续进行调查。并根据调查结果，作出补贴或者损害的否定裁定的，价格承诺自动失效，作出补贴或者损害的肯定裁定的，价格承诺继续有效。商务部不接受价格承诺的，应当向有关出口经营者说明理由。

（三）反补贴税

反补贴税是指进口国反补贴调查当局对补贴产品征收的一种特殊关税。根据《反补贴条例》的规定，在未完成磋商的努力没有取得效果的情况下，终裁决定确定补贴成立，并由此对国内产业造成损害的，可以征收反补贴税。

征收反补贴税，由商务部提出建议，国务院关税税则委员会根据商务部的建议作出决定，由商务部予以公告，海关自公告规定实施之日起执行。反补贴税适用于终裁决定公告之日后进口的产品，法律另有规定的除外。

反补贴税的纳税人为补贴进口产品的进口经营者。反补贴税应当根据不同的出口经营者的补贴金额，分别确定。对实际上未被调查的出口经营者的补贴进口产品，需要征收反补贴税的，应当迅速审查，按照合理的方式确定对其使用的反补贴税。反补贴税税额不得超过终裁决定确定的补贴金额。

终裁决定确定存在实质损害，并在此前已经采取临时反补贴措施的，反补贴税可以对已经实施临时反补贴措施的期间追溯征收。终裁决定确定存在实质损害威胁，在先前不采取临时反补贴措施将会导致后来作出实质损害裁定的情况下已经采取临时反补贴措施的，反补贴税可以对已经实施临时反补贴措施的期间追溯征收。终裁决定确定的反补贴税，高于现金保证金或者保函所担保金额的，差额部分不予收取，低于现金保证金或者保函所担保金额的，差额部分应当予以退还。

《反补贴条例》同时规定，下列 3 种情形并存的，必要时可以对实施临时反补贴措施之日前 90 天内进口的产品追溯征收反补贴税：①补贴进口产品在较短时间内大量增加；②此种增加对国内产业造成难以补救的损害；③此种产品得益于补贴。

如果终裁决定确定不征收反补贴税的，或者终裁决定未确定追溯征收反补贴税的，对实施临时反补贴措施期间已收取的现金保证金应当予以退还，保函应当予以解除。

七、期限、复审及救济

根据《反补贴条例》的规定，反补贴税的征收期限和承诺的履行期限不得超过5年。但是，经复审确定终止征收反补贴税有可能导致补贴和损害的继续或者再度发生的，反补贴税的征收期限可以适当延长。

反补贴税生效后，商务部可以在有正当理由的情况下，决定对继续征收反补贴税的必要性进行复审，也可以在经过一段合理时间，应利害关系方的请求并对利害关系方提供的相应证据进行审查后，决定对继续征收反补贴税的必要性进行复审。

承诺生效后，商务部可以在有正当理由的情况下，决定对继续履行价格承诺的必要性进行复审，也可以在经过一段合理时间，应利害关系方的请求并对利害关系方提供的相应证据进行审查后，决定对继续履行承诺的必要性进行复审。

根据复审的结果，由商务部依法提出保留、修改或者取消反补贴税的建议，国务院关税税则委员会根据商务部的建议作出决定，由商务部予以公告。依法由商务部决定的，由商务部依法直接作出决定并公告。复审程序参照反补贴调查的有关规定执行。复审期限自决定复审开始之日起，不超过12个月。在复审期间，复审程序不妨碍反补贴措施的实施。

对商务部反补贴调查作出的终裁决定不服的，对是否征收反补贴税的决定以及追溯征收的决定不服的，或者对反补贴税和承诺的复审决定不服的，可以依法申请行政诉讼，也可以依法向人民法院起诉。

根据最高人民法院《关于审理反补贴行政案件应用法律若干问题的规定》，人民法院依法受理对下列反补贴行政行为提起的行政诉讼：①有关补贴及补贴金额、损害及损害程度的终裁决定；②有关是否征收反补贴税以及追溯征收的决定；③有关保留、修改或者取消反补贴税以及承诺的复审决定；④依照法律、行政法规规定可以起诉的其他反补贴行政行为。

反补贴行政案件的被告，应当是作出相应被诉具体行政行为的国务院主管部门。与被诉反补贴行政行为具有法律上利害关系的其他国务院主管部门，可以作为第三人参加诉讼。

第一审反补贴行政案件的管辖法院为被告所在地高级人民法院指定的中级人民法院或者被告所在地高级人民法院。

第十三章　金融法

第一节　金融法概述

一、金融概述

（一）金融的定义

金融从字面词义上理解就是指货币的流通。但在现代经济条件下，金融的含义已远远超过其原有词义。就金融而言，它不仅包括货币、资金的筹集与融通，而且还包括在市场经济条件下发展起来的信用活动和相关的经济活动。因此，所谓金融，是指货币流通和信用活动以及与之相关的经济活动的总称。它具体包括货币的发行、流通与回笼，存款的吸收与付出，贷款的发放与收回，金银与外汇的买卖，有价证券的发行认购和转让买卖，保险和信托及国内与国际的货币结算等。

在现代社会，金融主要是通过商业银行等金融机构的各种业务活动来实现的。

（二）金融的产生与发展

金融是商品经济发展的必然产物。其产生与发展经历了 3 个阶段。

（1）最早的金融活动是货币充当交换媒介和发展为一般等价物的货币发展过程。

根据马克思主义的观点，货币是商品内在的使用价值与价值矛盾发展的产物，是价值形式发展的必然结果。货币是社会分工的产物。从历史的角度考察，我们注意到货币的起源与发展是与货币所具有的媒介交易、衡量价值、价值储藏、延期支付等功能分不开的。

货币的出现，给人类社会经济的快速发展提供了一个重要的基础条件，成为促进经济发展和社会进步的一支突出力量。

（2）信用作为以偿还本息为条件的借贷行为的产生与发展，成为金融发展的第二阶段。

与货币的产生一样，信用也是在人类社会发展到一定阶段后产生的，社会分工和私有制是其产生的客观基础。

信用作为一种从属于市场经济的经济范畴，所反映的是一种以偿还和有偿为条件的、不同所有者之间的商品或货币的交易关系。在这种交易中，由于信用关系，虽然一方的先行移转与对方的相对偿还之间存在一定的时间差，但是交易却仍能进行。也正是这种交易的时间差的存在，克服了市场中物物直接交换所带来的限制，从而扩大了交易范围，在加速资本的集中和积累、节约流通费用的同时，提高了资本周转的速度。因此，以信用中介、信用创造作为其职能的商业银行等金融机构在市场中作为一个特殊行业产生、发展起来，并为统一大市场的形成及市场经济的快速发展提供了动力。

(3) 充当信用中介的专门机构——银行的产生与发展，标志着现代金融的产生与发展。

银行作为办理存款、放款、汇兑、结算、储蓄等业务的信用机构，其产生经历了从铸币兑换业到货币经营业再到现代银行的过程。

以银行为代表的金融机构的出现，把金融分为直接金融和间接金融。直接金融是指货币资金供求双方直接交易，间接金融是指以银行等金融机构为中介所发生的货币资金供求双方的交易。在间接金融条件下，资金的供求双方不直接见面，金融活动是通过与银行等金融机构的交易完成的。

二、金融法的调整对象

所谓金融法，是指调整与金融活动有关的各种社会关系的法律规范的总称。金融法的调整对象具体的表现为以下几类：

(1) 金融监管关系。即国家以及有关的国家机关对金融市场、金融市场的参与者及金融市场的参与者之间的交易活动实施监督管理而产生的关系。在这种关系中，监管主体与被监管主体之间地位是不平等的，他们之间是一种命令与服从的关系。

(2) 金融调控关系。即国家以及有关的国家机关，以稳定金融市场、引导资金流向、控制信用规模为目的，对金融市场中的一些敏感数字实行调节和控制所产生的关系。在现代经济条件下，金融调控的手段主要是间接的。

(3) 金融交易关系。即金融市场的参与者之间在平等、自愿、等价有偿的基础上所发生的存款、贷款、结算、外汇与证券买卖、保险、信托等关系。

三、金融法的基本原则

(一) 以稳定货币为前提促进经济发展的原则

金融对经济的促进作用，必须受客观规律的制约，其中最重要的一条就是保持货币币值的稳定。而货币币值的稳定，是经济持续、稳定、健康、协调发展的前提。为此，我国中央银行法明确地规定了中国人民银行的货币政策目标是“保持货币币值之稳定，并以此促进经济增长。”我国是通过颁行《中华人民共和国中国人民银行法》(1995年颁布、2003年修订，以下简称《中国人民银行法》)，确定货币的发行原则、保证中央银行的相对独立性、货币政策工具、限制中央银行的业务对象和范围以及设立政策性银行等具体规范与措施来保障币值稳定的。

(二) 维护金融业稳健的原则

金融业作为高风险产业，其风险不仅来自于金融机构经营中的高负债，而且还有包括信用风险、国家风险、利率风险、流动性风险在内的一系列风险。因此，金融机构在经营过程所遭遇的风险比普通企业多得多、大得多。再加上多数金融工具的快速流通性，一旦发生具有较强“传染性”的金融危机，就使得金融市场潜伏着极大的系统性风险。因此一家金融机构的倒闭和破产，不仅其存款人及往来同业会不同程序地损失，而且同类金融机构、同地区的金融机构甚至全国的金融机构，都可能在信誉上受到牵连，从而遭致无形的伤害。

为维护金融业稳健，促进金融机构的审慎经营，金融法应从强化金融监管、严格金融机构市场准入制度、适度竞争、对各种贷款数据比例监管、最后贷款窗口、规范同业拆借市场以及保障劣质金融机构顺利退出、打击金融犯罪等方面入手进行规范。

（三）保护投资者利益的原则①

投资者是指在金融交易中购入金融工具融出资金的所有个人和机构，包括存款人。对投资者利益加重保护的原因在于投资者作为金融交易的资金来源，具有不特定性和广泛性，而且大部分是个人投资者，势单力薄、欠缺专业知识。对他们进行重点保护，不仅有利于金融市场正常秩序的维护，而且有助于借助他们的力量，监督提高市场透明度及其规范运作的程度。金融法对投资者利益的保护，主要是从确立信息披露制度、银行保密制度等方面入手的。

（四）分业经营、分业监管的原则

所谓分业经营、分业监管，是指我国法律规定现阶段银行业、证券业、保险业等金融行业分别经营，禁止相互兼营，并在分别经营的基础上，对金融机构实行分别监管，即中国银行业监督管理委员会主管银行业及一定范围内的非银行金融机构，中国证券监督管理委员会主管证券业，中国保险监督管理委员会主管保险业。

一国金融业对于分业体制与混业体制的选择，意味着其是在金融安全与效率之间加以抉择。一般分业体制更注重整个金融体系的安全与稳定，相比之下混业体制更注重效率。在封闭条件下，实行分业体制能够在很大程度上防范金融风险在银行业、证券业、保险业等金融行业之间的传递。由于现阶段我国金融市场还不够规范，金融机构内部管理还不够完善，金融监管还缺乏经验，为保证金融业的安全与稳定，保障国民经济有序、健康、稳定、协调发展，在未来的一段时间内我国还将坚持分业经营、分业监管的原则，这是由我国的国情所决定的。

（五）与国际惯例接轨的原则

国际金融惯例是在国际金融交往实践中逐渐形成的不成文的规则，通常是指人们在长期的国际金融实践中经重复的类似行为而形成的、并被从事有关实践之当事人普遍认为具有法的拘束力的习惯做法或通例。

与国际惯例接轨是我国加入 WTO、融入世界经济的必经之路。因为，与国际惯例接轨，不仅可以有效地避免立法失误，提高我国金融立法的水平和金融监管的质量，而且还有助于改善我国的金融法制环境，减少和降低涉外金融交往中与外方不必要的冲突与摩擦，促

① 汪鑫：《金融法学》（修订本），中国政法大学出版社 1999 年版，第 23 页。

进金融的进一步对外开放。从近年先后出台的有关金融法律来看，与国际惯例接轨的立法精神得到了更为充分的体现，在很多方面都吸取了国际惯例中的合理成分。

第二节　中央银行法

一、中央银行的概念与职能

中央银行是指在一国金融体系中居于主导地位，负责制定和执行货币政策，防范和化解金融风险，调节货币流通与信用活动，维护金融稳定的金融管理机构。

中央银行是一个抽象的称谓。识别一国的中央银行，不能单纯从名称上着手。判断一家银行是否为中央银行的标准，不是看其称谓，而取决于其地位与职能。

作为现代市场经济和信用制度下的中央银行，不管是资本主义国家还是社会主义国家，都具有以下共同职能：

(1) 发行的银行。即以立法形式明确授予中央银行统一发行和管理货币的权利，拥有货币发行的垄断权。在我国，中国人民银行享有货币的发行权，人民币是我国唯一合法货币。

(2) 政府的银行。即中央银行作为政府的银行，它服务于政府，并代表政府处理有关的金融事务。具体表现在：①经理国库；②代理政府发行、兑付国债和其他政府债券；③代表政府从事有关的国际金融活动；④持有、管理、经营国家外汇储备、黄金储备；⑤以法律规定的条件、额度和方式对政府融资等。

(3) 银行的银行。即为商业银行等金融机构提供并办理如下金融业务：①依法集中保管金融机构依法定比例缴存的存款准备金；②为商业银行等金融机构办理再贴现和提供贷款；③为金融机构提供清算服务。

为了发挥中央银行的固有职能，从各国中央银行的立法方面来看，都是通过规定中央银行的职责和任务使职能具体化的。

二、中央银行的法律地位

中央银行的法律地位，是中央银行正常履行职能开展业务的关键所在。关于中央银行的法律地位，既涉及其属性，又涉及其与政府的关系即中央银行的独立性问题。

(一) 中央银行是特殊的国家机关法人

中央银行作为一国金融管理机关，是政府管理金融的行政部门，属于国家机关法人。但作为具有金融行政管理职能的中央银行，其机构是政府的，管理方式却是非行政的，不同于一般的国家机关。

中央银行与其他国家机关的区别在于：①中央银行有注册资本。作为一个经营一定金融业务的法人，它一般都应有注册资本，虽然各国中央银行注册资本的组成方式不同，但其注册资本及数额在中央银行法中都有规定。在我国，“中国人民银行的全部资本由国家出资，属于国家所有”。②中央银行可以参加市场经营活动，办理金融业务，有资产负债表，有利润产生。③中央银行的工作人员，不是普通的国家公务员，而是特殊行业色彩很浓的人员，因为中央银行的各项职能的实现，主要是通过其提供金融服务实现的。

（二）中央银行是特殊的金融机构

中央银行为履行职能，必须经营一定的金融业务。中央银行经营金融业务，是其产生初期就确定的。但中央银行经营的金融业务，与普通金融机构有着根本的区别：①中央银行具有并垄断货币发行权；②中央银行的业务对象是政府和普通的金融机构；③中央银行经营金融业务的宗旨是信用调控及服务政府，并为普通金融机构提供贷款，而不是营利；④中央银行经营业务的种类与范围，来自于法律的特别授权。《中国人民银行法》第4条第2款明确规定：“中国人民银行为执行货币政策，可以依照本法第四章的有关规定从事金融业务活动。”

（三）中央银行具有相对独立性①

中央银行独立性，是指法律赋予中央银行在国民经济宏观调控体系中制定和执行货币政策、进行金融调控的自主权，以及为确保自主权的有效行使而采取的相关法律措施。其内容主要由两部分组成，一是中央银行自主权的立法界定；二是中央银行在行使自主权时和其他法律主体，尤其是政府之间的关系。

中央银行独立性问题的提出，首先是由中央银行的性质决定的。中央银行作为政府的银行，体现了其国家机关的性质，因此，它必须接受政府的一定程度的管制。但它同时又是特殊的金融机构，是发行的银行、银行的银行，其在制定和实施货币政策、对金融机构进行服务和调控时又不能不考虑货币经济本身自有的运行规律，因而它不能完全听命于政府，须保持一定程度的独立性；其次，中央银行和政府的任务是有所侧重的，这样就使中央银行和政府在宏观经济目标的选择上并不一定在任何条件下、任何时期都保持一致。基于政府的职责以及政治因素的影响，政府行为的出发基点往往是促进经济增长，而这极有可能诱发通货膨胀和经济过热现象。而中央银行的首要目标则是遵循货币经济运行的基本规律，保持本国货币币值的稳定。尽管现代中央银行衍生了一系列其他宏观经济管理职能，但稳定币值始终是其最基本的功能，并且越来越多的国家倾向于把稳定币值作为其中央银行首要的甚至是唯一的目标。亦正是通过中央银行稳定币值的功能的实现，在一定程度上还能制约政府过热经济决策行为，起到经济稳定器、制动器的作用。而这一切的实现，都以中央银行具有较高的相对于政府的独立性作为前提。

总之，中央银行的性质、稳定币值与制衡政府过热经济政策的职能，是中央银行需要具备独立性的基本原因。

中国人民银行自1984年专门行使中央银行职能以来，其独立性是在不断加强、不断完善的。这一演进轨迹和世界性的中央银行独立性加强的潮流是相吻合的。

① 朱大旗：《试论我国中央银行独立性的法律确认与实现》，载《法学家》1998年第5期。

三、中央银行的金融调控

现代市场经济条件下，国家对经济的调控主要是通过间接的方法，即通过立法明确有关机构职权及其参与经济的手段来进行的。中央银行的金融调控，是现代市场经济条件下一国政府对经济进行间接调控的重要组成部分。中央银行的金融调控，主要是根据其所制定的货币政策进行的。货币政策是一国主要的宏观经济政策，其主要内容是为实现特定的经济目标，而采用各种调节货币供应量或管制信用规模的方针、政策和措施，货币发行与货币政策工具就是其中最核心的部分。

（一）货币发行

中央银行作为发行的银行享有货币发行权。货币有广义与狭义之分，广义的货币不仅包括一国发行的法定流通货币即通货（又称货币现金），而且包括一部分银行存款；而狭义的货币仅指通货。货币发行就是中央银行向流通领域投入通货的行为。

集中货币发行是中央银行制度形成的一个重要原因，当今世界各国中央银行均享有垄断货币发行的特权，货币发行已成为中央银行的一项重要负债业务。中央银行发行货币主要是通过对商业银行及其他金融机构提供贷款、接受商业票据再贴现、在金融市场上购买有价证券、收兑金银、外汇等方式进入流通领域的。货币发行数量是否恰当，关系到国民经济能否稳步健康地发展。中央银行的货币发行过多，会引起货币贬值和物价上涨，并导致一系列社会经济问题的产生；货币发行过少，则会使一部分商品的价值不能顺利得到实现，国民经济会因缺少货币而无法正常地成长与发展。这就要求中央银行的货币发行必须满足也只能满足国民经济正常发展对货币的需要量。

1. 货币发行原则

（1）垄断发行的原则。所谓垄断发行，就是由中央银行统一发行货币。

（2）经济发行的原则。所谓经济发行，就是使货币发行量与商品流通的需要量相适应，根据生产发展和商品流通扩大的需要，通过信贷渠道有计划发行货币。如果脱离正常的商品生产和流通，单纯为弥补财政赤字或者扩大支出而过量发行，就会使流通中的货币过多，导致通货膨胀，影响国民经济和社会的稳定。

关于货币发行的原则，各国中央银行法均有规定，《中国人民银行法》也有规定。

2. 货币发行制度

（1）货币发行准备制度。又称发行保证制度，即中央银行发行货币要有百分之百的合格资产作为准备金。关于准备金的内容即合格资产的组成，各国有关中央银行法的规定并不完全相同。我国虽没有明确提出确立中央银行人民币准备制度，但却有货币稳定以国家所掌握的商品、黄金、外汇储备为保证的类似制度。

（2）最高发行限额与弹性发行制度。即法律在规定货币发行的最高限额的同时，为适应经济变化，使货币发行具有必要的弹性，又规定在一定条件下可以超额发行货币的制度。我国立法未明文规定该制度，但有较接近的计划发行的制度。

3. 人民币的发行

人民币是我国的法定货币，它是我国唯一的具有无限清偿能力的合法货币。人民币的发行主要通过信贷渠道进行，即中国人民银行通过发行库将发行基金投入业务库，以对商业银行及其他金融机构提供贷款、办理再贴现、购买有价证券、收兑黄金、白银、外汇等方式，将一部分货币投入流通领域。为了维护人民币作为我国唯一合法货币的法律地位，《中国人民银行法》及其他法律具体规定了对人民币进行保护的各种措施。

（二）货币政策工具

货币政策工具是指中央银行为调控货币政策中介目标而采取的政策手段。我国的货币政策目标是保持币值稳定，并以此促进经济增长。我国将货币供应量作为货币政策操作的中介目标。货币供应量与产出、物价之间具有很大的相关性，而且可以通过利率、再贷款、公开市场操作对其加以调节。货币政策工具如下。

1. 存款准备金

存款准备金是指中央银行依据职权，要求商业银行等金融机构在其存款总额中，按照规定比例向中央银行所设账户缴存的准备金。

法定存款准备金制度的确立，在有利于保护存款人利益、加强商业银行支付能力的同时，更着重于加强中央银行的宏观信用调控能力。因为缴存存款准备金，一方面充实了中央银行作为银行的银行所必需的信贷资金来源；另一方面，中央银行通过提高或降低向中央银行缴存存款准备金的比例，因此能起到抑制或鼓励商业银行创造信用的作用。

当经济过度扩张时，中央银行可以适当提高存款准备金率。[①] 金融机构存入中央银行账户的存款增加，向社会发放的商业贷款的数额减少，投资规模受到限制，货币供应量减少；而当经济萧条时，可以降低存款准备金率，此时由于商业银行存入中央银行账户的存款减少，向社会发放的商业贷款的数额就会增大，扩大了投资规模，可以增加货币供应量刺激投资，拉动经济增长。

2. 基准利率

基准利率是指在市场中存在多种利率时，在整个利率体系中起主导作用的利率。在利率市场化的情况下，金融市场中存在多种利率，但起关键、决定作用的利率只有一种，这就是基准利率。基准利率变动与否，直接影响到其他利率的变动，进而起到调节货币供应量与资金供求的目的。

目前我国的基准利率是中国人民银行对商业银行的贷款利率。当中国人民银行的基准利率提高时，商业银行的成本增加，其对客户贷款利率也相应增加，贷款需求减少，市场上货币流通量就会减少；反之，则货币流动量随之增加。

3. 再贴现利率

贴现是指票据持票人以未到期票据向商业银行通融资金，商业银行扣取自贴现日至到期

① 存款准备金率是存款准备金与存款总额的比率。

日的利息后，以票面余额付给持票人的一种贷款方式。再贴现即中央银行对商业银行持有的未到期贴现票据给予的贴现。中央银行所扣取的自再贴现之日到到期日的利息比率，为再贴现率。中央银行通过提高或降低再贴现率的方法，鼓励或抑制商业银行信贷业务的开展，进而影响货币的供求量。

4. 最后贷款窗口

最后贷款窗口又称最后贷款人，是指个别商业银行遇到资金周转困难又没有其他解决办法时，向中央银行申请最后贷款，以便缓解资金困难，避免倒闭。最后贷款窗口，是中央银行作为银行的银行职能的一项主要内容，它是中央银行调节宏观金融市场、稳定金融秩序的一种手段。

5. 公开市场操作

公开市场操作也称公开市场业务，是指中央银行以真正的平等市场参与者的身份，按照价值规律在金融市场上公开买卖有价证券、外汇的一项业务活动。应注意的是，中央银行从事这种业务的目的不是为了营利，而在于通过市场活动调节货币供应量和汇率。例如，当市场上人民币对美元呈贬值趋势时，中国人民银行为恢复人民币汇率，可以在金融市场上抛售美元，买入人民币，直到人民币的汇率恢复到理想水平；当市场上人民币对美元的汇率呈上升趋势时，中国人民银行为保证对外贸易出口的份额，可通过商业银行（交易商）在金融市场上买进美元、卖出人民币，从而使美元汇率恢复到中央银行所期望的水平。

作为最主要的货币政策工具，公开市场操作具有比其他政策工具更为明显的优点：①完全是按照中央银行的主观意愿进行的；②交易方法及步骤可随意安排，规模也可大可小，对金融市场调整的精确性比较高；③在中央银行根据市场情况认为有必要改变调节方向时，业务逆转很容易进行。

6. 中央银行运用货币政策工具的条件

中央银行运用货币政策工具实现货币政策目标，是中央银行实现其职能的正常调节手段，在金融形势正常的情况下采用，并尽可能地利用市场调节的力量自发调节。但在出现严重的通货膨胀时，中央银行可以取消对市场的间接调节手段，直接采用行政干预的手段来控制金融形势，如银行停业、冻结存款、停止兑换外汇等手段。

中央银行为增强其货币政策与其执行手段的透明度，应当定期将执行货币政策的情况和运用货币政策工具的情况向社会公告。

第三节　金融监管法

一、金融监管的模式

金融监管是指一国金融监管机关依法对金融机构的市场准入、业务经营及市场退出等进行全方位监督管理的活动。换言之，就是将金融机构及其一切活动都置于金融监管机关的监督管理之下，以促进其稳健经营。

由于金融监管对于维护一国金融稳定之重要意义，各国根据本国具体情况，确立了不同的金融监管模式。根据金融监管所设机构不同，金融监管模式分为统一部门监管模式和分部门监管模式。我国在现行分业经营体制下，选择了分部门监管模式。即根据现行金融业的行业、业务不同，设立不同的金融监管机构，行使不同的监管职权。具体分工除前述分业经营、分业监管原则中所涉及的以外，从维护金融稳定的角度，也赋予中国人民银行对货币市场一定的监管权力。

二、金融监管的目标

（1）维护金融体系的安全。金融业是高风险行业，一家金融机构破产倒闭所引发的系统性风险，将使国家金融体系的安全受到危险。因此，金融监管机关应采取行之有效的措施，防范和化解金融风险，维护金融体系的安全。

（2）保护投资者（包括存款人）的合法权益。金融机构作为货币信用中介机构，其资金主要来源于投资者，投资者的积极参与是金融机构生存和发展的前提，其利益至关重要；再加上金融机构存款等业务的面广量大，关系千家万户，倘若出现信用危机，很可能影响社会秩序的稳定。因此，加强金融监管，保护投资者利益，是金融业得以稳健发展的重要前提。

（3）维护并促进金融业的公平竞争。公平竞争是市场经济条件下保持金融业健康发展和金融秩序稳定的关键。为此，金融监管机关一方面要通过金融监管手段保护金融机构的机会均等和平等地位，制止各种不正当竞争行为；另一方面应制止和打破金融垄断，保证金融市场的效率。

三、金融监管的原则

（一）依法监管原则

依法监管是中央银行金融监管的核心原则，也是各国金融立法共同遵循的一项基本原则。依法监管是指金融监管必须依据法律，不得与法律相抵触。具体指：① 金融监管主体地位的确立和监管权力的取得源于法律；② 金融监管主体应依法行使监管职权；③ 金融监管主体的监管权行使应受到法律限制。为防止监管主体滥用职权或越权行为的可能性，必须使其监管权的行使受到相应制约和监督。

（二）适度监管原则

适度监管是指金融监管机关的监管行为必须以保证金融市场调节的基本属性为前提，不得通过监管压制了金融机构竞争和发展的活力。要做到这一点，应注意：

（1）应摒弃监管者万能的思想。金融市场失灵构成了金融监管的主要理由，但这并不意味着监管者就是万能的。监管者对于某些市场缺陷，的确能够有效弥补，而对另外一些市场缺陷，监管者并不必然就能够解决或比市场解决得更好。金融监管者只有意识到自己监管的局限性，才有可能对其具体监管行为进行更为理性科学的决策，确保金融监管的优化。

（2）要认识到监管的前提是发挥金融市场的作用。监管者要充分尊重金融市场机制作用的规律，只要没有市场缺陷和市场成本过高等情况发生，监管者就不应主动介入。金融监管者应尽可能去驾驭而不是违背市场力量，更不应该为阻止金融机构对市场机会的利用而人为设置任何障碍。维护金融业的稳健、安全运行，并不等于不让一家金融机构被市场淘汰。

（3）避免直接微观管制金融机构，即干涉金融机构的内部经营管理。

（4）监管者应借重自律和社会中介机构的力量。

（三）持续和系统监管原则

持续监管就是从审查批准金融机构准入市场开始到其退出市场为止，对其整个经营活动进行全方位的持续的监督管理。系统监管就是把监管对象和内容作为有机整体，依靠金融监管机关的监管体系，综合配套地运用各种手段，科学建立监管指标体系，对金融机构风险进行识别、计量、监测和控制。

（四）效率原则

效率原则是指金融监管机关的监管不仅要用负担最小的方式达到金融监管目标，降低监管成本，而且还要通过监管促进金融业的高效发展。

提高监管效率就应通过金融监管，为金融机构创造一个公平竞争的外部环境，规范竞争，鼓励竞争，防止出现过度竞争、破坏性竞争，从而促进金融业在稳定安全有序的基础上高效发展。提高监管效率还应提高金融监管机构行政效率，并且使金融监管法律制度的各种规定能以获取经济效益为出发点，以获得经济效益为终点，实现经济效益与社会效益的统一。

（五）国际合作原则

世界经济一体化，使各国金融市场相互影响的程度加深，一旦爆发系统性风险，其范围会迅速扩大至全球，因此，有效的金融监管已非任何一个国家可以独自胜任。加强金融监管领域的国际合作与协调，以实现各国金融监管当局之间合理的分工与密切合作，建立金融监管的国际最低标准，创建公平的国际竞争环境，就成为各国金融监管机关的一项重要任务。目前，金融监管的国际合作已在某些层面取得进展，但其无论是在深度还是在广度上，都还不能完全适应金融国际化发展的要求。

四、金融监管的主要内容

根据金融监管发挥作用的先后时间段不同，金融监管大体分为预防性监管和保护性监管。

（一）预防性监管

预防性监管是金融监管机关为了维护金融机构的合法稳健经营，消除或降低风险，防范信用危机，而事先采取的一系列监管措施。

预防性监管措施主要有以下几个方面：

1. 控制金融机构的市场准入

从金融监管的角度看，对市场准入的控制是保证金融业安全稳定发展的有效的预防性措施。它可以将那些有可能对投资人利益或金融体系健康运转造成危害的金融机构拒之门外，并使金融机构的设立符合国民经济发展的需要。

金融机构市场准入的控制，主要表现在设立采用批准主义原则、最低资本金要求和公司治理机构的要求等几个方面。

2. 业务范围管理

业务范围管理主要是针对采取分业体制的国家而言的。在分业体制下，金融机构只能在金融监管机关核定的经营范围内从事金融业务，不得超范围经营。

3. 资本充足率管理

资本充足率是指金融机构资本与风险资产之间的比例。资本充足率是衡量金融机构业务经营是否稳健的一个重要标志，也是银行审慎监管的核心。由于金融机构自有资本是缓冲风险、弥补亏损的基础和保证，因此，制定资本与总资产、存款负债以及与风险资产之间的最低比例，要求金融机构严格遵守，以使其安全营运于风险承受能力之内，是各国金融机构监管的一项基本内容。

4. 风险管理

金融机构在经营过程中，会遭遇流动性风险、信用风险、国家风险、外汇风险等。因此，能否有效控制和管理风险，直接关系到金融机构的安全。金融监管机关的风险管理，主要体现在其针对各类金融机构的经营特点和要求，所制定的具体资产风险负债比例上。

（二）保护性监管

有效的预防性监管，是保证金融机构稳健经营的一个重要方面。但是，无论一国金融监管机构采取何种方式和手段，都难以避免金融机关的经营失败。为防止金融机构因经营失败而给社会造成多种负面效应，保护存款人的利益及金融体系的安全，建立对金融机构的事后保护监管制度尤为必要。

在我国，金融监管机关所采取的保护性监管措施主要有以下几个方面：

1. 紧急援助措施

紧急援助是金融机构已经或将要出现信用危机时，由中央银行向其提供资金支持的制度。中央银行作为最后贷款人提供贷款，是紧急援助的主要形式。

2. 接管措施

接管是指在金融机构已经或者可能发生信用危机，严重影响存款人的利益时，由金融监管机关决定，控制该机构的业务并对该机构实施整顿和改组。我国有关商业银行、非银行金融机构的法律、法规和规章，都规定这一措施。

3. 整顿措施

整顿是指金融机构出现法定情形时，金融监管机关依职权要求其采取措施从内部进行整改，恢复金融机构的正常经营的制度。金融机构出现支付困难等紧急情况时，应立即向金融监管机关报告，其董事会有义务对金融机构采取必要的救助措施。

4. 撤销措施

撤销是指金融监管机关为了加强对金融活动的监督管理，维护金融秩序，保护国家利益和社会公众利益，在经其批准设立的具有法人资格的金融机构出现违法违规经营、经营管理不善等情形时，依法所采取的终止其经营活动并予以解散的行政强制措施。

5. 处罚金融违法行为

金融违法违规行为是指金融领域中带有一定普遍性、对金融秩序危害较大的违法违规行为。对于惩治金融犯罪行为，国家已经出台了《全国人民代表大会常务委员会关于惩治金融犯罪的决定》，《刑法》也专章规定了金融犯罪的刑事责任，因此，在打击金融犯罪方面的法律依据是比较充足的。对金融违法行为实施行政处罚的行政机关主要是金融监管机关。其处罚对象是在我国境内依法设立和经营金融业务的机构违反国家有关金融管理规定的行为。

第四节 商业银行法

一、商业银行概述

(一) 商业银行的特征

商业银行是一个抽象的称谓，它是指那些以经营工商业存、放款为主要业务，并以获取利润为目的的综合性、多功能的金融企业。与其他金融机构相比，商业银行具有以下特征：

(1) 商业银行是以追求利润最大化为目标的，其产生与存在的根源和动力就是营利。这是商业银行与中央银行、政策性银行的重要区别。

(2) 商业银行是特殊的企业。商业银行是企业，它同一般工商企业一样是独立的经济组织，并以营利为目的，但它又明显的不同于一般工商企业，其特殊之处在于：一是它经营借贷资本这种特殊商品；二是它获取的利润，即使在其中间业务比例增大的情况下，还主要是存、贷款之间的利差；三是它增加利润的途径是拓展和扩大存贷款及其他业务的规模。

(3) 商业银行是能开展活期存款业务的金融组织。这是商业银行与政策性银行及非银行金融机构在业务方面的明显差别。

(4) 商业银行是“金融百货公司”。这是从能为客户提供的全面金融业务的角度来讲的。商业银行除主要经营存贷款业务外，还为客户提供转账结算等中间业务和一些新类型的服务业务。

应注意的是，随着金融市场竞争日趋激烈，发达国家的商业银行业务已超出了原有业务范围，与其他金融机构的区别也日益模糊起来。

(二) 商业银行的职能

1. 信用中介职能

这是商业银行最基本和最主要的职能。即商业银行以负债业务集中社会闲散资本，再通过资产业务把它投向经济部门。具体来讲，信用中介职能包括两个方面内容：① 商业银行作为货币资本借者与贷者的中介；② 商业银行作为社会各阶层货币收入和积蓄转化为资本的中介。

2. 支付中介职能

这是商业银行所执行的货币经营业的职能。它具体体现为商业银行以活期存款账户为基础，代理客户款项支付，并为客户兑付现款，成为客户的货币保管者、出纳者和支付代理人。支付中介职能的执行，形成了以商业银行为中心的、经济过程中的无始无终的支付链条和债权债务关系。支付中介职能的发挥，减少了现金使用，节约了流通费用，增强了社会经济交易的安全性，加速了结算过程和货币资本的周转，促进了社会再生产的扩大，推动了经济的发展。

3. 信用创造职能

信用创造职能是在前两个职能的基础上产生的。它是指商业银行利用原始存款发放贷款，在支票流通和转账结算的基础上，贷款又转化为派生存款，在派生存款不提取现金或不完全提现的情况下，银行又可以将其再次贷放出去，使同一笔货币资金起到了数倍其本身的作用。信用创造职能是商业银行与政策性银行及其他金融机构最本质的区别。

当然，商业银行的信用创造不是无限制的，信用创造职能的行使受到多方面因素的限制，具体表现如下：①要以存款为基础，创造信用的限度取决于原始存款的规模。②要受中央银行的存款准备金率、自身的现金准备率和贷款付现率的制约。创造能力与其成反比。③要有货款需求和事实。

4. 金融服务职能

在传统业务之外，商业银行通过提供全面的、优质的、多样化的服务来吸引客户，扩大信用业务，使客户多方面的金融需求在一家商业银行即可全部实现，也使商业银行自己在业务拓展中利润得以增加。

二、商业银行的设立、变更、终止

（一）商业银行的设立

商业银行的设立，即申请人按照法定条件和程序取得商业银行企业法人资格的行为。

1. 商业银行设立的条件

根据《商业银行法》的规定，设立商业银行应当具备下列条件：① 有符合《商业银行法》和《公司法》规定的章程。② 有符合《商业银行法》规定的注册资本最低限额。注册资本是商业银行在公司登记机关登记的全体股东实缴的出资额。设立商业银行的注册资本最低限额为10亿元人民币。城市合作商业银行的注册资本最低限额为1亿元人民币，农村合作商业银行的注册资本最低限额为5千万元人民币。注册资本应当是实缴资本。银监会根据审慎监管的要求可以调整注册资本最低限额，但不得少于上述规定的限额。③ 有具备任职专业知识和业务工作经验的董事、高级管理人员。④ 有健全的组织机构和管理制度。这是商业银行有效经营的组织保证。⑤ 有符合要求的营业场所、安全防范措施和与业务有关的其他设施。

应注意的是，以上条件仅是商业银行设立的必要条件，而不是充分条件。

2. 商业银行的设立程序

商业银行的设立程序与一般公司的最主要区别就在于工商登记之前须经银监会批准。经批准设立的商业银行，由银监会颁发经营金融业务许可证，并凭该许可证向工商行政管理部门办理登记，领取营业执照。并由银监会予以公告。

（二）商业银行的变更

商业银行设立后，在经营过程中，原审批注册登记事项会由于各种原因而发生变化。《商业银行法》规定商业银行有下列变更事项之一的，应当经银监会批准：变更名称；变更注册资本；变更总行或者分支行所在地；调整业务范围；变更持有资本总额或者股份总额5%以上的股东；修改章程；其他变更事项。商业银行的分立、合并，适用《公司法》的规定。商业银行的分立、合并，应当经银监会审查批准。

（三）商业银行的终止

商业银行的终止是指商业银行因出现法律规定的或章程约定的情形，其主体资格归于消灭的法律行为。

商业银行终止的情形主要如下：① 商业银行解散。商业银行的解散表现为因章程规定的解散事由出现而解散，因分立、合并而解散，因股东会决议解散这三种情形；② 商业银行被依法撤销；③ 商业银行破产。

三、商业银行的业务

（一）商业银行的经营原则

《商业银行法》规定，商业银行以效益性、安全性、流动性为经营原则。

所谓效益性是指商业银行通过业务经营产生效益。在商业银行的经营原则中，效益性是目的。商业银行作为一个企业，追求经济效益是它的内在要求和动力，追求效益贯穿于银行经营的全部过程。

所谓安全性是指商业银行按期收回资本本息的可靠程度。在商业银行的经营原则中，安全性是前提，只有保证资金的安全无损，才能谈得上资金的流动性与效益性。商业银行资产的安全性是通过对信用、利率、流动性、经营等风险的防范和控制来实现的。

所谓流动性是指银行资产和负债在无损状态下迅速变现的能力，也就是银行能随时应付客户提取存款或满足必要贷款的能力。在商业银行的经营原则中，流动性是条件，只有保证了资金的正常流动，才能保证商业银行信用中介地位的稳定。

（二）商业银行的业务范围

1. 商业银行可以经营下列部分或者全部业务：①吸收公众存款；②发放短期、中期和长期贷款；③办理国内外结算；④办理票据贴现；⑤发行金融债券；⑥代理发行、代理兑付、承销政府债券；⑦买卖政府债券；⑧从事同业拆借；⑨买卖、代理买卖外汇；⑩提供信用证服务及担保；⑪代理收付款项及代理保险业务；⑫提供保管箱服务；⑬经批准的其他业务。

2. 禁止商业银行经营的业务：①不得从事信托业务；②不得从事股票业务；③不得投资于非自用不动产；④不得向非银行金融机构投资；⑤不得向企业投资。

第五节　政策性银行法

一、政策性银行的概念及特征

政策性银行是指由政府创立，在特定领域专门经营政策性货币信用业务，用融资手段贯彻国家经济政策的银行机构。政策性银行是市场经济发展到一定阶段，适应国家干预经济的需要而出现的。政策性银行具有自己鲜明的特征：

（1）政策性银行主要由政府出资设立。政策性银行作为政府的金融机构，为了保证其正常运转，由政府拨给政策性银行营运所需的资本金。

（2）政策性银行设立宗旨是用融资手段贯彻政府的经济政策。市场经济机制能够比较充分地调动微观积极性，但却不能自动达到宏观协调。要实现社会资源的最佳配置，必须把宏观调控融入到市场经济机制中。而政策性银行作为财政与金融的结合部、宏观与微观的连接点，通过其信贷活动，以少量财政补贴资金引导、带动大量社会信用资金投向国家急需发展的产业，使国家的宏观调控与市场的微观决策联系在一起，贯彻国家的产业政策，支持区域发展战略。

（3）政策性银行以信用为基础开展金融业务。虽然政策性银行设立宗旨决定了政策性银行的营运不以营利为目的，但并不是说政策性银行对符合国家产业政策和区域发展战略的项目的支持一点都不顾及回报。政策性银行是以信用为基础开展业务的，即它对有关产业、项目的支持是以偿还和有偿为条件的。政策性银行与商业银行的区别仅在于：商业银行考虑到某些产业和项目短期效益较差，所以不愿融资，而政策性银行从长远利益和全局利益出发为这些产业和项目提供融资，并在贷款利率、贷款比例、贷款期限等方面给予优惠。

（4）政策性银行的业务领域和业务对象是特定的。政策性银行的资金主要来源于政府，因此政策性银行的资金使用应尽量减少在人员工资、机构设置、办公费用等方面的开支，为政府财政节约资金；政策性银行的经营坚持不与商业银行竞争的原则，因此政策性银行没必要开展全面综合的金融业务。

二、政策性银行的资金来源

由于政策性银行是为直接贯彻国家产业政策而建立的，因而，政策性银行的资金来源与商业银行明显不同，突出了“政府政策”的特点。

（一）政府供给资金

政府供给资金分为政府无偿拨付和有偿借给两种形式。大多数国家政策性银行的资本都是由政府全额无偿拨付的。

（二）向中央银行、社会保障体系及邮政储蓄系统借款

中央银行掌握着全国商业性金融机构的资金准备和基础货币的发行权，在稳定通货和保障商业性金融机构运行安全的前提下，可以向政策性银行融资。

社会保障体系在正常运用其手中掌握基金的情况下，总有一定的余额沉淀。由于这些基金大都是在政府倡导和立法强制推进下产生的，因而这部分资金本身带有一定的政策色彩，故可作为政策性银行的资金来源。

邮政是国家支持并扶植的基础产业部门，利用邮政网点布置的优势和特点吸收存款而降低的或节约的费用，仍应用于国家支持并扶植的部门，因而邮政储蓄存款可作政策性资金来源；邮政部门原则上不是资金运用部门，本身不能发放贷款，因而邮政储蓄长期稳定的余额，在收取吸储利息和核定费用的情况下，交由政策性银行使用，成为政策性银行的资金来源。

上述3方面资金来源的共同之处就是量大集中，适宜于作为政策性资金运用，且资金来源成本及费用相对较低。

（三）向金融市场和国外筹资

政策性银行向金融市场和国外筹资，主要表现为向国内外金融市场发行债券、向国内外金融机构借款、向国外政府及国际金融机构借款等直接融资或间接融资的方式。政策性银行向金融市场和国外筹资，一般都是政府担保甚至直接作为政府借款或政府债券，即使没有担保或不作为政府借款及政府债券，但也被认为是“政府机构借款”及“政府机构债券”，信誉相对较高，筹资较为容易。只是相对于前两种资金来源，其成本要大得多。

三、政策性银行的资金运用

政策性银行的产生原因决定了政策性银行的资金运用具有补充性、调控性与专业性的特点。

从资金运用方式上讲，政策性银行在鼓励和扶持进出口、扶植农林渔业发展、支持区域经济开发的过程中，主要是通过下列3种方式进行的：

(1) 投资。这是使某些需要优先和重点发展的行业及部门得到更多发展资金的最有效最直接的方式。政策性银行投资的方式主要有直接投资和间接投资两种。前者即拥有企业相应的股权，后者是对符合政府产业和地区政策的企业所发行的中长期债券进行认购。

(2) 贷款。这是政策性银行资金使用最主要的方式。贷款分为直接贷款和间接贷款，前者是政策性银行直接向贷款对象放款，后者就是政策性银行将资金“批发”给其他的金融机构，由其他金融机构根据确立的条件、贷款用途和对象发放贷款。

(3) 担保。就是为政策性银行所支持的领域中的客户提供信用保证，便于其融资。

四、政策性银行的外部关系

政策性银行是具有独立人格的法人，根据《民法通则》的规定，属于机关法人。作为机关法人的政策性银行，外部关系主要涉及其与政府、银监会、商业银行和客户的关系。

（一）政策性银行与政府的关系

政策性银行作为政府的金融机构，它与政府有着特别密切的关系。这种关系表现如下：① 政策性银行成立与否，由政府决策决定，政策性银行是政府为实现特定目的而设置的金融机构。② 政策性银行的营运条件由政府提供。政府不仅给政策性银行拨付营运的资本金，而且以政府政策或财政担保为政策性银行筹资。③ 政策性银行的职能、任务和融资领域由政府规定。④ 政策性银行的业绩由政府考核，高级管理人员一般由政府任免。⑤ 政策性银行的经营后果，特别是放款的呆账、坏账损失最终由政府财政承担。

（二）政策性银行与银监会的关系

政策性银行与银监会之间，不存在商业银行与银监会之间那种直接的领导与被领导关系，但银监会对政策性银行的金融业务有指导与监督的职责和权限。

（三）政策性银行与商业银行的关系

政策性银行虽是政府金融机构，但它并不领导商业银行，与商业银行在业务分工方面形成以下关系：一是在法律上，政策性银行与商业银行享有平等的地位；二是政策性金融业务与商业性金融业务具有职能互补、整体战略配合的关系；三是业务协作委托关系，即政策性银行利用商业银行的现成机构和网点开展业务并委托其代办，同时商业银行又按照政策规定向政策性银行提供部分营运资金。

（四）政策性银行与客户的关系

政策性银行的业务领域和对象是特定的，因此，政策性银行给予融资的客户都是国家要支持的。政策性银行与客户关系因资金运用的不同方式而具体形成了贷款信用关系、投资关系和担保关系。

第六节　外汇管理法

一、外汇概述

（一）外汇的定义

外汇具有动态和静态两方面的含义。动态含义的外汇又称国际汇兑，是指将一国货币换成另一种货币，以便清偿国际间债权债务的活动；而静态含义的外汇，是指以外国货币表示的可以用做国际清偿的支付手段和资产。我国外汇管理法即是从静态含义上使用外汇一词的。

理解外汇时应注意，外币并不当然的成为外汇，也不是所有的外币资产都是外汇。外币资产作为外汇，它必须可用于国际收支的清算。具体地说，一种外币资产成为外汇应具有3个条件：① 自由兑换性，即这种外币资产能自由地兑换成本币资产；② 普遍接受性，即这种外币资产在国际经济往来中被各国普遍地接受和使用；③ 可偿性，即这种外币资产是可以保证得到偿付的。

根据这些标准，对外汇的范围有着不同的理解，并且这一概念本身也在不断发展中。1997年1月14日修改的《中华人民共和国外汇管理条例》，规定外汇的具体范围包括：①外国货币，包括纸币、铸币；②外币支付凭证，包括票据、银行存款凭证、邮政储蓄凭证等；③外币有价证券，包括政府债券、公司债券、股票等；④特别提款权，欧洲货币单位；⑤其他外汇资产。

（二）汇率

存在着不同的货币，就必然存在着他们之间进行兑换的比率问题。所谓汇率，就是指以一种货币表示的另一种货币的相对价格。汇率的表达方式有两种：

（1）直接标价法。以外币为定值标准，即固定外国货币的单位数量，以本国货币表示这一固定数量的外国货币的价格。

（2）间接标价法。以本国货币为定值标准，即固定本国货币的单位数量，以外国货币表示这一固定数量的本国货币价格，从而间接地表示出外国货币的本国价格。

二、外汇管理

（一）外汇管理的类型

外汇管理又称外汇管制，有广义与狭义之说。广义上是指一个国家通过法律形式，授权国家的货币金融当局或其他机构，对外汇的收支、买卖、借贷、转移以及国际间结算、外汇汇率和外汇市场等实行的控制和管制；狭义上是指对本国货币与外国货币的兑换实行一定的限制。一般意义上，我们都是从广义上使用外汇管理定义的。

各国的外汇管理体制演变发展至今，大致有3种类型：[①] ① 严格的外汇管理，即对贸易收支、非贸易收支和资本项目收支均进行限制，不论居民还是非居民的外汇收支，都要经有关部门批准才能办理，本国货币与其他国家货币的比价由官方确定。许多发展中国家都采取了这种管理形式。② 部分外汇管理，即对经常项目收支不加限制，准许自由兑换外币和汇出汇入外汇，但对资本项目收支加以不同程度限制。③ 不实行外汇管理，即原则上对居民、非居民的经常项目和资本项目的外汇收支不进行直接管理，允许货币自由兑换，但有时也实施间接的或变相的限制措施，以达到调节外汇收支和汇率的目的。

（二）外汇管理的作用

虽然各国外汇管理的形式不同，但其采取外汇管理的目的不外乎以下4个方面：[②]

① 李仁真：《国际金融法》，武汉大学出版社1999年版，第79页。

② 吴志攀：《金融法》，北京大学出版社1999年版，第212页。

(1) 维护本国货币的汇价。换句话说，就是保护本国货币同其他国家货币兑换的汇价。

(2) 减少国际收支逆差，增加外汇收入。一国的国际收支出现逆差时，该国就必须设法减少其他外汇支出，扩大各种外汇收入，来扭转逆差。

(3) 保持国际收支平衡。贸易的外汇逆差可以导致一国的国际收支不平衡，其他方面也可能导致这种情况的发生。而这种国际收支不平衡将造成一国的货币贬值、物价上涨、社会生活水平下降等不良后果；相反，过多的外汇顺差，也是一国国际收支不平衡的一种表现，它可能导致本国的货币升值，出口产品价格上涨，从而在国际市场上失去竞争力。只有保持国际收支平衡，才能保证国内经济的稳定发展，促进国际贸易的发展。

(4) 保证本国经济独立自主地发展。对第三世界发展中国家来说，他们要在经济上摆脱发达国家的控制，阻止大国的金融渗透，必须用法律保证本国货币是唯一合法的本位货币，任何外币只能同本币兑换，不能在市场上使用。这种强制性的管理措施，可以保证本国的产品不被过低估价，使本国的生产要素保持在一个合理的水平上。

任何事物都有其两面性，外汇管理也不例外。外汇管理的消极作用主要表现在限制市场自由调节作用的充分发挥、不利于生产的国际化、阻碍国际贸易的发展等方面。

三、现行外汇管理体制

1994 年至今，围绕外汇体制改革的目标，按照预定改革步骤，中国外汇管理体制进行了改革。经过一系列改革后，1996 年 11 月 27 日，中国人民银行行长戴相龙正式致函国际货币基金组织，宣布中国自 1996 年 12 月 1 日起，接受国际货币基金组织协定第 8 条的全部义务，从此不再限制不以资本转移为目的的经常性国际交易支付和转移，不再实行歧视性货币安排和多重货币制度，这标志着中国实现了经常账户下人民币的完全可兑换。至此，中国初步建立了人民币经常项目可兑换、对资本项目外汇进行严格管理、适应社会主义市场经济的外汇管理体制。

四、外汇管理法

(一) 外汇管理法的概念

外汇管理法，是指一国颁布的对外汇的收支存兑等进行管理的法律规范的总称。它由单行法规外汇管理条例和外贸、外资、信贷、银行、税收、海关等其他法律、法规中所含的有关规范构成。外汇管理法既是国内法，又是涉外法。各国有关外汇管制的规定与宽严程度各不相同，即使是同一国家，在不同时期，随着情况的变化，也经常修订其有关外汇管制的规定。

外汇管理属于一国主权。一国有调整其货币金融的自主权，这已成为国际法上公认的原则。因此，一国所采行的外汇管制措施，只要不存在违反承担的条约义务，他国就无理由反对。伴随我国外汇管理体制的改革的进程，我国也进行了相应的外汇管理立法工作，逐步建立适应社会主义市场经济的外汇管理法规体系。我国现行外汇管理法的基本内容主要由外汇管理机关和外汇管理的对象、经常项目外汇管理、资本项目外汇管理、金融机构外汇业务管理、人民币汇率和外汇市场的管理和法律责任等部分组成。

（二）外汇管理法的主要内容

1. 外汇管理机关和外汇管理的对象

我国外汇管理机关是国家外汇管理局及其分局、支局。

外汇管理的对象是境内机构、个人、驻华机构、来华人员的外汇收支或者经营活动。境内机构是指中国境内的企业事业单位、国家机关、社会团体、部队等，包括外商投资企业。个人是指中国公民和在中国境内居住满 1 年的外国人。驻华机构是指外国驻华外交机构、领事机构、国际组织驻华代表机构、外国驻华商务机构和国外民间组织驻华业务机构等。来华人员是指驻华机构的常驻人员、短期入境的外国人、应聘在境内机构工作的外国人以及外国留学生等。

2. 经常项目外汇管理

经常项目外汇管理是对在国际收支中经常发生的交易项目包括贸易收支、劳务收支、单方面转移等项目下外汇进行的管理。

应强调的是，实现人民币经常项目完全可兑换后，对经常项目下的外汇收支的管理仍然存在。在人民币经常项目可兑换的情况下，所有正当的、有实际交易需求的经常项目用汇都可以对外支付。但这并不意味着境内企业和个人可以随意购买外汇，我们仍按国际惯例对经常项目外汇收支进行真实性审核，其目的是为了防止资本项目收支混入经常项目下进行，打击境内违规资本流动以及套汇、骗汇等违规犯罪活动，从而维护外汇市场秩序，保障居民个人进行合法正当的外汇收支的权利。

经常项目外汇管理的内容主要包括以下几方面：

(1) 外汇收入实行银行结汇制度。所谓结汇是指外汇收入所有者将外汇卖给外汇指定银行，外汇指定银行根据交易行为发生之日的人民币汇率付给等值人民币的行为。境内机构经常项目下的外汇收入，除国家规定准许保留的外汇可以在外汇指定银行开立外汇账户外，都须及时调回境内，按市场汇率卖给外汇指定银行。所有外商投资企业均可以开立外汇结算账户，在核定的最高金额内保留经常项目外汇收入。

(2) 外汇支付实行银行付汇、售汇制度。所谓付汇是指经批准经营外汇业务的金融机构，根据有关售汇和付汇的管理规定，审核用汇单位和个人提供的规定的有效凭证和商业单据后，从其外汇账户中或将其购买的外汇向境外支付的行为。所谓售汇是指外汇指定银行将外汇卖给外汇使用者，并根据交易行为发生之日的人民币汇率收取等值人民币的行为。境内机构的经常项目用汇，可以按照市场汇率持有效凭证和商业单据用人民币向外汇指定银行购汇支付。

(3) 实行进出口收付汇核销制度。出口收汇核销是指货物出口后，由外汇管理局以出口货物的价值为标准核对是否有相应的外汇收回国内的一种事后管理措施。进口付汇核销是指进口货款支付后，由外汇管理局以付汇的金额为标准核对是否有相应的货物进口到国内或有其他证明抵冲付汇的一种事后管理措施。

3. 资本项目外汇管理

资本项目外汇管理是对国际收支中因资本输出和输入而产生的资产与负债的增减项目，包括直接投资、各类贷款、证券投资等项目所涉外汇进行的管理。

为什么我国还要实行资本管制？不实行资本管制即意味着实现资本项目可兑换。资本项目可兑换是指取消对资本流出、流入的汇兑限制。新兴市场金融危机的频繁发生一再表明，不成熟的资本项目开放有可能造成灾难性的后果。从国际经验看，实行资本项目可兑换一般应具备稳定的宏观经济环境、健康的金融体系、有效的监管能力和较强的综合国力这几个重要条件。目前，我国还不完全具备上述条件，还有必要对资本项目实行一定的管制。从长期来看，随着国内市场机制、银行体系、金融监管和调控手段逐步健全和完善，我国将积极创造条件，稳步推进资本项目可兑换，进而实现人民币的完全可兑换。

资本项目的外汇管理，主要涉及以下 3 方面的内容：

（1）外债管理。外债是指中国境内的机关、团体、企业、事业单位、金融机构或者其他机构对中国境外的国际金融组织、外国政府、金融机构、企业或者其他机构用外国货币承担的具有契约性偿还义务的全部债务。借款单位向在中国境内注册的外资银行和中外合资银行借入的外汇资金视同外债。在中国境内注册的外资银行和中外合资银行向外借入的外汇资金不视为外债。

外债管理是一国为控制外债总体规模，降低筹资成本，保持合理的债务结构，防止汇兑风险，提高外债的使用效益，保证外债的持续流入和对外还本付息依法所采取的措施。我国没有设立专门的外债管理机构，而是按照国务院统一领导、各部门分别管理的原则，针对不同性质的外债，分别确定了不同的管理机构。

我国对外债实行计划管理，外债管理的措施主要包括：①控制外债规模，对外债实行统一管理；②强化对外借款的管理，严禁非法对外融资；③认真清理对外借款机构，切实保证偿还外债；④加强对偿还外债的管理；⑤严格规范吸收外资行为；⑥加强和完善外债统计监测，提供及时、全面、准确的外债信息。

（2）对外商直接投资的管理。包括以下内容：为鼓励外商直接投资，中国对外商投资企业资本项目下的外汇收支活动采取以下的管理办法：①外商投资企业外方投资资本金可以开立外汇账户保留外汇，为筹建外商投资企业外方投资资本金可以开立外汇账户保留外汇，外资非法人合作企业（合作项目）可开立投资专项账户保留外汇，经外汇管理局批准后可以结汇；②外商投资企业可以直接向境内外银行借款，自借自还，事先不需报批，事后须向外汇管理局登记，但中长期对外借款余额不得超过外商投资企业总投资与注册资本的差额；③中外合作经营企业外方先行收回投资、外商投资企业依法停业清算、减资、股权转让等所得资金，经批准后可以从其外汇账户中汇出或者购汇汇出；④允许外商投资企业用人民币利润、企业清算、股权转让、先行回收投资、减资等所得货币资金进行再投资，享受外汇出资待遇；⑤为进行监督和管理，对外商投资企业实行外汇登记和年检制度。

（3）对境外投资的管理。我国对资本输出进行严格管理。目前负责境外投资项目审批的主管部门是国家计划委员会和外经贸部及其授权部门，国家外汇管理局是境外投资的外汇管理机关。

4．金融机构外汇业务管理

建立银行间外汇市场和实现经常项目可兑换后，经常项目的外汇收支基本上直接到外汇指定银行办理；资本项目的外汇收支经外汇管理部门批准或核准后，也在外汇指定银行办理。

金融机构外汇业务的监督和管理主要包括以下内容：

（1）市场进入、退出管理。金融机构经营外汇业务须经外汇管理机关批准，领取经营外汇业务许可证。未经外汇管理机关批准，任何单位和个人不得经营外汇业务。经批准经营外汇业务的金融机构，经营外汇业务不得超出批准的范围。金融机构终止经营外汇业务，应当向外汇管理机关提出申请。金融机构经批准终止经营外汇业务的，应当依法进行外汇债权、债务的清算，并缴销经营外汇业务许可证。

（2）业务管理。①账户管理。经营外汇业务的金融机构应当按照国家有关规定为客户开立外汇账户，办理有关外汇业务；②准备金与资金管理。金融机构经营外汇业务，应当按照国家有关规定交存外汇存款准备金，遵守外汇资产负债比例管理的规定，并建立呆帐准备金。外汇指定银行办理结汇业务所需人民币资金，应当使用自有资金。外汇指定银行的结算周转外汇，实行比例幅度管理，具体幅度由中国人民银行根据实际情况核定；③稽核监督。金融机构经营外汇业务，应当接受外汇管理机关的检查、监督。经营外汇业务的金融机构应当向外汇管理机关报送外汇资产负债表、损益表以及其他财务会计报表资料。

5．人民币汇率和外汇市场的管理

人民币汇率实行以市场供求为基础的、单一的、有管理的浮动汇率制度。中国人民银行根据银行间外汇市场形成的价格，公布人民币对主要外币的汇率。

外汇市场交易应当遵循公开、公平、公正和诚实信用的原则。外汇市场交易的币种和形式由国务院外汇管理部门规定和调整。外汇指定银行和经营外汇业务的其他金融机构是银行间外汇市场的交易者。外汇指定银行和经营外汇业务的其他金融机构，应当根据中国人民银行公布的汇率和规定的浮动范围，确定对客户的外汇买卖价格，办理外汇买卖业务。国务院外汇管理部门依法监督管理全国的外汇市场。中国人民银行根据货币政策的要求和外汇市场的变化，依法对外汇市场进行调控。

6．法律责任

违反外汇管理法的法律责任主要有以下 3 大类：

（1）逃汇及其处罚。逃汇是指境内机构或个人违反外汇管理法规，逃避外汇管理的行为。逃汇行为主要表现为下列形式：①违反国家规定，擅自将外汇存放在境外的；②不按照国家规定将外汇卖给外汇指定银行的；③违反国家规定将外汇汇出或者携带出境的；④未经外汇管理机关批准，擅自将外币存款凭证、外币有价证券携带或者邮寄出境的；⑤其他逃汇行为。有上述逃汇行为之一的，由外汇管理机关责令限期调回外汇，强制收兑，并处逃汇金额30%以上5倍以下的罚款；构成犯罪的，依法追究刑事责任。

（2）套汇及其处罚。套汇是指境内机构或个人违反外汇管理法规，以各种方式套取外汇的行为，主要包括：①违反国家规定，以人民币支付或者以实物偿付应当以外汇支付的进口货款或者其他类似支出的；②以人民币为他人支付在境内的费用，由对方付给外汇的；③未经外汇管理机关批准，境外投资者以人民币或者境内所购物资在境内进行投资的；④以虚假或者无效的凭证、合同、单据等向外汇指定银行骗购外汇的；⑤非法套汇的其他行为。有上述非法套汇行为之一的，由外汇管理机关给予警告，强制收兑，并处非法套汇金额30%以上3倍以下的罚款；构成犯罪的，依法追究刑事责任。

（3）扰乱外汇管理秩序及其处罚。扰乱外汇管理秩序的行为，是指除逃汇、套汇行为之外的，擅自经营外汇业务，按照国家规定办理结汇、售汇业务，违反人民币汇率管理、外汇存贷款利率管理或者外汇交易市场管理的，私自买卖外汇、变相买卖外汇或者倒买倒卖外汇等扰乱外汇管理秩序的行为。对其处罚的措施主要有警告、罚款、没收违法所得、责令改正、通报批评、整顿、吊销营业执照等，构成犯罪的，依法追究刑事责任。

第十四章 财税法

第一节 财政法

一、财政法概述

（一）财政的概念

财政是指国家为实现其职能，凭借政治权力强制参与国民收入的分配和再分配的职能活动。财政总和国家权力相连，它是在国家产生之后才产生的。同时，国家也离不开财政而存在。国家作为一种执行一定职能的机器，必须要有一定的物质基础，但国家又不直接从事物质资料的生产，若要取得这些物质资料，就必须借助国家权力，强制地将一部分社会产品占为已有，建立自己的物质基础。这种强制性的占有，表现为国家对社会产品分配的直接参与，从而在分配活动中就产生了一种以国家为分配主体的特殊分配关系，这就是财政。

从公共财政的角度看，财政的目的是为了满足社会公共利益的需要。财政的这一目的在当代民主、法治和社会化的条件下，与满足国家统治及其职能需要的目的有机的联系在一起。公共需求如国防巩固、社会安定、秩序井然等无法通过市场定价交换的形式予以供应，只有其权力范围和活动空间覆盖整个领土的国家才能给予满足，只有国家才能通过政治强制力获取满足公共需求的物质基础。为了公共需求而进行公共支出和筹集公共收入，便是市场经济条件下财政的公共性所在。

在社会主义市场经济条件下，财政不仅仅是国家参与社会分配、组织财政收入的重要手段，也可以成为制约政府其他行为的有力手段。财政支出规模的日益扩大所带来的宏观调控效果也使得财政成为国家一项重要的宏观调控措施。国家正是运用这些措施来调节经济结构和社会分配，以保持经济总量的平衡的。

（二）国家财政的组成

财政活动一般包括两个阶段：一是筹集资财的活动——形成国家收入；二是支付资财的活动——将国家收入按各种用途进行分配。作为以国家为主体的分配活动，国家财政除了财政收支行为之外，还包括与收支行为相关的权力分配、资金管理和监督制衡等。具体来说，财政包括以下范围：

1. 国家预算

国家预算是按照法定程序制定的国家基本财政计划。预算的编制实际上是有计划地筹集和分配资金的必要前提，它是国民经济计划的重要组成部分，也是财政体系的主导环节。

2. 国家公债的发行与管理

国家公债是为了筹集社会资金由国家财政部代表中央政府发行的到期还本付息的有价证券。国家公债的发行由各级财政部门和中国人民银行组织有关部门多渠道办理。发行国家公债所筹资金由国务院统一安排使用。国家财政部门对国家公债负责托管和监督。

3. 国有企业财务管理

国有企业财务管理是为落实国有企业财务自主权，促进企业依法理财，维护国有权益，各级主管财务机关对企业财务进行的监督和检查活动。

4. 预算外资金的管理

预算外资金是由各地区、各部门、各单位自收自支，在国家预算外单独管理的财政性资金。对预算外资金的管理是我国财政体系的补充环节。

5. 财政监督

财政监督是国家的各级财政部门在资金的筹集、分配和运用过程中，对企业、事业单位和国家机关的经济活动所进行的监督。

(三) 财政法的概念

财政法是指调整国家资金的筹集、运用、管理和监督等财政关系的法律规范的总称。财政法的调整对象是财政关系，即国家在凭借国家权力对社会产品和国民收入进行分配和再分配过程中形成的分配关系。在我国它包括了预算关系、税收关系、国债的发行与管理关系、企业财务管理关系、基本建设财务管理关系以及财务监督关系等。相应的，财政法包括了预算法、国债法、税法、企业财务管理法、行政事业单位财务管理法和财政监督法等内容。

二、财政收支划分法

(一) 财政收支划分法的概念和主要内容

财政收支划分法是财政权力分配法的简称，它是国家处理中央与地方、地方各级政府之间的分配关系，确定各级财政收支范围和管理权限的法律规范的总称。

财政收支划分法的主要内容包括 4 个方面：① 设立财政级次，即依法建立财政管理的组织机构及其运行体系，并确立各级财政在财政体系中的法律地位及其职责权限。国家财政级次主要由国家政权结构决定。② 划分财政支出职责，即划分由中央政府提供的全国性公共产品与由地方政府提供的区域性公共产品的范围界限。③ 划分财政收入权，即根据事权与财权相统一的原则，依据科学合理的标准划分财政收入，以确保各级政府有足够的财力履行职责。④ 规范政府间财政联系，即规范中央政府与地方政府、地方政府之间因解决公共产品受益范围交叉问题而发生的财政联系。

(二) 我国现行财政收支划分法

1993 年 12 月 15 日国务院发布的《关于实行分税制财政管理体制的决定》是我国财政

收支划分法的主要法律文件。此外，1995 年的《预算法》中关于预算级次、预算收支范围以及预算管理的职权分割等内容构成财政收支划分法的重要内容。

1. 划分财政级次

我国实行一级政府一级预算，共设立五级预算，分别为中央预算和四级地方预算。地方预算具体为省、自治区、直辖市一级，设区的市、自治州一级，县、自治县、不设区的市、市辖区一级，乡、民族乡、镇一级。

2. 中央和地方财政支出范围的划分

财政支出划分为中央预算支出和地方预算支出。

中央预算支出是指按照分税制财政管理体制的规定，由中央财政承担并列入中央预算的支出，包括中央本级支出和中央返还或者补助地方的支出，主要是有关国家安全、外交和中央国家机关运转所需经费及调整国民经济结构、协调地区发展、实施宏观调控所需支出及中央直接管理的事业发展支出。

地方预算支出是由地方财政承担并列入地方预算的支出，包括地方本级支出和地方按照规定上缴中央的支出。地方本级支出主要包括地方国家机关支出、地方基本建设和事业支出。

3. 中央和地方财政收入范围划分

预算收入划分为中央预算收入、地方预算收入和中央地方预算共享收入。中央预算收入是纳入中央预算，地方不参加分享的收入，包括中央本级收入和地方上缴收入。地方预算收入是纳入地方预算，中央不参与分享的收入，包括本级收入、中央返还和补助的收入。中央地方共享收入是中央预算和地方预算按照一定比例或标准共享的收入，主要包括增值税、资源税和证券交易税。

4. 中央和地方政府之间的转移支付

转移支付是指上下级预算主体之间按照法定的标准和程序进行的财政资金的相互转移。从理论上说，转移支付既包括中央政府对地方政府、上级地方政府对下级地方政府的财政拨款，也包括地方政府对中央政府、下级地方政府对上级地方政府的财政缴款，但在世界各国的财政收支划分体制下，转移支付只表现为上级政府把财政资金转移给下级政府以平衡各地财政支付能力和增加下级政府的财政供给能力。我国现行的转移支付制度全国统一实施的只限于中央和地方政府之间的资金往来，省级以下地方政府相互之间的转移支付制度仍然是由各地方自行制定，未能实现规范和统一。我国转移支付制度具体包括体制补助或上缴、税收返还和专项拨款 3 项内容。

三、预算法

（一）预算法的概念

预算是国家对未来一定期间内的财政资金的筹集与供应的预先计算，包括预算收入和预算支出两部分。预算法是调整国家财政收支关系的法律规范的总称。为强化预算的分配和监督职能，健全国家对预算的管理，加强国家宏观调控，我国于 1994 年通过并于 1995 年 1 月 1 日开始实施了《中华人民共和国预算法》（以下简称《预算法》）。它成为我国财政法的重要组成部分。

（二）预算管理体制

我国基本实行预算分级管理的形式。中央预算是中央政府的预算，它由中央各部门的预算组成。这里的“中央各部门”指与财政部直接发生缴款、拨款关系的国家机关、军队、政党组织和社会团体。中央预算包括地方向中央上缴的收入数额和中央对地方返还或者给予补助的数额。地方各级预算由本级政府预算和汇总的下一级预算组成。本级政府预算由本级各部门的预算组成；各部门预算由本部门所属单位预算组成。

全国人民代表大会及其常委会、地方人民代表大会及其常委会、国务院、地方人民政府是我国的预算管理机关。它们的职权分别如下：

（1）全国人民代表大会审查中央和地方预算草案及中央和地方预算执行情况的报告；批准中央预算和中央预算执行情况的报告，改变或者撤销全国人民代表大会常务委员会关于预算、决算的不适当的决定。全国人民代表大会常务委员会监督中央和地方预算的执行；审查和批准中央预算的调整方案；审查和批准中央决算；撤销国务院制定的同宪法、法律相抵触的关于预算、决算的行政法规、决定、命令；撤销省、自治区、直辖市人民代表大会及其常务委员会制定的同宪法、法律和行政法规相抵触的关于预算决算的地方性法规和决议。

（2）县级以上地方各级人民代表大会审议本级总预算草案及本级总预算执行情况的报告；批准本级预算和本级预算执行情况的报告；改变或者撤销本级人民代表大会常务委员会关于预算决算的不适当的决议；撤销本级政府关于预算、决算的不适当的决定和命令。县级以上地方各级人民代表大会常务委员会监督本级总预算的执行；审查和批准本级预算的调整方案；审查和批准本级政府决算；撤销本级政府和下一级人民代表大会及其常务委员会关于预算、决算的不适当的决定、命令和决议。

（3）国务院编制中央预算、决算草案；向全国人民代表大会作关于中央和地方预算草案的报告；将省、自治区、直辖市政府报送备案的预算汇总后报全国人民代表大会常务委员会备案；组织中央和地方预算的执行；决定中央预算预备费的动用；编制中央预算调整方案；监督中央各部门和地方政府的预算执行；改变或撤销中央各部门和地方政府关于预算决算的不适当的决定、命令；向全国人民代表大会、全国人民代表大会常务委员会报告中央和地方预算的执行情况。

（4）县级以上地方各级政府编制本级预算、决算草案；向本级人民代表大会作关于本级总预算草案的报告；将下一级政府报送备案的预算汇总后报本级人民代表大会常务委员会备案；组织本级总预算的执行；决定本级预算预备费的动用；编制本级预算调整方案；监督本级各部门和下级政府的预算执行；改变或撤销本级各部门和下级政府关于预算决算的不适当的决定、命令；向本级人民代表大会、本级人民代表大会常务委员会报告本级总预算的执行情况。

（三）预算收支范围

预算由预算收入与预算支出组成。预算收入包括税收收入、依照规定应当上缴的国有资产收益、专项收入和其他收入。专项收入是指根据特定需要由国家批准，设置、征集和纳入预算管理、有专项用途的收入。预算支出包括经济建设支出，教育、科学、文化、卫生、体育等事业发展支出，国家管理费用支出，国防支出，各项补贴支出和其他支出。

（四）预算编制

各级政府、各部门、各单位应当按照国家规定的时间，参考上一年预算执行情况和本年度收支预测编制预算草案。我国预算编制应坚持以下原则：

1. 量入为出、收支平衡原则

量入为出、收支平衡要求财政收入大于财政支出，略有节余。根据该原则，中央政府公共预算不列赤字；地方各级预算按照量入为出、收支平衡的原则编制预算，不列赤字。所谓赤字就是财政支出大于财政收入的余额。财政出现赤字说明国家对社会产品和国民收入的分配超过了社会生产的规模，国家势必要用银行资金补充财政资金的不足或者通过举借债务的方式，弥补财政资金的不足。但是如果借债超过合理的规模和结构，将导致物资供应紧张、物价波动，不仅影响国民经济的稳定发展，而且不利于提高人民的生活水平。因而，国家规定，中央预算中必需的建设投资的部分资金，可以通过举借国内和国外债务等方式筹措，但是借债应当有合理的规模和结构。除法律和国务院另有规定外，地方政府不得发行地方政府债券。

2. 预算收入与国民生产总值的增长率相适应，预算支出贯彻厉行节约、勤俭建国的原则

财政收入的多少取决于国民经济发展的规模和增长的速度，因此预算的编制必须依据真实的经济发展情况。必须列入预算的收入，不得隐瞒、少列，也不得将上年的非正常收入作为编制预算的依据。为保证预算资金的有效利用，必须提倡节约、反对铺张浪费和贪污盗窃，在统筹兼顾、确保重点，保证政府公共支出合理需要的前提下，妥善安排其他各类预算支出。

3. 设置预算预备费和预算周转金的原则

各级政府预算应当按照本级政府预算支出额的1%～3%设置预备费，用于当年预算执行中的自然灾害等救灾开支及其他难以预见的特殊开支。各级政府为调剂预算年度内季节性收支差额，保证及时用款而设置预算周转金。预算周转金从本级政府预算的节余中设置和补充，其额度应当逐步达到本级政府预算支出总额的4%。另外，应当在中央预算和有关地方政府预算中安排必要的资金，用于辅助经济不发达的民族自治地方、革命老根据地、边远贫困地区发展经济文化建设事业。

（五）预算的审查和批准

中央预算由全国人民代表大会审查和批准；地方各级政府预算由本级人民代表大会审查和批准。

（六）预算执行

各级预算由本级政府组织执行。对于预算征收部门，必须依照法律、行政法规的规定，及时、足额征收，不得擅自减征、免征或者缓征应当征收的预算收入，不得截留、占用、挪用或者拖欠。对于有预算收入上缴任务的部门和单位，必须依法将应当上缴的预算资金及时、足额地上缴国库，不得截留、占用、挪用或者拖欠。对于各级政府财政部门，必须依法及时、足额地拨付预算支出资金，加强对预算支出的管理和监督。对于各级国库，必须依法及时准确地办理预算收入的收纳、划分、留解和预算支出的拨付。除法律、法规另有规定外，未经本级政府财政部门同意，任何部门、单位和个人都无权动用国库库款或者以其他方式支配已入库的库款。对于财政、税务、海关等部门，在预算执行中，应当加强对预算执行的分析；发现问题时应当及时建议本级政府采取措施予以解决。对于各部门、各单位，应当加强对预算收入和支出的管理，不得截留或动用应当上缴的预算收入，也不得将不应当在预算内支出的款项转为预算内支出。

（七）预算调整

预算调整，是指经全国人民代表大会批准的中央预算和经地方人民代表大会批准的本级预算，在执行中因特殊情况需要增加支出或者减少收入，使原批准的收支平衡的预算的总支出超过总收入，或者原批准的预算中举借债务的数额增加所发生的部分变更。各级政府对于必须进行的预算调整，应当编制预算调整方案。中央预算的调整方案必须提请全国人民代表大会常务委员会审查和批准；县级以上地方各级政府预算的调整方案必须提请本级人民代表大会常务委员会审查和批准；乡、民族乡、镇政府的预算调整方案必须提请本级人民代表大会审查和批准。未经批准，不得调整预算。

（八）决算

国家决算是对国家预算收支的年度执行结果。这由中央决算和地方总决算汇编而成，决算草案由各级政府、各部门、各单位，在每预算年度终了后按照国务院规定的时间编制。编制决算草案，必须符合法律、行政法规，做到收支数额准确、内容完整、报送及时。

中央决算草案由国务院提请全国人民代表大会常务委员会审查和批准。县级以上地方各级政府的本级决算草案由本级政府提请本级人民代表大会常务委员会审查和批准。乡、民族乡、镇政府的本级决算草案提请本级人民代表大会审查和批准。

（九）预算决算的监督

全国人民代表大会及其常务委员会对中央和地方预算、决算进行监督。县级以上地方各级人民代表大会及其常务委员会对本级和下级政府预算、决算进行监督。乡、民族乡、镇人民代表大会对本级预算、决算进行监督。各级政府监督下级政府预算执行，对下级政府在预算执行中违反法律、行政法规和国家方针政策的行为，依法予以制止和纠正；对本级预算执行中出现的问题，及时采取处理措施。

四、国债法

（一）国债的概念和分类

国债又称国家公债，是国家以其信用为基础，按照债的一般原则，通过向社会筹集资金所形成的债权债务关系。目前国债已是各国重要的财政收入形式，成为财政政策的重要手段和国家宏观调控的重要工具。

国债是一种特殊的债权债务关系，债务人为国家，而债权人可以是公民、法人或其他组织，也可以是某一国家或地区政府以及国际金融组织。因为债务人为国家，国债体现一定的政策性，但从信用角度看，国债的信用等级是最高的，国债属于安全性最好的债权债务关系。

按照不同标准，国债可以作不同种类的划分。按照举债方式不同，国债可以分为国家债券和国家借款；按照偿还期限不同，国债可以分为定期国债和不定期国债；按照发行地域不同，国债可以分为国家内债和国家外债；按照发行性质不同，国债可以分为自由国债和强制国债；按照适用目的不同，国债可以分为赤字国债、建设国债和特种国债；按照是否可以流通，国债可以分为流通国债和非流通国债。

（二）国债法的概念

国债法是调整国债在发行、流通、转让、使用、偿还和管理等过程中所发生的社会关系的法律规范的总称。国债是国家取得财政收入的重要途经，其目的是满足公共需要，实现国家职能，因此，国债法是财政法的重要部门法。由于国债法调整的社会关系仍然属于债权债务关系，即国家作为债务人与其他债权人之间的权利义务关系，因此，国债法与民法尤其是民法中的债法有密切关系，民法中有关债的理论及其具体规定也可适用于国债法。

我国现行的国债法由1992年国务院颁布的《中华人民共和国国库券条例》及相关的规章、规范性文件等组成。这些法规、规章、规范性文件对国债的发行对象、计算单位、发行条件、发行方式、偿还本息、流通、转让、抵押、筹集资金的使用、法律责任等都做了原则规定。但由于国债立法层次较低、系统性较差，其局限性也是很明显的。

（三）国家内债法律制度

1. 国债发行

国债发行的对象可以是公民个人，也可以是机构投资者。国债发行的主要方法有直接发行、间接发行、销售发行和摊派发行。

国债发行时的出售价格或购买价格是国债的发行价格。如果国债按票面价值出售，叫做平价发行；如果以低于票面价值的价格出售，叫做减价发行；如果以超过票面价值的价格出售，叫做溢价发行。

2. 国债使用偿还

国债的使用包括政府对国债资金的使用以及国债债权人对国债权利的行使两个方面。政府使用国债的途经主要有弥补财政赤字、经济建设和特定用途。国债债权人对债权的行使主要体现在国债的转让和抵押等方面。国债偿还是国家依法或依约定，对到期国债还本付息的行为。

3. 国债管理

国债管理是为了调控国债的规模、结构、利率等所采须的各种措施。国债的管理贯穿于国债的发行、使用和偿还等各个环节，对于经济的稳定和社会安定具有重要作用。国债的管理主要包括规模管理和结构管理。

（四）国家外债法律制度

国家外债是指一国政府或政府授权的部门、单位在国外举借并承担具有契约性偿还义务的全部债务，一般由政府借款和在国外发行外币债券两部分构成。

我国实行统一管理、分工负责的外债管理体制，即在国务院统一领导下，由国家发改委、财政部和中国人民银行3个部门共同实施分工管理。国家对外债的管理包括国家外债的结构管理、国家外债的统计监测管理和国家外债的偿还管理等3个方面。

第二节　税法总论

一、税的概念和特征

税是历史发展到一定阶段的产物。其概念总是和国家相联系。所谓税是指国家为实现其职能，按法律规定向经济单位和个人无偿征收实物或货币所形成的分配关系。

在理解税的概念时应注意以下几点：①税的目的是满足国家实现其社会职能的需要。税收是构成国家财政收入的重要部分，支持着国家庞大的财政支出。在美国，将税称为“国家偿付其账单”。②税的主体包括两个方面，即征税主体和纳税主体。征税主体是国家；纳税主体是经济单位和个人。③税的本质是一种分配关系。

在社会再生产中，税属于分配的范畴，它是政府凭借国家权力参与国民收入的分配和再分配。征税的过程，就是将一部分社会产品和国民收入从社会成员所有转变为国家所有的分配过程。在这一过程中，国家、经济单位和个人形成了特殊的分配关系。可以说，税是在分配中体现出来的经济关系。

税作为国家参与国民收入的一种分配方式有其固有特征，这些特征不因国家性质变化而改变。具体讲，税的基本特征表现为以下3方面：

（1）强制性。既然税是国家的产物，那么它必然是以国家政治权力为后盾，依法进行的强制征收。纳税人的意愿并不是征税的要件。任何经济单位和个人都不得拒绝，也不得任意变更。当纳税主体不履行其纳税义务时，国家有权强制其履行，这种强制性使其同其他非强制性的分配方式，如国有企业上缴利润区别开来。

（2）无偿性。税作为国家行使权力的内容之一，权利义务是不对等的。国家有课税权，但并不承担对等的给付义务，即不付给纳税人任何报酬；而纳税人只有纳税的义务，不享有获得报酬的权利。税是国家的一种无偿征收。税的无偿性使得它与其他等价有偿的分配方式，如国债到期的还本付息具有明显区别。

(3) 固定性。一般来说，在具体征税前，必须用法律形式对纳税对象、纳税标准和征纳数额加以明确。未经法律规定的严格变更程序，任何人不得随意不征、少征或多征。和费相比，税收作为国家的普遍和稳定支出的来源，其固定性则更加突出。而费的征收主要用于特殊支出，相比之下，其灵活性比较明显。

二、税法的概念和基本原则

（一）税法概念

税与税法的关系非常密切，税法以税为具体内容，是税的表现形式。税的特征无一不是通过税法得以体现和确定的。税体现了国家与纳税人之间的经济关系；而税法则使这种经济关系成为法律所规范的权利义务关系。前者属经济基础范畴，后者属上层建筑范畴。

税法是指由国家最高立法机关或其授权行政机关制定的调整税收分配关系的各种法律规范的总称。税法是用法律表现出来的有关税的国家意志。这里的最高立法机关是指全国人民代表大会，其授权的行政机关是指国务院。1994 年，我国的税制改革确定了政府作为税收政策主体的身份与地位。政府参与国民收入分配的主要手段是税收，因而政府有权制定税收法规使税的目的和功能的实现更加有效。

我国调整税收关系的法律规范主要是《中华人民共和国税收征收管理法》（以下简称《税收征收管理法》）、《中华人民共和国外商投资企业和外国企业所得税法》（以下简称《外商投资企业和外国企业所得税法》）、《中华人民共和国个人所得税法》（以下简称《个人所得税法》）；国务院颁布的《中华人民共和国增值税暂行条例》（以下简称《增值税条例》）、《中华人民共和国消费税暂行条例》（以下简称《消费税条例》）、《中华人民共和国营业税暂行条例》（以下简称《营业税条例》）、《中华人民共和国资源税暂行条例》（以下简称《资源税条例》）和《中华人民共和国企业所得税暂行条例》（以下简称《企业所得税条例》等等。

（二）税法的基本原则

税收基本原则是对一国调整税收关系的基本规律的抽象和概括，它是贯穿于税法的立法、执法和守法全过程的具有普遍指导意义的法律准则。税法的基本原则是国家整个税收制度和体系的理论基础。

1. 税收法定原则

税收法定是指税收的征收与缴纳必须基于法律的规定进行。没有法律规定，国家就不能征税，任何人也不得强迫他人纳税。税收法定是税法的最高法律原则。

在税收立法方面，税法的立法权属于中央，包括最高立法机关和最高行政机关。地方立法机关和行政机关基本上没有税收立法权，除了在一些具体而微的问题上由中央立法机关授权行使权力之外，在课征要素方面没有作出规定的任何权力。换句话说，地方立法机关和行政机关没有开征、停征以及减免、退补任何地方性税种的权力，也没有任意变更税目、税率、征税期限和以各种方式擅自搞地区性的税收优惠政策的权力。立法权高度集中体制是税收法定原则的集中体现，其原因就在于税法是对相关主体自由和财产权利的限制和剥夺，凡是加重相关主体负担的规定都应该严格制定和执行。同时，税收法定有利于税收的集中管理，有利于统一税制，发挥税收对国民经济的宏观调控功能。

2. 税收公平原则

税收公平是指纳税人地位必须平等，税收负担必须在纳税人之间公平分配。

税收公平包括横向的公平和纵向的公平两个方面。横向公平也称为水平公平，是指经济情况相同，纳税能力相等的人，其税收负担也应相等，体现普遍纳税的原则。也就是说，凡条件大体相同的人应尽同样的纳税义务，不能有特殊、搞特权。纵向公平也称为垂直公平，是指经济情况不同，纳税能力不等的人，其税收负担也应不同，体现负担均衡的原则。也就是说，征税比例、征税数额必须与纳税人的负担能力和条件相适应，不能搞一刀切。只有实现了普遍纳税和负担均衡，才可能真正达到税收的公平。

3. 税收效率原则

税收效率是指政府通过征税进行收入分配所引起的资源重新配置，既会促进效率提高，也会导致效率的损失。

税收效率原则包含两个方面，即税收的行政效率和税收的经济效率。税收行政效率是通过一定时期直接的入库税金与征税成本（政府的管理支出）之间的比率来衡量，表现为征税收益与税收成本之比。征税收益与征税成本之间的比率越大，表示政府用较少的管理费用取得较多的税金，从而实现税收的行政高效率。税收的经济效率也被称为税收中性，是指国家征税行为对纳税人行为和整个国民经济的影响程度。这一原则要求国家的征税行为不会过分增加纳税人的负担，从而导致纳税人对商品、服务提高价格或转产、转向投资等改变纳税人行为的结果。如果国家征税行为对纳税人的消费、投资决策行为产生较大影响，就是低效率的征税；反之，如果国家征税行为对纳税人行为产生的影响较小，就是高效率的征税。税收的经济效率要求国家征税尽量减少对经济个体行为的不正常干扰。一个理想的税收制度应是超额负担最小，对个人生产和消费决策皆无影响，亦即经济方面对资源的配置不会被扭曲的制度。

税收的经济效率不但是完善市场经济的要求，也是完备的市场经济的产物。在现实的市场经济生活中，税收经济效率的损失不可避免。而且，在一般情况下，税收的经济效率和行政效率往往形成矛盾，如增值税有效地避免了商品流转环节上的重复征税，其经济效率较好，但其管理成本却很高，致使行政效率较低。因此，对中国这个转轨时期的发展中国家而言，如何确定税收经济效率和税收行政效率的平衡点，从而更好地促进市场经济的完善至关重要。

4. 税收政策原则

税不仅被当做筹集国家经费的工具，而且被广泛地用做推行国家经济政策和社会政策的手段，以促进国民经济发展和其他社会目的的实现。税作为一种宏观调控的手段，承担着两方面的职能，一是组织财政收入，二是调节经济。通过税收组织财政收入，奠定调节经济的物质基础；同时，通过税收杠杆，促使国民经济和社会发展朝着既定政策目标前进。例如，我国以产业政策为取向，使税收优惠向农业、基础产业、高新技术产业等国家出于公共利益而需要扶持的行业倾斜；国家为抑制一定时期某类商品的消费，可对其课以重税；国家若鼓励某类商品的消费，可征收低税或不征税。

在某些情况下，税收的政策原则与公平原则会形成矛盾。为了整个国民经济的发展，为了社会总体利益，对个别纳税人就需放弃公平原则，使税负表现为一种不公平。因此，不能孤立地看待税收的公平原则，而要考虑社会全局和整体利益对公平原则的影响和冲击。

三、我国现行税的分类

依据不同的标准可以将税作不同种类的划分。

（一）流转税、所得税、财产税和行为税

这是依据课税对象不同划分的。

流转税是以商品流转额和非商品流转额为征税对象的税。流转税具体包括增值税、消费税、营业税、关税、城市维护建设税、证券交易税等6个税种。

所得税是以纳税人的所得额或者收入额为征税对象的税。所得税具体包括个人所得税和企业所得税。

财产税是以法律规定的特定财产为征税对象的一类税，具体包括房产税、契税、遗产税、资源税、土地使用税、耕地占用税、土地增值税、车辆购置税、车船使用税等。

行为税是对法律规定的特定行为进行征收的税。行为税具体包括印花税、屠宰税和宴席税3种。

（二）中央税、地方税和中央地方共享税

这是依据税收归属或征管权限不同划分的。

中央税是指所有权和管理权归中央一级政府的税种，为中央的财政收入。中央税由各级国家税务局征收，包括关税、海关代征的增值税和消费税、消费税、中央企业所得税、地方银行、外资银行和非银行金融机构的企业所得税、铁道、银行总行、保险总公司的营业税、所得税和城市维护建设税。

地方税是指所有权和管理权归各级地方政府的税种，为地方政府财政收入，由各级地方税务局征收。包括除属中央征收的营业税之外的营业税、除属中央征收之外的企业所得税、个人所得税、城镇土地使用税、除属中央征收之外的城市维护建设税、房产税、车船使用税、印花税、屠宰税、宴席税、耕地占用税、契税、土地增值税。

中央地方共享税是指征收的税款由中央和地方政府共享的税种。包括：增值税、资源税（海洋石油的开采由中央征税，其他由地方征税）和证券交易印花税。

四、税法的构成要素

税法构成要素即结构要素，是指各种单行税法具有的共同的基本构成要素。该基本构成要素主要针对税收实体法而言。

（一）征纳主体

征纳主体即税收法律关系的主体，包括征税权利主体和纳税义务主体。

征税主体即代表国家实际履行税收征收管理职能的国家税务当局，在中国是指税务局、财政局和海关。

纳税主体有广义、狭义之分，狭义的纳税主体就是纳税人。纳税人是指依税法规定直接负有纳税义务的人，也就是说在法律上有履行纳税义务的单位和个人。不同税种的纳税人不尽相同，但同一纳税人可能要承担多税种的纳税义务。广义的纳税主体还包括扣缴义务人。扣缴义务人是指税法规定负有代扣代缴、代收代缴税款义务的单位和个人。扣缴义务人并不实际负担税款，且可以向税务机关按照扣缴税款收取一定比例的手续费。扣缴义务人不是每一税种都具有的纳税主体。

纳税人有纳税义务，但并不一定是税款的最终承担人，在税法上，一般将税款的最终承担人称负税人。在纳税人与负税人相分离的税负转嫁现象在流转税中体现得最为充分，但税法一般不规定负税人，无论纳税人是否为负税人，都有义务依法缴纳税款。

（二）征税客体

征税客体又称课税对象、征税对象，它是指征税的依据，即对什么征税。征税对象规定了征税的范围，是各个税种间区别的根本标志。

征税客体不同于税源。税源是指税收的最终经济来源，即税款的出处。有的征税客体与税源一致，如增值税的征税客体是商品流转中的增值额，增值税的税源也是该销售额中增值部分；但有的征税客体与税源并不一致，如房产税的征税客体是纳税人的房产价值，而税款往往来自于纳税人利用房产的收益或其他收入。

征税对象也不同于税目。税目指各税种的具体征税项目。税目是征税客体的具体化。当征税对象较简单、明确时，就无须设置税目，而对于较为复杂征的税对象，税种的划分也较为粗略，就需要将征税对象细化，规定税目，以便进一步明确征税范围，并依据这一范围确定相应的税率。税目体现了一个国家征税的广度。

（三）税率

税率是指应纳税额与征税对象数额的比率。在征税对象既定的情况下，税率的高低直接影响到国家财政收入和纳税人的税负，它是征税的尺度，体现了国家征税的深度。税率可分为定额税率、比例税率和累进税率 3 种基本形式。

1. 定额税率

定额税率又称固定税率，指按课税对象的一定计量单位直接规定固定的税额。定额税主要适用从量定额征收的税种。例如，消费税中的酒类主要适用比例税率，但其中的黄酒和啤酒两个子目是从量定额征税，黄酒的消费税率是240元/吨，啤酒的消费税率是220元/吨。

2. 比例税率

比例税率指对同一征税对象无论数额多少只规定一个征税比例的税率。不管征税对象数额大或小，都按同一比例计算应纳税额，使得不同纳税人税负比例相同，体现税收的横向公平。比例税率广泛适用于从价定率的流转税和所得税。

3. 累进税率

累进税率又称等级税率，它是将征税对象数额按大小划分若干等级，并相应设置不同等级的税率。与比例税率不同，累进税率的高低同征税对象数额的大小成正比，征税对象数额越大，税率就越高；反之则税率越低。累进税率使得不同纳税人的税负比例可能不同，体现税收的纵向公平。累进税率一般适用于所得税。根据累进的具体方式不同，累进税率分为以下3种形式：

（1）全额累进税率。全额累进税率是将征税对象数额按大小划分若干等级，相应地设置不同等级的税率，每一等级税率适用于其征税对象数额的全部。也就是说，把征税对象的全部数额都按照与之相应的等级的税率计算应纳税额。当一征税对象数额上升一级时，其全部数额都提高一级税率来计算应纳税额。

（2）超额累进税率。超额累进税率是将征税对象数额按大小划分成若干等级，相应地设置不同等级的税率，每一等级税率仅适用于征税对象数额达到该级的部分，分别计算税额，然后相加即为应纳税额。超额累进税率与全额累进税率的区别就在于，前者对于同一征税对象适用多个税率。另外，超额累进税率计算较为繁杂，但纳税人的税负较轻，也比较合理。尤其是在课税对象数额等级的临界点上，适用全额累进税率，数额差别不大，但分属两个不同的等级，则须全部适用不同等级的税率，颇显不合理；而适用超额累进税率，则可避免此中不合理现象。

（3）超率累进税率。超率累进税率也是从超额累进税率派生而来，其原理与超额累进税率相同，它是将征税对象的某种比率作为划分等级的标准，不同等级确定不同税率。征税对象的数额超过一定数额的不同比率，适用不同税率，超过的比率越大，税率就越高。各等级的应纳税额的总和就是全部征税对象的应纳税额。

（四）纳税环节、纳税期限和地点

纳税环节是指在商品生产和流转过程中应当缴纳税款的环节。有的税种的纳税环节比较明确、固定，有的税种则需要在商品流转环节选择确定适当的纳税环节。商品从生产到消费在哪个环节纳税，实质上就是征几道税的问题，它关系到税收由谁负担、税款能否足额及时入库，以及纳税人是否方便纳税等问题。因此，纳税环节必须由税法作明确规定。

纳税期限是指纳税人依税法规定缴纳税款的期限，纳税人如果未在期限中缴纳税款就必须支付滞纳金。

纳税地点是指缴纳税款的场所，即纳税人应当向何地征税机关申报纳税并缴纳税款。纳税地点一般为纳税人的住所地，也可由规定在营业地、财产所在地或特定行为发生地。

（五）减免规定

一般而言，税法中都规定了减轻纳税人负担的调节措施，体现对纳税人的特殊照顾或对征税对象的生产或消费的鼓励。

我国税法中的减免规定主要采取3种方式：①直接规定减税或免税的具体情况、条件，给予减免；②规定起征点。起征点是征税对象数额达到开始课征的界限点。超过起征点的，就要对全部数额征税；未达到起征点的就不征税；③规定免征额。免征额是指在征税对象数额中免予征税的数额。征税对象数额超过免征额的，仅对超过部分征税；未超过免征额的不征税。

（六）法律责任

法律责任是指纳税人的欠税、漏税、偷税、抗税或未履行纳税登记、申报义务等违法行为应承担的法律后果。违反税法的法律责任主要有3种：① 经济责任，包括补缴、追缴税款，没收非法所得，停止出口退税权，加收滞纳金等；② 行政责任，包括罚款、税收保全措施及强制执行措施等；③ 刑事责任，对情节严重构成犯罪的违反税法的行为，由司法机关追究其刑事责任。

第三节　税法分论

一、流转税法

（一）流转税的概念和特征

流转税是指对商品和非商品的流转额所课征的一种税。商品的流转额指商品在各个流通环节即销售或购进商品环节而产生的货币金额。非商品流转额是指因经营活动或提供劳务所取得的业务或劳务收入的货币金额。流转税具有以下特征：

（1）流转税是财政收入的稳定保障。流转税以商品经济为前提，以商品或非商品的流转额为课税对象，只要存在商品交换和提供服务的情况，就有流转税。不仅如此，商品经济范围越大，流转环节就越多，流转税的规模就越大。因此流转税与生产经营单位的成本、费用和盈亏无直接关系。可以说，随着商品经济的深入发展，流转税是国家财政的可靠源泉。

（2）流转税的税负普遍，课税隐蔽。流转税中存在着普遍的税负转嫁现象，纳税人并非最终的负税人，它是在商品和非商品的流转中将税款进行转嫁，最终含在价格中由商品和非商品的消费者承担的。正因为流转税是一种价内税，因而课税比较隐蔽，对普遍存在的负税人来说，往往很难意识到自己承担了税款，税制的变化也很少会引起社会震动。

（3）流转税计税简便。流转税一般采取比例税率，通常按商品的种类、流转数量、价格等的一定比例纳税，征收便利。

（4）流转税具有较强的政策性。流转税对不同商品课征负担不同，可以鼓励或抑制某种商品的生产流通，因此便于配合价格等经济杠杆，体现国家引导消费的政策。

（二）增值税

增值税是对生产流通与劳务服务各个环节的增值额所征收的一种税。所谓增值额是指生产者在出售其新的或改进过的产品或劳务之前，对原材料或购入物所增加的价值部分，也就是生产过程中创造的价值。从生产环节上看，增值额就是产出与投入的差额。从销售环节上看，增值额是销售价格减去购进价格和流通费用后的余额。从原材料的生产，产成品的生产、批发到零售整个环节，商品不断增值。仅就各个流转环节上的增值额征税，而放弃对整个商品的销售额征税，从而可以避免国家对同一商品的不同流转环节上的重复课税。增值税不仅有利于促进生产的专业化协作，而且不影响商品的生产结构、组织结构和产品结构。

1．增值税的纳税人和征税对象

依据我国税法规定，增值税是对在中国境内销售货物或提供加工、修理、修配劳务以及进口货物的单位和个人征收的税。增值税的纳税人包括单位和个人。

为了便于管理、简化征收，增值税法将增值税的纳税人划分为一般纳税人和小规模纳税人，其划分标准通常是纳税人的经营规模和会计核算制度是否健全。在我国，纳税人的增值税年应税销售额在规定标准[①]以下并且会计核算不健全，或不能提供准确税务资料的是小规模纳税人；小规模纳税人之外的为一般纳税人。

增值税的征收对象有两类：一是在境内销售货物和进口货物。货物包括有形动产和电力、热力和气体。二是在境内提供加工和修理修配劳务。该两项劳务称应税劳务，除此而外的劳务称非应税劳务，不征增值税。如果纳税人的销售行为既涉及货物又涉及非应税劳务，称为混合销售行为。企业、企业性单位及个体经营者的混合销售行为，依法视为销售货物，应当征收增值税；其他单位和个人的混合销售行为，视为销售非应税劳务，不征收增值税。

2．增值税的税目、税率

增值税税率为比例税率，分为基本税率和低档税率。增值税基本税率为17％；当纳税人销售或进口下列货物，适用13％的低档税率：①粮食、食用植物油；②自来水、暖气、冷气、热水、煤气、石油液化气、天然气、沼气、居民用煤炭制品；③图书、报纸、杂志；④饲料、化肥、农药、农机、农膜；⑤国务院规定的其他货物。除此之外，小规模纳税人销售货物或应税劳务的适用6％的比例税率。

3．增值税应纳税额的计算

增值税的计税依据是纳税人的销售额，具体的计税方法根据依纳税人的性质不同而有所不同。

（1）一般纳税人的应纳税额。由于增值税在各个流转环节分别征税，而且具有税负的转嫁性，因此在某一环节上的增值税应纳税额实际为两次税负转嫁的差额。也就是说应纳税额为当期销项税额抵扣当期进项税额后的余额，即为当期应纳增值税税额。其计算公式为：应纳税额＝当期销项税额－当期进项税额。

① 从事货物生产和提供应税劳务的是100万元；从事货物批发或零售的是180万元。

所谓销项税额是指纳税人销售货物或者应税劳务时向购买方收取的增值税额，其计算公式为：销项税额＝销售额×税率。

所谓进项税额是指纳税人购进货物或者接受应税劳务所支付或者负担的增值税额，其计算公式为：进项税额＝买价×税率。

（2）小规模纳税人的应纳税额。小规模纳税人销售货物或者应税劳务，实行简易办法计算应纳税额，不进行进项税额的抵扣，直接按照销售额和6％的征收率计算，其公式为：应纳税额＝销售额×6％。

以上公式中的销售额为纳税人销售货物或者应税劳务向购买方收取的全部价款和价外费用，但是不包括收取的销项税额。因此，当纳税人采用销售额和销项税额合并定价方法时，必须将应纳税额从含税价款中剔除，换算成不含税的价格。

4．增值税的减免规定

（1）免税项目。下列各项免征增值税：农业生产者销售的自产农业产品；避孕药品和用具；古旧图书；直接用于科学研究、科学实验和教学的进口仪器、设备；外国政府、国际组织无偿援助的进口物资和设备；来料加工、来件装配和补偿贸易所需进口的设备；由残疾人组织直接进口供残疾人专用的物品；销售的自己使用过的物品；国务院规定的其他项目。

（2）起征点。纳税人销售额未达到增值税起征点的，免征增值税。销售货物的起征点为月销售额600～2 000元；销售应税劳务的起征点为月销售额200～800元。按次纳税的起征点每次（日）销售额50～80元。

5．增值税专用发票的使用

增值税专用发票是增值税一般纳税人在销售货物或应税劳务时，向购买方开具的专用发票。增值税的小规模纳税人和非增值税纳税人不得领购使用该专用发票。但增值税一般纳税人并非在任何情况下都必须使用专用发票。有下列情形的，增值税一般纳税人不得开具专用发票：①向消费者销售应税项目；②销售免税项目；⑧销售报关出口的货物、在境外销售应税劳务；④将货物用于非应税项目；⑤将货物用于集体福利和个人消费；⑥将货物无偿赠送他人；⑦提供非应税劳务、转让无形资产或销售不动产。另外，向小规模纳税人销售应税项目，可以不开具专用发票。

销售方在开具专用发票时必须分别依法注明销售额和销项税额以及其他各项，这样，专用发票才能成为购货方合法的扣税凭证，否则，购货方有权拒绝接收发票。

（三）消费税

1．消费税的概念和特点

消费税是以消费品的流转额为征税对象的税。一般来说，消费税有直接消费税和间接消费税之分，前者是直接对个人消费支出所征的税，直接向消费者课税；后者是对消费品价金课税。二者的区别在于直接消费税的纳税人即为负税人，而间接消费税的纳税人常为消费品的经营者，而负税人则是消费者，其间存在税负的转嫁现象。我国采用的是间接消费税。另外，消费税还有一般消费税和特种消费税之分，前者是对一般日用必需品普遍课征的税；后者是选择一部分消费品课征。我国实行的是特种消费税。我国现行消费税的主要特点如下：

(1) 课征范围的选择性。为充分体现寓禁于征的精神，按照国家的产业政策、引导消费的政策及在一定程度上缓解社会分配不公现象的政策，消费税仅对需抑制再生产和消费的商品在增值税之外加征一道消费税，而并非对所有的消费品普遍课税。

(2) 课征环节的单一性。与增值税的多环节征收不同，消费税只在生产环节课征。这是因为在商品流转的各个环节中，生产环节的纳税人数最少且最具稳定性，有利于税款的源泉控制，也体现了效率原则。

(3) 课征方式具有双重性。消费税的课征方式有两种：一是从价定率征收，即采用比例税率，按销售收入和规定的税率计算应纳税额，适用于计量单位不规范、价格差异较大的商品，这是主要的计征方式；二是从量定额征收，即采用定额税率，按销售数量和规定的每计量单位固定税额来计算应纳税额，适用于计量单位比较规范、价格差异不大的商品。消费税对个别消费品采用从量定额征收。

(4) 税率（额）的差别性。与增值税不同，消费税并未设立基本税率，而是对不同档次、不同结构、不同消费量的商品规定了高低不同的税率（额）。一般来说，价高利大的商品适用较高的税率；价低利微的商品适用较低税率，从而起到特殊的调节作用。

(5) 税负的转嫁性。我国消费税是间接消费税，消费税的纳税人并不是最后的真正的负税人，消费品中所含的消费税税款都由消费者承担。

2. 消费税的纳税人

消费税的纳税人是在中国境内从事生产、委托加工和进口应税消费品的单位和个人。

3. 消费税的税目和税率

我国实行特种消费税，选择了部分消费品除征收增值税之外，再征收消费税。这些消费品主要是特殊消费品、奢侈品、高能消耗品、不可再生的稀缺资源消费品以及税源宽广、消费普遍的消费品。1993 年《消费税条例》规定了 11 个税目，具体包括烟、酒及酒精、化妆品、护肤护发品、贵重首饰及珠宝玉石、鞭炮及焰火、汽油、柴油、汽车轮胎、摩托车、小汽车。2006 年 4 月 1 日我国开始实施调整后的税目。这次调整突出了促进环保和节约资源的重点以及合理引导消费、间接调节收入分配的目的。在原有税目的基础上，取消了对某些消费品课征，如护肤护发品税目，将高档护肤品纳入化妆品税目；同时新增了某些高档消费品税目，如高尔夫球及球具、高档手表、游艇、木质一次性筷子、实木地板、成品油等。消费税的税率因具体消费品不同，设置了不同的档次，就比例税率而言，其档次为 3%～45%。

4. 消费税的纳税环节

生产应税消费品的，在销售时缴纳消费税；委托加工应税消费品的，在受托方向委托方交付时由受托方代收代缴消费额；进口应税消费品的，由海关在进口报关时代收代征消费税。

（四）营业税

营业税是指对在中国境内提供应税劳务、转让无形资产或销售不动产而取得的营业额课征的税。营业税的主要特点有：一是课征面广、税负较低。营业税主要是对第三产业征收，与增值税和消费税相比，其税源普遍，税率较低。二是按行业设置税目，计税简便。对同一行业，无论纳税人的经营形式、经营地点、经营规模有什么不同，均适用同一税率。这样计税简便易行。

1. 营业税的纳税人

纳税人是在中国境内提供应税劳务、转让无形资产和销售不动产的单位和个人。

2. 营业税的税目和税率

营业税对九大行业征收3档不同的税率：①税率为3%的行业有交通运输业、建筑业、邮电通信业、文化体育业；②税率为5%的行业有金融保险业、服务业、转让无形资产、销售不动产；③税率为5%～20%的行业是娱乐业。娱乐业具体适用的税率，由省、自治区、直辖市人民政府在规定的幅度内决定。自2001年5月1日起，歌厅、舞厅、卡拉OK歌舞厅、音乐茶座、游艺、高尔夫球、保龄球、台球等营业税税率统一定为20%。

如果一项销售行为既涉及应税劳务又涉及货物，则称为混合销售行为。企业、企业性单位及个体经营者的混合销售行为，视为销售货物，应征增值税，不征收营业税；而其他单位和个人混合销售行为，视为提供应税劳务，应当征收营业税。

3. 营业税应纳税额的确定

营业税应纳税额按照纳税人当期营业额和规定的税率计算，其公式为：应纳税额＝营业额×税率。

单位将不动产无偿赠予他人，其“营业额”按纳税人近期销售同类不动产的平均价格核定；若无此平均价格，则由主管税务机关依法定公式核定计税价格。

4. 营业税的减免规定

（1）起征点。营业税的纳税人营业额未达到规定的营业税起征点的，免征营业税。营业税起征点的适用范围仅限于个人，其幅度如下：按期纳税的起征点为月营业额为200～800元，按次纳税的起征点为次（日）营业额50元；纳税人营业额达到起征点的，应按营业额全额计算应纳税额。

（2）免税项目。下列项目免征营业税：①托儿所、幼儿园、养老院、残疾人福利机构提供的育养服务、婚姻介绍、殡葬服务；②残疾人员本人为社会提供的服务；⑧医院、诊所和其他医疗机构提供的医疗服务，包括对患者进行诊断、治疗和防疫、接生、计划生育方面的服务以及与这些服务有关的提供药品、医疗用具、病房住宿和伙食的业务；④学校和其他教育机构提供的教育劳务，学生提供的勤工俭学劳务；⑤农业机耕、排灌、病虫害防治、植保、农牧保险以及相关技术培训业务，家禽、牲畜、水生动物的配种和疾病防治；⑥纪念馆、博物馆、文化馆、美术馆、展览馆、书画院、图书馆、文物保护单位举办文化活动的门票收入，宗教场所举办的文化、宗教活动的门票收入；⑦科研单位取得的科研成果的转让收人，经国家科委证明，税务部门批准，也可免征营业税。

（五）关税

1．关税的概念和分类

关税是指海关依照国家规定对进出中国关境的货物和物品课征的一种税。关税制度是国家对外贸易制度的重要组成部分，也是国家对特定流转环节的货物和物品课税的法律依据。关税为流转税，以货物和物品通过国家关境为前提。关税具有涉外性，是执行国家对外经济政策的重要手段。

依据不同标准，可对关税作不同种类的划分：

(1) 依据课征环节，将关税分为进口关税、出口关税和过境关税。进口关税是对进入中国关境的货物和物品在报关进口时征收的一种税。出口关税是对运出中国关境的货物和物品征收的一种税。过境关税是对通过中国关境的外国货物所征收的一种税。为促进本国商品在国际市场上的竞争能力，鼓励出口，我国仅对稀有金属和名贵中药材等少数货物征收出口关税。同时为进一步加强同世界经济的联系，我国将逐步降低货物的进口税率。

(2) 依据课征目的，将关税划分为财政关税、保护关税和自由贸易关税。财政关税课征的目的是增加国家财政收入，一般税率较低，以吸引进口，增加关税收入。保护关税是以保护本国民族工农业发展为目的，一般税率较高，以限制进口。自由贸易关税是以促进自由贸易和公平竞争为目的，一般税率最低，在特定地区适用。在世界经济一体化的趋势下，保护关税日益被视为经济发展的障碍，因而其作用逐渐降低，甚至只有在特定情况下才被允许使用。

2．关税的纳税人和课税对象

关税的纳税人是进口货物的收货人，出口货物的发货人，进出境物品的所有人（持有人）和进口邮件的收件人。关税的课税对象是合法进出口的货物、旅行行李物品、个人邮递物品和馈赠物品。其中包括从中国境外采购进口的原产于中国境内的货物。

3．关税的税率

关税采用列举税目的方式，按照国际通用的商品类别排列商品并编号，然后再分别确定与其对应的税率。关税的税率可分为进口税率和出口税率。我国的进口税率设普通税率和优惠税率两种。如果一国或地区与中国签订有关税互惠协议，那么对原产于该国家或者地区的进口货物，按照优惠税率征税；否则，按照普通税率征税。另外，我国对进口货物还规定了特别关税。特别关税是指任何国家或地区对其进口的原产于中国的货物征收歧视性关税或给予其他歧视性待遇的，海关对原产于该国家或地区的进口货物可以适用较高税率的关税。这里的“歧视性关税”是指进口国对原产于中国的货物征收比其他国家相同货物税率高的关税或者附加其他条件以抵制中国货物的进口。特别关税是在对外贸易中的报复措施，其适用的货物品种、税率、起征及停征时间由国务院决定。

对出口税率，一般根据出口商品盈利高低确定其出口税率，对出口制成品制定较低税率，对出口原材料制定较高税率。

4. 关税的完税价格

海关在计征关税时，主要是核定进出口货物的完税价格。完税价格也称海关价格，是指海关按照国家规定标准确定的计算进出口货物应纳税额时所依据的价格。世界贸易组织有关协议中统一规定了进出口货物的完税价格应以进口货物或与其相同的货物的“实际价格”为依据。我国的《关税条例》也对此作出了明确的规定。

（1）进口货物的完税价格。进口货物以海关审定的成交价格为基础的到岸价格（CIF）作为完税价格。根据国际贸易术语规则，到岸价格包括货价、到达中国关境起卸前的运费、保险费、包装费和其他劳务费等。

（2）出口货物的完税价格。出口货物应当以海关审定的货物售与境外的离岸价格（FOB），扣除出口关税后作为完税价格。根据国际贸易术语规则，离岸价格包括货价及货物在装货港越过船舷以前的一切费用，因而离岸价格中包含有出口关税，在核定完税价格时，必须从离岸价格中将出口关税扣除。

5. 关税的减免规定

依据海关法，下列货物经海关审查，可以免税：①关税税额在10元以下的货物；②无商业价值的广告品和货样；③外国政府、国际组织无偿赠送的物资；④进出境运输工具装载的运输途中必需的燃料、物料和饮食用品；⑤因故退还的我国出口货物或者退还的境外进口货物，由原收发货人或其代理人申请进出境，并提供原进出口单证，经海关核实，可以免征进出口关税。但是，已征收的进出口关税不予退还。另外，我国参加的国际条约规定减征、免征关税的货物、物品，海关应当按照规定予以减免关税。

二、所得税法

（一）所得税的概念和特征

所得税是对单位和个人在一定时期的纯收益所课征的一种税，因而也称收益税。所得税的产生较流转税为晚，与流转税共同构成各国税制的主体。其特征主要如下：

（1）所得税更能体现量能负担的原则。所得税就纳税人的所得额征税，课税对象是纳税人的纯收益，因此纳税人收益多就多缴，收益少就少缴，无收益就不缴税，充分体现税收的公平原则。

（2）所得税具有一定的弹性。所得税的弹性是相对于流转税的刚性而言的。流转税的刚性体现在无论纳税人是否有利润或负担能力，都要缴纳；无论国家经济发展状况如何，它都是国家财政可靠而稳定的来源。而所得税对纳税人来说是量能负担；对国家来说，所得税收入随国民经济和国民收入变化而变化。经济繁荣时，收益高涨，所得税收入增加；经济萧条时，收益萎缩，所得税收入减少。

（3）所得税无税负转嫁现象。所得税是一种直接税，纳税人与负税人一致。

（二）所得税管辖权的种类

国家行使的税收管辖权一般来说有两种，即居民税收管辖权和所得来源地税收管辖权。

居民税收管辖权是一个国家对所有本国纳税居民的应税所得所行使的征税权力；所得来源地税收管辖权，也称为地域税收管辖权，是一个国家对所有取自本国境内的应税所得所行使的征税权力。前者不问所得取自何处，后者不问所得由谁取得。相应地，通常将纳税义务人分为居民纳税人和非居民纳税人。其中，纳税居民（包括个人和法人）负有无限纳税义务，需要就其来源于国内国外的全部所得向该国纳税；非居民纳税人仅承担有限的纳税义务，即仅就其来源于该国境内的所得向该国纳税。所得来源地税收管辖权，对于征税国来讲，就是所得来源国对非居民所行使的税收管辖权。根据国际上通行做法，我国选择了居民管辖权和所得来源地管辖权的双重管辖权标准，以维护国家税收利益。

一个主权国家可以选择本国税收管辖权的行使依据，而且各个主权国家的税收管辖权相互平等。由此，在选择不同的税收管辖权的两个国家之间，可能就同一纳税人的同一笔所得重复课税，即纳税人本国行使居民税收管辖权，同时所得来源国行使所得来源地管辖权。这是导致国际双重征税的最主要原因。国际双重征税使得税负显失公平，为避免此种不公平结果的出现，通常各国通过签订双边税收协定的方式来解决，或者一国政府在税法种规定给予单方面照顾。

（三）企业所得税

企业所得税是一国对境内所有企业在一定期间内的生产经营所得和其他所得等收入课征的一种所得税。目前我国企业所得税立法采取内资企业所得税法和外商投资企业和外国企业所得税法分开立法的双轨制，但从其发展趋势和实际需要来看，二者合并统一立法势在必行。

1. 纳税人

企业或者其他取得收入的组织，都是企业所得税的纳税人。但是在个人投资企业和合伙企业中，投资人与企业难免发生双重征税问题。企业所得税纳税人又可以划分为居民企业与非居民企业。居民企业是指依照中国法律、法规在中国境内成立，或是实际管理机构在中国境内的企业。而非居民企业是指依照外国（地区）法律、法规成立且实际管理机构不在中国境内，但在中国境内设立机构、场所的，或者在中国境内未设立机构场所，但有来源于中国境内所得的企业。

2. 征税对象

企业所得税对企业的生产经营所得和其他所得征税。所谓生产经营所得，是纳税人从事物质生产、交通运输、商品流通、劳务服务以及其他营利事业取得的所得。所谓其他所得，指主营之外的一切所得，主要是纳税人股息、利息、租金、转让各类资产、特许权使用费以及营业外收益等所得。

3. 税率

企业所得税统一适用33%的基本税率。对在中国境内未设立机构、场所，而有来源于中国境内的利润、利息、租金、特许权使用费和其他所得，或虽设立机构、场所，但上述所得与其机构、场所没有实际联系的所得，征收20%的预提所得税。

4. 应纳税额的确定

企业所得税的计征较为繁杂，其核心是确定应纳税所得额。应纳税所得额也称为应税所得，是指自然人或法人在一定期间内，由于劳动、经营、投资或把财产提供他人使用而获得的继续性收入，扣除为取得收入所需费用后的余额。

具体来说，纳税人每一纳税年度的收入总额减去准予扣除项目的余额即为应税所得，其中收入总额包括：生产经营收入、财产转让收入、利息、股息、租赁收入、特许权使用费收入和其他收入。准予扣除项目包括两部分：一是法定的据实扣除项目，指与纳税人取得收入有关的成本、费用、税金和损失。这四项均为必要的正常支出，因而可按实际金额扣除。二是按照规定的范围和标准扣除的项目。

5. 企业所得税税额的扣除

企业所得税税额的扣除，也称为税收抵免，是指行使居民税收管辖权的国家，对其居民企业来自境外的所得征收所得税时，允许居民企业将其已在境外缴纳的税款从其应向其本国缴纳的所得税额中扣除。税收抵免避免了国际重复课税，在尊重所得来源国税收管辖权优先的同时也不放弃本国的居民税收管辖权。

依据我国企业所得税法规定，纳税人来源于中国境外的所得，已在境外缴纳的所得税税款，准予在汇总纳税时，从其应纳税额中扣除，但是扣除额不得超过其境外所得依中国税法规定计算的应纳税额。这里的“已在境外缴纳的所得税税款”是指纳税人来源于中国境外的所得，在境外实际缴纳的所得税税款，不包括减免税或纳税后又得到补偿以及由他人代为承担的税款。但中外双方已签订避免双重征税协定的，协定优先执行。在汇总纳税时从应纳税额中扣除在境外已缴纳的所得税税款，但扣除有一限额，扣除限额就是该境外所得依中国企业所得税法规定的计算方法得出在中国的应纳税额。在境外已缴的所得税税款未超过该限额的，可以据实完全扣除；超过该限额的，其超过部分不得在本纳税年度的应纳税额中扣除，也不得列为费用支出，但可用以后年度税额扣除的余额补扣，补扣期限最长不得超过5年。

（四）个人所得税

个人所得税是对个人（自然人）在一定期间取得的各项应税所得所征收的一种税。

1. 纳税人

个人所得税的纳税人是在中国境内居住有所得的人，以及不在中国境内居住而从中国境内取得所得的个人。具体来说，我国个人所得税的纳税人可以分为居民纳税人和非居民纳税人。居民纳税人是指在中国境内有住所，或者无住所而在境内居住满1年的个人。居民纳税人就其来源于中国境内和境外的所得缴纳个人所得税。非居民纳税人是指在中国境内无住所又不居住，或者无住所而在境内居住不满1年，或者在中国境内无住所，但居住满1年，且在一个纳税年度内一次离境超过30日或者多次离境累计超过90日的自然人。非居民纳税人负有限纳税义务，仅就其来源于中国的所得缴纳个人所得税。

另外，支付所得的单位或者个人是个人所得税的扣缴义务人。扣缴义务人在向个人支付应税款项时，应依税法代扣税款，按时缴库，并专项记载备查。纳税义务人在两处以上取得工资、薪金所得和没有扣缴义务人的，纳税人应当自行申报纳税。

2. 征税对象

个人所得税实行分项课税，具体税目包括：①工资、薪金所得；②个体工商户的生产、经营所得；③对企事业单位承包经营、承租经营所得；④劳务报酬所得；⑤稿酬所得；⑥特许权使用费所得；⑦利息、股息、红利所得；⑧财产租赁所得；⑨财产转让所得；⑩偶然所得；⑪经国务院财政部门确定的其他所得。

3. 税率

个人所得税税率采用多种类型税率形式，不同性质的所得适用不同税率制度：①工资、薪金所得，适用九级超额累进税率，税率为5%～45%；②个体工商户的生产、经营所得和对企事业单位的承包经营、承租经营所得，适用五级超额累进税率，税率为5%～35%；③其他所得，适用比例税率，税率为20%，其中稿酬所得按应纳税额减征30%。

4. 应纳税额的确定

应纳税额根据个人应纳税所得额与相应税率确定。应纳税所得额的计算按以下标准：①工资、薪金所得的应纳税所得额＝月收入额－1 600元（费用）；②个体工商户生产经营所得的应纳税所得额＝年收入总额－（成本＋费用＋损失）；③对企事业单位承包、承租经营所得的应纳税所得额＝年收入总额－费用；④劳务报酬、稿酬、特许权使用费、财产租赁等所得的应纳税所得额为每次收入不超过4 000元的，减除800元；每次收入超过4 000元的，减除20%；⑤财产转让所得的应纳税所得额＝收入额－（财产原值＋合理费用）；⑥利息、股息、红利所得，偶然所得和其他所得的应纳税所得额为每次收入额。

5. 减免规定

下列各项个人所得，免纳个人所得税：①省级人民政府、国务院部委和中国人民解放军军以上单位，以及外国组织、国际组织颁发的科学、教育、技术、文化、卫生、体育、环境保护等方面的奖金；②国债和国家发行的金融债券利息；③按照国家统一规定发给的补贴、津贴；④福利费、抚恤金、救济金；⑤保险赔款；⑥军人的转业费、复员费；⑦按照国家统一规定发给干部、职工的安家费、退职费、退休工资、离休工资、离休生活补助费；⑧依照我国有关法律规定应予免税的各国驻华使馆、领事馆的外交代表、领事官员和其他人员的所得；⑨中国政府参加的国际公约、签订的协议中规定免税的所得；⑩经国务院财政部门批准免税的所得。

有下列情形之一的，经批准可以减征个人所得税：①残疾、孤老人员和烈属的所得；②因严重自然灾害造成重大损失的；③经国务院财政部门批准减税的。

6. 个人境外所得已纳税款的扣除

纳税人从中国境外取得的所得，准予其在应纳税额中扣除已在境外缴纳的个人所得税税额。但扣除不得超过该纳税义务人境外所得依中国税法规定计算的应纳税额，该应纳税额即为扣除限额。纳税人在中国境外一个国家或者地区实际已经缴纳的个人所得税税额，低于该国家或地区扣除限额的，在中国只须缴纳差额部分的税款；超过该国家或地区扣除限额的，其超过部分不得在本纳税年度的应纳税额中扣除，但是可以在以后纳税年度的该国家或者地区扣除限额的余额中补扣，补扣期限最长不得超过5年。

三、税收征收管理法

税收征收管理法是调整税务机关对纳税人依法征税和进行税务监督管理关系的法律规范的总称。

（一）税收管理体制

税收管理体制是指划分中央与地方政府关于税法的制定、发布和解释、税种的开征与停征、税目、税率的调整及减免等权限的制度。

1993年我国对税收管理体制进行了重大改革，其核心内容是在划分中央政府与地方政府事权范围的基础上，划分中央与地方的财权范围，实行了中央与地方分税制。分税制将税收划分为中央税、地方税和中央地方共享税。相应的，中央税和中央地方共享税由中央税务机构负责征收；地方税由地方税务机构负责征收。

税务机关是征收机关，也是国家税收管理的职能机关，具有税务管理、税款征收和税务稽查的权力。三权合为一体，强化了税务机关的行政执法权，有力地保证了国家税收的稳定和统一。

（二）税收的征收管理

1. 税务登记

税务登记是加强税收征收管理、保障国家税收收入的基础工作。它是指纳税人向其所在地的税务主管机关办理书面登记的法定程序。依照法律，从事生产、经营的纳税人自领取营业执照之日起30日内，持有关证件，向税务机关申报办理税务登记。税务机关审核后发给税务登记证件。另外，从事生产、经营的纳税人，税务登记内容发生变化的，自工商行政管理机关变更登记之日起30日内或者在工商行政管理机关申请办理注销登记之前，持有关证件向税务机关申报办理变更或者注销税务登记。纳税人按照国务院税务主管部门的规定使用税务登记证件。税务证件不得转借、涂改、损毁、买卖或者伪造。

2. 账簿、凭证的管理

账簿、凭证是纳税人财务活动的重要依据，对账簿、凭证的管理是税务管理的重要内容之一。依照法律，从事生产、经营的纳税人、扣缴义务人应按照国务院财政、税务主管部门的规定设置账簿，根据合法、有效凭证，进行核算，并依法定保管期限保管账簿、记账凭证、完税凭证及其他有关资料。账簿、记账凭证、完税凭证及其他有关资料不得伪造、变造或者擅自损毁。

3. 纳税申报

纳税申报是税收管理的重要环节之一，它要求纳税人和扣缴义务人必须在法律、行政法规规定或者税务机关依据法律、行政法规规定确定的申报期限内办理纳税申报，报送纳税申报表、财务会计报表或者代扣代缴、代收代缴税款报告表以及税务机关根据实际需要要求纳税人报送的其他资料。为了保护纳税人权益，税法规定，纳税人、扣缴义务人不能按期办理纳税申报或者报送代扣代缴、代收代缴税款报告表的，经税务机关核准，可以延期申报。

（三）税款征收

税款征收是纳税人履行纳税义务，税务机关行使征税权力的活动。

1. 纳税人、扣缴义务人的权利义务

(1) 纳税人、扣缴义务人应按期缴纳或者补缴税款。纳税人因有特殊困难，不能按期缴纳税款的，经县以上税务局（分局）批准，可以延期缴纳税款，但最长不得超过3个月。纳税人、扣缴义务人未按照规定期限缴纳或解缴税款的，税务机关除责令限期缴纳外，从滞纳税款之日起，按日加收滞纳税款的滞纳金。

(2) 纳税人可依照法律、行政法规的规定向税务机关书面申请减税、免税。

2. 税务机关的征收职权

(1) 依法征收税款。税务机关征收税款和扣缴义务人代扣、代税款时，必须给纳税人开具完税凭证。

(2) 依法退还税款。纳税人超过应纳税额缴纳的税款，税务机关发现后应当立即退还；纳税人自结算缴纳税款之日起3年内发现的，可以向税务机关要求退还，税务机关查实后应立即退还。

(3) 依法追征税款。因税务机关的责任，致使纳税人、扣缴义务人未缴或者少缴税款的，税务机关在3年内可以要求纳税人、扣缴义务人计缴税款，但是不得加收滞纳金。因纳税人、扣缴义务人计算错误等失误，未缴或少缴税款的，税务机关在3年内可以追征；有特殊情况的，追征期可以延长到10年。

(4) 税收保全措施。税务机关有根据认为从事生产、经营的纳税人有逃避纳税义务行为的，可以在规定的纳税期之前，责令限期缴纳应纳税款；在限期内发现纳税人有明显转移、隐匿其应纳税的商品、货物以及其他财产或者应纳税的收入的迹象的，税务机关可以责成纳税人提供纳税担保，包括纳税人提供并经税务机关认可的纳税担保人，以及纳税人所拥有的未设置抵押权的财产。

如果纳税人不能提供纳税担保的，经县以上税务局（分局）局长批准，税务机关可以采取保全措施。具体的保全措施主要如下：① 书面通知纳税人开户银行或其他金融机构暂停支付纳税人的金额相当于应纳税款的存款；② 扣押、查封纳税人的价值相当于应纳税款的商品、货物或其他财产。

(5) 税收强制执行措施。从事生产、经营的纳税人、扣缴义务人未按照规定的期限缴纳或者解缴税款，纳税担保人未按照规定的期限缴纳所担保的税款，由税务机关责令限期缴纳，逾期仍未缴纳的，经县以上税务局（分局）局长批准，税务机关可以采取强制执行措施。具体的强制执行措施如下：① 书面通知纳税人、扣缴义务人开户银行或其他金融机构从其存款中扣缴税款；② 扣押、查封、拍卖其价值相当于应纳税款的商品、货物或者其他财产，以拍卖所得抵缴税款。税务机关采取强制执行措施时，对纳税人、扣缴义务人、纳税担保人未缴纳的滞纳金同时强制执行。

（四）法律责任

法律责任是指违反税法的行为所应当承担的经济、行政和刑事上的法律后果。违反税法的行为是指征税主体或纳税主体故意或过失地违反税收征收管理法的行为。不同的违法行为承担的法律责任不同。

1. 违反税收征收管理程序行为的法律责任

纳税人或扣缴义务人有下列行为之一的，由税务机关责令限期改正，逾期不改正的，可以处以2 000元以下的罚款（第④项，处以2 000元以上5 000元以下的罚款）：①纳税人未按照规定的期限申报、办理税务登记、变更或注销登记的；②纳税人未按照规定设置、保管账簿或者保管代扣代缴、代收代缴税款记账凭证及有关资料的；③纳税人未按照规定将账务、会计制度或者财务、会计处理办法报送税务机关备查的；④扣缴义务人未按照规定设置、保管代扣代缴、代收代缴税款账簿或者保管代扣代缴、代征代缴税款记账凭证及有关资料的；⑤纳税人未按照规定的期限办理纳税申报的，或者扣缴义务人未按照规定的期限向税务机关报送代扣代缴、代收代缴税款报告表的。

2. 漏税、欠税、偷税、抗税行为的法律责任

（1）漏税的法律责任。漏税是指纳税人因过失而漏缴税款的行为。对漏税者，由税务机关责令限期依法补缴，逾期不缴的，从漏税之日起按日加收所漏税款5‰的滞纳金。

（2）欠税的法律责任。欠税是指纳税人超过纳税期限未缴或者少缴税款的行为。对欠税者，一般由税务机关责令限期补缴，并从滞纳之日起按日加收所欠税款5‰的滞纳金。如果欠缴应纳税款的纳税人采取转移或者隐匿财产的手段，致使税务机关无法追缴欠缴的税款，数额不满1万元的，除由税务机关追缴欠缴税款外，处以欠缴税款5倍以下的罚款。

（3）偷税的法律责任。偷税是指纳税人采取伪造、变造、隐匿、擅自销毁账簿、记账凭证，在账簿上多列支出或者不列、少列收入，或者进行虚假的纳税申报的手段不缴或者少缴应纳税款的行为。依照法律，下列行为视为偷税：扣缴义务人采取上列手段，不缴或者少缴已扣、已收税款；纳税人欠税并且采取转移或者隐匿手段，致使税务机关无法追缴欠款，数额在1万元以下的；企事业单位犯有偷税行为的；纳税人向税务人员行贿，不缴或者少缴应纳税款的；企事业单位采取对所生产或经营的商品假报出口等欺骗手段，骗取国家出口退税款，数额在1万元以上的。偷税数额占应纳税额的10%以上并且偷税数额在1万元以上的，或者因偷税被税务机关给予二次行政处罚又偷税的，除由税务机关追缴其偷税税款外，还构成偷税罪，应承担刑事责任；偷税数额不满1万元或偷税数额占应纳税额不到10%的，由税务机关追缴其偷税税款，处以偷税额5倍以下的罚款。

（4）抗税的法律责任。抗税是指纳税人以暴力、威胁方法抗拒缴纳税款的行为。对抗税者，除由税务机关追缴其拒缴的税款外，还应承担刑事责任；情节轻微、未构成犯罪的，由税务机关追缴其拒缴的税款，处以拒缴税款额5倍以下的罚款。

（五）税务争议的处理

税务争议是纳税人与征税主体就征纳税行为发生的争议。税务争议可以分为对具体征税行为的争议和对税务机关处罚决定、强制执行措施、税收保全措施不服而发生的争议。

对具体征税行为发生争议的，纳税人或扣缴义务人必须先依法缴纳或解缴税款及滞纳金。在收到缴纳凭证之日起 60 日内向上一级税务机关申请复议。上一级税务机关应当自收到复议申请之日起 60 日内作出复议决定。对复议决定不服的，可以在接到复议决定书之日起 15 日内向人民法院起诉。可见，具体征税行为争议必须先复议，对复议决定不服的，才可以诉讼。

对税务机关处罚决定、强制执行措施或税收保全措施不服的，当事人可以在接到处罚通知之日或采取强制执行措施、保全措施之日起 15 日内向作出处罚决定或者采取强制执行措施、保全措施的机关的上一级机关申请复议；对复议不服的，可以在接到复议决定书之日起 15 日内向人民法院起诉。当事人也可以在接到处罚通知之日或采取强制措施、保全措施之日起 15 日内直接向人民法院起诉。可见，该类争议处理程序是复议后诉讼，还是直接诉讼，由当事人选择。

参考文献

[1] 漆多俊．经济法基本理论．3 版．武汉：武汉大学出版社，2000.
[2] 王全兴．经济法基本理论专题研究．北京：中国检察出版社，2002.
[3] 刘瑞复．经济法学原理．2 版．北京：北京大学出版社，2002.
[4] 张守文．经济法理论的重构．北京：人民出版社，2004.
[5] 史际春．探究经济和法的真谛．北京：法律出版社，2002.
[6] 孔祥俊．中国现行反垄断法理解与适用．北京：人民法院出版社，2001.
[7] 王晓晔．欧共体竞争法．北京：中国法制出版社，2001.
[8] 刘文华，肖乾刚．经济法律通论．北京：高等教育出版社，2004.
[9] 刘俊海．新公司法的制度创新·立法争点与解释难点．北京：法律出版社，2006.
[10] 中国注册会计师协会．经济法．北京：中国财政经济出版社，2006.
[11] 江平，李国光．最新公司法理解与适用．北京：人民法院出版社，2006.
[12] 刘次邦．经济法．西安：陕西人民出版社，2002.
[13] 刘丹冰．入世后，中国金融法律的理论与实务．西安：陕西人民出版社，2002.
[14] 汪鑫．金融法学．修订本．北京：中国政法大学出版社，1999.
[15] 李仁真．国际金融法．武汉：武汉大学出版社，1999.
[16] 吴志攀．金融法．北京：北京大学出版社，1999.
[17] 王欣新．破产法．北京：中国人民大学出版社，2002.
[18] 齐树洁．破产法研究．厦门：厦门大学出版社，2004.
[19] 汤维健．破产程序与破产立法研究．北京：人民法院出版社，2001.
[20] 安建，吴高盛．企业破产法适用教程．北京：中国法制出版社，2006.
[21] 汤维健．企业破产法新旧专题比教与案例应用．北京：中国法制出版社，2006.
[22] 漆多俊．经济法学．北京：高等教育出版社，2003.
[23] 邱本．经济法通论．北京：高等教育出版社，2004.
[24] 刘剑文．财政税收法．北京：法律出版社，2003.
[25] 孔详俊．反垄断原理．北京：中国法制出版社，2001.
[26] 佟家栋．国际经济学．修订版．南京：南开大学出版社，2000.
[27] 王佶丽．国际贸易法．3 版．北京：法律出版社，2005.
[28] 符启林．经济法学．北京：中国政法大学出版社，2005.